Gênero

CONSELHO EDITORIAL DE FILOSOFIA

Maria Carolina dos Santos Rocha (Presidente). Professora e Doutora em Filosofia Contemporânea pela ESA/Paris e UFRGS/Brasil. Mestre em Sociologia pela Escola de Altos Estudos em Ciências Sociais (EHESS)/Paris.

Fernando José Rodrigues da Rocha. Doutor em Psicolinguística Cognitiva pela Universidade Católica de Louvain, Bélgica, com pós-doutorados em Filosofia nas Universidades de Kassel, Alemanha, Carnegie Mellon, EUA, Católica de Louvain, Bélgica, e Marne-la-Valle, França. Professor Associado do Departamento de Filosofia da Universidade Federal do Rio Grande do Sul.

Nestor Luiz João Beck. Doutor em Teologia pelo Concordia Seminary de Saint Louis, Missouri, EUA, com pós-doutorado em Teologia Sistemática no Instituto de História Europeia em Mainz, Alemanha. Bacharel em Direito. Licenciado em Filosofia. Bolsista da Fundação Alexander von Humboldt, Alemanha.

Roberto Hofmeister Pich. Doutor em Filosofia pela Universidade de Bonn, Alemanha. Professor do Programa de Pós-Graduação em Filosofia pela PUCRS.

C459g Chanter, Tina.
        Gênero : conceitos-chave em filosofia / Tina Chanter ; tradução: Vinicius Figueira; revisão técnica: Edgar da Rosa Marques. – Porto Alegre : Artmed, 2011.
        182p. ; 23 cm.

      ISBN 978-85-363-2517-0

      1. Filosofia – Gênero. I. Título.

CDU 1

Catalogação na publicação: Ana Paula M. Magnus – CRB 10/2052

Gênero

CONCEITOS-CHAVE EM FILOSOFIA

Tina Chanter
Professora de Filosofia da DePaul University, EUA.

Tradução
Vinicius Figueira

Consultoria, supervisão e revisão técnica desta edição:
Edgar da Rosa Marques
Doutor em Filosofia pela Universität Konstanz, Alemanha.
Professor Adjunto do Departamento de Filosofia da UERJ.

2011

Obra originalmente publicada sob o título *Gender: key concepts in philosophy*
ISBN 978-0-8264-7169-7

© Tina Chanter, 2006.
Published by arrangement with The Continuum International Publishing Group.

Capa
Paola Manica

Preparação do original
Edna Calil

Leitura final
Marcelo de Abreu Almeida

Editora Sênior – Ciências Humanas
Mônica Ballejo Canto

Projeto e editoração
Armazém Digital® Editoração Eletrônica – Roberto Carlos Moreira Vieira

Reservados todos os direitos de publicação, em língua portuguesa, à

ARTMED® EDITORA S.A.
Av. Jerônimo de Ornelas, 670 – Santana
90040-340 – Porto Alegre, RS
Fone: (51) 3027-7000 Fax: (51) 3027-7070

É proibida a duplicação ou reprodução deste volume, no todo ou em parte, sob quaisquer formas ou por quaisquer meios (eletrônico, mecânico, gravação, fotocópia, distribuição na Web e outros), sem permissão expressa da Editora.

SÃO PAULO
Av. Embaixador Macedo Soares, 10.735 – Pavilhão 5
Cond. Espace Center – Vila Anastácio
05095-035 – São Paulo, SP
Fone: (11) 3665-1100 Fax: (11) 3667-1333

SAC 0800 703-3444

IMPRESSO NO BRASIL
PRINTED IN BRAZIL

Sumário

Introdução 7

1. MOMENTOS E CONCEITOS
   FORMADORES DA HISTÓRIA DO FEMINISMO 15

2. FEMINISMO E MARXISMO: A UTILIDADE E
   AS LIMITAÇÕES DOS MODELOS PARALELOS 39

3. DISCIPLINAR, CONTROLAR E NORMALIZAR
   A SEXUALIDADE FEMININA COM FOUCAULT E AS
   AMIGAS FEMINISTAS: CORPOS DÓCEIS E RESISTENTES 65

4. EPISTEMOLOGIA FEMINISTA: CIÊNCIA,
   CONHECIMENTO, GÊNERO, OBJETIVIDADE 78

5. TEORIA FEMINISTA PÓS-COLONIALISTA:
   O EMBATE RETÓRICO ENTRE O "ORIENTE" E O "OCIDENTE" 100

6. A TEORIA FEMINISTA PSICANALÍTICA E
   PÓS-ESTRUTURALISTA E AS RESPOSTAS DELEUZIANAS 121

7. REFLEXÕES FINAIS 156

Bibliografia anotada 165
Referências 170
Índice 179

Introdução

O DESAFIO DA IDENTIDADE DOS TRANSGÊNEROS: É O FIM DO GÊNERO TAL COMO O CONHECEMOS?

Era só uma questão de tempo. Havíamos ouvido falar sobre a morte de Deus e sobre o fim da metafísica. Agora, anuncia-se o fim do gênero. São tempos difíceis e interessantes para os teóricos do gênero. Cenários de ficção científica, em que as pessoas passam da forma masculina para a feminina em um piscar de olhos, tornaram-se muito conhecidos. A linha divisória entre ficção e realidade parece tornar-se cada vez mais difusa, agora que podemos nos apresentar sob o gênero que bem entendermos por meio de *personas* da Internet. A proliferação de clínicas de identidade de gênero, que possibilitam operações de troca de sexo, também sugere que o sexo/gênero é muito mais maleável do que poderíamos ter imaginado. Até mesmo os procedimentos de fertilização *in vitro* demonstraram ser instável o que antes era uma característica central e definidora do que significava ser mulher ou homem. Com o aumento do número dos bebês de proveta e dos bancos de esperma, os processos reprodutivos não são mais o que eram. Não é mais necessário um casal heterossexual para que haja a produção de bebês. Tudo o que se precisa é de muito dinheiro, muita paciência e muita sorte. Os bebês projetados são altamente procurados, sob a forma de doadores de pernas longas, atléticos, loiros e educados em Harvard. Casais de lésbicas e mulheres solteiras estão tendo filhos, casais de homens *gays* podem ter filhos com a ajuda de mães de aluguel. O sexo não é mais o que era – e nem, tampouco, o gênero.

As identidades transgenéricas, incluindo a intersexualidade, a transexualidade e outros termos híbridos, põem em questão as fórmulas feministas já testadas e confiáveis, que equiparam o gênero com a sociedade (ou cultura, ou história) e o sexo com a biologia (ou fisiologia, ou natureza). Alguns transexuais optam por procedimentos cirúrgicos para que se tornem anatomicamente do sexo oposto, mas outros, não. Aqueles que optam pela nova identidade de gênero e que passaram por uma cirurgia são transexuais pós-operados, e aqueles que querem e planejam tal cirurgia são pré-operados. Há também transexuais que optam por viver como homens ou como mulheres, sem fazer implantes de seios ou cirurgia peniana (dependendo da direção da transição, de feminino para masculino ou de masculino para feminino), e que ou não querem ou não podem passar por uma cirurgia. Tomar hormônios pode reduzir os pêlos do corpo, mudar a voz e a forma do corpo. Pode também causar complicações médicas, de modo que, depois de tomar hormônios, a cirurgia, para alguns indivíduos, deixa de ser uma opção. Os transexuais podem viver como o sexo com o qual se identificam, usando roupas femininas ou masculinas, por exemplo. Um transexual que se identifique como mulher pode ter pênis, mas agir como uma mulher, ter a aparência de uma mulher e querer ser uma mulher. Ele se identifica como tal, vive como tal e passa aos outros tal imagem. Para essa nova mulher, é importante reconhecer-se pelo gênero com que se identifica e pelo qual quer passar. Os profissionais da área social relatam que a maior parte dos transexuais se identifica com o sexo oposto desde idade muito tenra.

Qual o impacto disso sobre as teorias do gênero? Será que a fluidez aparentemente extrema dos papéis de gênero confirma ou refuta as teorias pós-modernas de gênero? Será que o pós-modernismo, se não rejeitou prematuramente o determinismo biológico, não terá rejeitado pelo menos o psíquico? Ou será que quem de imediato rejeita o pós-modernismo não conseguiu entender que, longe de oferecer um relato construcionista social determinista dos corpos ou da materialidade, o pós-modernismo de fato abraça um relato mais matizado do gênero? As teóricas feministas têm muita quilometragem no tema da distinção sexo/gênero, para dizer o mínimo. Será que a era dos transgêneros anuncia o fim dos gêneros? Será, afinal de contas, impossível distinguir o sexo (corpos, fisionomia, anatomia) do gênero (normas sociais ou culturais que ditam como a feminilidade e a masculinidade são construídas)? Será que o gênero precede o sexo, como algumas teóricas feministas disseram? Será que o gênero se aplica a tudo, por assim dizer? Ou a experiência dos transgêneros desmente essas afirmações? Há, afinal de contas, alguma realidade incorpórea para o gênero, que não se reduz à anatomia, nem a normas sociais, culturais ou políticas? Se os indivíduos transgêneros conhecem seu verdadeiro gênero, independentemente de seus corpos e/ou das mensagens de gênero a que estiveram expostos desde o nascimento, isso sugere que há um terceiro fator que explica a feminilidade ou a masculinidade e que é irredutível a ambos os domínios que foram nomeados "sexo" e "gênero"?

Na filosofia, muita energia foi gasta tentando escapar de algumas pressuposições históricas. O dualismo cartesiano entre mente e corpo estabeleceu os termos não só para pensar sobre como sabemos o que sabemos – afirmações epistemológicas sobre o mundo –, mas também (ainda que inadvertidamente e indiretamente) sobre como a teoria feminista constrói sua visão de gênero. Uma das distinções fundamentais da filosofia moderna, a separação entre mente e corpo feita por Descartes, passou a dar forma à hipótese de que há uma essência interna ou verdade de gênero da qual o corpo é uma expressão. Contrariamente a esse modelo dualista, bons pós-modernos que somos, aprendemos que não há uma essência interna de gênero (mente/espírito) ao estilo cartesiano que o corpo expressa, mas apenas uma série de atos performativos que significam e ressignificam o gênero. O gênero não é algo que esteja "dentro", uma essência preexistente, esperando encontrar sua expressão corpórea. Não há uma verdade interna esperando a realização "autêntica" ou "apropriada" em atos corpóreos ou materiais. O gênero é sempre já vivido, gestual, corporal, culturalmente mediado e historicamente constituído. Não é que tenhamos uma feminilidade ou uma masculinidade central, essencial ou não ambígua que luta para manifestar-se ou para encontrar sua expressão adequada. Ao contrário, há ditames culturais de acordo com os quais os sujeitos constroem a si mesmos, apropriando-se de códigos de gênero historicamente situados e, às vezes, reinventando ou subvertendo tais códigos. Tão logo nascemos (talvez até antes), somos diferenciados como menino ou menina. E sistematicamente treinados de acordo com nosso gênero. Nossos quartos são pintados de azul celeste e decorados com móbiles de aviões, ou de rosa "pink" e decorados com flores. Ou nos são dadas bonecas Barbie para brincar e vestidos com rendas e babados, ou bolas de futebol para chutar e calças para vestir.

Com certeza, nascemos com uma determinada genitália, de acordo com a qual nossos gêneros esperados são lidos. Expectativas são formadas, ideologias culturais são absorvidas, e se espera que aquelas que sejam identificadas anatomicamente como garotas ajam como garotas, e que aqueles que sejam identificados como garotos ajam como garotos. Como já começamos a perceber, porém, vários fatores complicadores entram na composição deste quadro. Quanto mais a identidade transgenérica vem à baila, mais descobrimos que as expectativas culturais têm levado a intervenções cirúrgicas precoces para garantir que os indivíduos estejam de acordo com nossas ideias de gênero. Crianças intersexuadas, ou ambiguamente sexuadas, são sumetidas a operações para colocá-las em concordância com as ideias convencionais sobre as identidades feminina e masculina. O hermafroditismo, como costumava ser chamado, não é nada novo. Os pais tiveram de tomar decisões difíceis sobre como responder a crianças intersexuadas, decisões que foram tomadas em uma tentativa de tornar suas vidas viáveis. Em alguns casos, tais crianças foram criadas como sendo de um determinado sexo depois de terem passado por uma cirurgia para eliminar a ambiguidade anatômica, mas sentiam que o sexo para elas estabelecido não estava de acordo com o que sentiam ser. Mesmo crianças que se presumia não terem conhecimento de intervenção cirúrgica (que passaram pela cirurgia antes de poderem comunicar-se verbalmente) experimentaram um certo desajuste entre o gênero a elas atribuído e seu gênero verdadeiro. Os transexuais também experimentam uma falta de conexão entre o corpo e o gênero. Pode parecer, então, que mesmo que não haja uma verdade interna do gênero no sentido cartesiano, também ele não será inteira e culturalmente dependente da interação social a ponto de poder ser considerado uma produção inteiramente social. Se o gênero não é meramente uma questão de condicionamento cultural, pode haver, afinal de contas, senão uma influência biológica e inata, pelo menos algo inefável em relação ao gênero. Porém, o quanto a inefabilidade do gênero pode ser atribuída a quaisquer alegações de ordem natural ou genética permanece em questão, uma vez que todos nós, sem exceção, nascemos em um mundo repleto de normas de gênero às quais constatamos estar sujeitos. Essas normas preexistem a nós, e reagimos a elas, negociando um mundo que inclui expectativas de gênero muito antes que possamos aprender a codificar essa negociação sob a forma de discurso. O quanto o transgenerismo exige uma reelaboração da ideia de que o gênero é uma produção ou performance em situação de continuidade, representada em um mundo intersubjetivo e estruturada por hipóteses estereotipadas de gênero, continua a ser, então, uma questão aberta. O júri ainda não tomou sua decisão sobre o caso.

Ma vie en rose, de Alain Berliner (1997), um filme belga que lida com a questão da transexualidade de maneira sensata e inteligente, tem um toque de leveza e extravagância. O menino Ludovic, de 7 anos, não tem dúvida de que quer ser uma garota. A identificação de Ludovic é clara o suficiente, mas a sua família, os colegas de aula e os pais de seus colegas de aula confiam pouco em sua decisão. Pede-se que menino saia da escola, seu pai perde o emprego e sua família é forçada a sair do bairro de classe média para o qual tinha se mudado havia pouco. Ao perceber que estava causando todos os problemas possíveis a sua família só por tentar ser quem era, Ludovic sobe em um *freezer* e por pouco não se suicida, não houvesse sua mãe, frenética, o encontrado em tal situação. A experiência de Ludovic não é incomum. Um alto percentual de indivíduos transgêneros tentam suicidar-se em algum ponto de suas vidas, e alguns conseguem. O transgenerismo não é, está claro, algo que seja levado na brincadeira, ou que não sofra alguma punição. O personagem Ludovic leva-nos a entender que ele, longe de ser uma anomalia monstruosa e artificial, é apenas uma criança inocente que não consegue entender por que seus pais, irmãos e colegas acham tão difícil simplesmente permitir que seja o que quer ser. Ludovic se identifica como menina, quer usar vestidos e parecer bonita, quer ser Branca de Neve no teatro da escola e quer se casar com Jerome. Ele racionaliza a situação explicando que Deus deve ter cometido um erro quando estava mexendo em seus cromossomos. Seu cromossomo X deve ter caído pela chaminé. O menino escapa de todas as restrições de gênero que lhe são impostas, embarcando em voos fantasiosos com Pam e Ben (equivalentes europeus de Ken e Barbie). Nós o acompanhamos em algumas dessas fantasias, assim como sua mãe, quando, em um determinado momento da narrativa, ao subir em uma escada para pegá-lo onde estava brincando, entra no mundo de fantasia inventado por Ludovic, que, por sua vez, faz uso da cultura popular a fim de lidar com um mundo que constrói sua sexualidade como desviante e aberrante.

Admitindo-se que qualquer abordagem que possamos apresentar dos aspectos físicos ou "naturais" da existência será necessariamente marcado ideologicamente, o pós-modernismo oferece o *insight* de que não há um modelo diretamente causal entre sexo e gênero. Com efeito, algumas teóricas feministas têm argumentado que mais do que propor uma relação causal entre sexo e gênero, nós revertamos o raciocínio causal, afirmando, em vez dele, que o gênero precede o sexo. Tal argumento aponta para o fato de se ter, em primeiro lugar, separado o gênero do sexo, estabelecendo, assim, uma "localização estratégica" a partir da qual se pode pôr em questão a ideia de que o sexo é estável, imutável ou fixo. Conforme Christine Delphy (1993) pergunta, quando propomos a distinção entre sexo e gênero, estamos comparando algo natural com algo social ou algo social com algo que também acaba sendo social? Uma vez que esteja determinado que pelo menos parte do que costumava receber o rótulo de sexo pode também ser redefinido como gênero, um espaço se abre, a partir do qual podemos argumentar que todo o domínio do sexo ou da biologia está na verdade sujeito à interpretação. Nossas ideias sobre a biologia emanam de certas concepções prescritivas de gênero, culturalmente determinadas e historicamente discretas, cuja força normativa deriva do discurso da biologia, que está em si sujeita a forças hegemônicas. A "verdade" sobre nossos corpos acabará refletindo certas tendências culturais, incluindo a ideia de que as explicações naturalistas podem melhor relatar os fenômenos sociais. A própria concepção de os corpos conterem uma causalidade material que é fácil ou prontamente distinguível das influências de ordem social implica que haja uma parte da "natureza" que esteja fora da "sociedade". Porém, a sugestão de que alguma fundamentação natural, que designamos como "sexo", tanto preexista quanto cause o "gênero" presume que a natureza, de alguma forma, está fora de nossa interpretação dela própria e precede qualquer interpretação. De acordo com essa perspectiva, qualquer ideia que tenhamos de gênero será uma consequência da natureza inerente do sexo. Por outro lado, para se aterem a uma posição consistente, os construcionistas sociais devem pôr de lado a ideia de que o sexo venha antes, de que o sexo lógica e cronologicamente preceda qualquer interpretação que dele se faça. Em vez disso, tudo o que temos são várias interpretações de sexo que competem entre si, todas derivando de uma série de compromissos que são, em última análise, políticos por natureza. Não há uma precedência metafísica ou ontológica que dite as ideologias de gênero. Os construtos ideológicos surgem, ganham prevalência e legitimidade e passam a parecer naturais. O sexo então passa a representar, depois do fato, o "fundamento" do gênero, ainda que seu papel fundante seja um papel que derive de um consenso social sobre o que o sexo deva ser.

O *status* idealizado e naturalizado das afirmações biológicas é o de ser atribuído, então, não a quaisquer características inatas, mas precisamente ao processo pelo qual as perspectivas dominantes ganham aceitação e passam a parecer naturais e inquestionáveis. Esse processo de naturalização ou normalização, por meio do qual os próprios termos disponíveis para pensar sobre a relação entre sexo e gênero são termos que confirmam os interesses de grupos dominantes, tem como seu subproduto a deslegitimação de quaisquer perspectivas que representem um desafio ao *status quo*. Em vez de ocorrer como um termo contestado, "sexo" parece exercer autoridade sobre "gênero". O sexo é lido como se engastado nele estivessem certos significados inerentes, significados que, de fato, derivam de interpretações ideológicas do que sexo deveria ser. Sexo, conforme sugere Dolphy (1993), é em si um "signo" – seu *status* é "simbólico". Certos corpos passam a ser marcados como femininos, e outros como masculinos. Ao mesmo tempo em que toma emprestadas as armadilhas do gênero, o sexo é visto como se sua significação estivesse sempre já posta, inscrita na natureza, por assim dizer. Argumentar que há "naturalmente" dois e apenas dois sexos, masculino e feminino, e que as características desses sexos são mutuamente excludentes, é espelhar as crenças heterossexistas da era do capitalismo tardio ocidental e dominante, e construir a função do sexo como algo que está teleologicamente circunscrito ao fim da reprodução. É ignorar as muitas culturas em que o gênero não depende de nenhum traço corporal, mas é precisamente variável (ver Guerrero, 1997). É ignorar que qualquer que seja o conteúdo que leiamos no que chamamos de sexo estará significativamente pesado de acordo com crenças culturalmente prescritivas acerca do gênero, de modo que será impossível separar nossas dimensões normativas de gênero de nossas ideias "biológicas" ou "científicas" sobre sexo.

A própria ciência é conduzida ideologicamente: não há uma definição puramente científica do masculino e do feminino, apenas interpretações culturalmente circunscritas dos dados que dão surgimento a certas perspectivas, algumas das quais passam a formar parte do cânone "científico". Esse cânone em si está longe de ser imune aos pressupostos que derivam de seus praticantes, a maior parte dos quais, até momento bem recente, era formada por brancos, privilegiados, ocidentais e masculinos, muitos dos quais ainda dominados por pressupostos patriarcais, brancos e burgueses. Não é de surpreender, então, que essas abordagens, com o acúmulo de autoridade institucional que reuniram, tenham tendido a refletir os preconceitos das crenças culturais tradicionais que, nas sociedades patriarcais, heterossexistas e judaico-cristãs, têm implicado a manutenção das ideias prevalentes sobre as categorias opositivas de gênero. Dessa maneira, a oposição binária mutuamente excludente entre masculino e feminino adquiriu uma força normativa que tem proscrito as sexualidades que não aderem nitidamente a tal compromisso teórico. O que com frequência permanece obscurecido é o fato que tais compromissos tenham uma tendência ideológica, já que é a ciência que os supõe e depois os confirma, engajando-se em uma circularidade que não se abre a desafios.

1
Momentos e conceitos formadores da história do feminismo

As teóricas feministas gastaram muita energia ao tentar combater as ideologias tradicionais de gênero e superar as afirmações naturalizantes acerca da inferioridade inata das mulheres em relação aos homens ou da irracionalidade feminina. Mesmo quando apontamos o papel limitador que isso tem desempenhado em alguns círculos, devemos também reconhecer que a distinção entre sexo e gênero tem servido bem ao movimento feminista. Ela desempenhou um papel fundamental no estabelecimento da paridade no trabalho, por exemplo. Uma vez posta de lado a ideia de que as mulheres são inatamente incapazes de raciocinar bem, ou a ideia de que naturalmente não estão prontas para os rigores da vida pública, fica logo claro que o que se põe no caminho do progresso das mulheres é a convenção, a tradição ou a opinião, mais do que a natureza, a biologia ou a fisiologia.

Os primeiros argumentos feministas enfocavam a injustiça do fato de as mulheres serem excluídas de algumas das atividades centrais, fundamentais para a humanidade – as atividades definidoras da identidade política moderna – às quais os homens pareciam estar destinados por alguma ordem natural. Tais atividades incluíam o direito de assumir um papel ativo na política, no governo e nas lideranças; o direito à representação política; o direito à educação; o direito à autodeterminação; o direito à propriedade legal e o direito de transmitir uma herança. Razoavelmente, então, o movimento feminista moderno começou como um movimento que tentava estabelecer a paridade com os homens.

Há, porém, uma série de razões para que tenhamos cautela ao definir o feminismo como um movimento para chegar à igualdade. Se presumirmos que o feminismo visa a consumar a igualdade entre as mulheres e os homens, surge uma questão: quais homens? Com quem as mulheres querem ter igualdade? Presumivelmente, as feministas não estão lutando para serem iguais aos homens oprimidos, sem direitos ou em situação de inferioridade. Torna-se claro então que um pressuposto implícito engastado na ideia de que as feministas devem lutar pela igualdade com os homens é o de que as mulheres buscam igualdade com os homens privilegiados. Já que o privilégio se manifesta de modos que tipicamente beneficiam identidades brancas, de classe média e heterossexuais, definir o feminismo em termos de igualdade é, para todos os efeitos, engastar na definição de feminismo hipóteses de privilégio que desde o começo enviesam tal definição. Assim, a autora bell hooks argumenta que o feminismo deveria ser definido não como um movimento pela igualdade, mas como uma luta contra a opressão, uma luta que reconhece que a opressão não está confinada ao sexismo, mas que também se expressa no classismo, no racismo e no heterossexismo. Ao desafiar a opressão em múltiplos *fronts*, hooks evita supor que todas as mulheres compartilham uma relação similar com as questões de classe, raça e sexualidade. Em vez de perpetuar o que tem sido chamado de "invisibilidade da brancura", hooks defende um modelo inter-relacional de gênero, raça, classe e sexualidade, e advoga em favor de uma compreensão "coalizacional" do feminismo. Isso evita pôr o gênero como o conceito fundamental ou fundador, ao mesmo tempo que tacitamente trata a raça, a classe e a sexualidade como categorias periféricas ou derivativas, cuja importância só pode ser sempre secundária em relação ao gênero. Tal modelo apresenta o gênero como se fosse um termo neutro com relação à raça, à classe e à sexualidade, como se aplicado universalmente a todas as mulheres, ao mesmo tempo que secretamente interpreta o gênero de acordo com a norma (branca, classe média e heterossexual).

Em 1949, no livro *O segundo sexo*, Simone de Beauvoir pontuou que a masculinidade é entendida como a norma – como algo neutro e universal. Não ocorreria aos homens escrever um livro sobre sua situação ou ponto de vista, precisamente porque tal ponto de vista é, por princípio, assumido como a perspectiva universal. Explicar a condição humana é explicar, em termos gerais, o que é de fato uma posição masculina. Por contraste, ocorre às mulheres escrever sobre sua situação por causa da relação assimétrica entre os sexos. A mulher é, como sugeriu Beauvoir de modo já bem sabido, a Outra, a não essencial, ao passo que o homem é o absoluto, o sujeito, o essencial. As mulheres são entendidas como relativas aos homens – como o outro do homem, como menos do que o homem, como inferior ao homem.

Cautelosa ao adotar conceitos tais como igualdade como meta do feminismo, já que a vagueza do termo prestava-se à má fé, permitindo aos homens formalmente reconhecerem a igualdade das mulheres ao mesmo tempo que as recusavam como iguais quando o assunto eram questões substantivas, Beauvoir formulou em vez disso uma filosofia feminista baseada na filosofia da ética existencialista. Como radicalmente livres, somos todos sujeitos, capazes de definir nossos destinos, transcender quaisquer obstáculos com que nos deparemos e realizar toda nossa liberdade potencial. De acordo com a mesma perspectiva, sendo livres, estamos todos sujeitos à tentação de renunciar à nossa liberdade, de negar nossa liberdade, ou de agir no modo de ser em si (*être-en-soi*). Às vezes, é menos desafiador tomar o caminho mais fácil, deixando que outra pessoa decida em nosso nome. As mulheres têm sido tentadas a permitir que os homens tomem as decisões éticas importantes em seus nomes. Fazer isso é abster-se da responsabilidade por suas próprias vidas. Se nos recusamos a assumir a responsabilidade por nossa própria liberdade, preferindo aquiescer à vontade de outras pessoas e optando por desistir de ser os autores de nossas próprias vidas, condenamo-nos ao *status* de coisa. Agimos como se não tivéssemos outra escolha que não a de ser o que nos tornamos. Se, por outro lado, sofremos a opressão, a incapacidade de realizar nossa liberdade não é uma falha moral, mas uma questão de sermos compelidos a assumir a posição de sujeitos que não são reconhecidos em sua subjetividade. Beauvoir, então, criticou as mulheres por serem cúmplices de sua própria opressão, ao mesmo tempo que criticava os homens por continuarem a desempenhar o papel de opressores. Ela argumenta que os homens tipicamente negam sua corporeidade, e que as mulheres tipicamente assumiram a responsabilidade pela corporificação dos homens.

À luz das teóricas feministas que insistem em um modelo interseccional de raça, classe, sexualidade e gênero, a tese de Beauvoir acerca da fusão da universalidade e da masculinidade pode ser ampliada à raça, à classe e à sexualidade. Da mesma forma que se presume que a posição masculina pode ser universal, aplicável a toda humanidade, ao mesmo tempo que, de fato, se dá abrigo a uma especificidade que privilegia a masculinidade em detrimento da feminilidade, o feminismo, a não ser que seja vigilante em relação à abordagem da diversidade entre as mulheres, estará sujeito a reiterar um falso universalismo. A categoria de "mulheres" opera como se fosse cega à raça, ainda que persistentemente traia-se em uma tendenciosidade racial em relação à categoria invisivelmente privilegiada da brancura. Similarmente, a categoria de "negros" opera como se fosse cega ao gênero, ainda que consistentemente privilegie a masculinidade sobre a feminilidade. O título da coleção dos anos 1980, *All the Women are White, all the Blacks are Men, but Some of Us are Brave* ("Todas as mulheres são brancas, todos os negros são homens, mas alguns de nós somos corajosos") (Hull et al., 1982) expressa o problema de modo sucinto. O feminismo define a si mesmo, em geral sem contraposições, como invisivelmente branco, ao passo que os teóricos da raça definem as questões, também, em geral, sem contraposições, como invisivelmente masculinas. As mulheres negras ficam em meio a isso, e são implicitamente requisitadas a justificar sua existência como negras ao feminismo, e como mulheres aos teóricos da raça. Mais uma vez, um falso universalismo mostra sua cara. Postas entre a cruz e a espada, as feministas afro-americanas têm tido de lutar para estabelecer suas preocupações como legítimas em dois *fronts* diferentes.

Não é suficiente, então, adotar um modelo aditivo. Fazê-lo é encarar a raça, o gênero e a sexualidade como se fossem segmentos separáveis da vida social que se desenvolvessem de maneira independente, que pudessem ser adicionados ou subtraídos uns dos outros, como se tivessem uma integridade em si e por si mesmos. Isso não dá conta do fato de que os sujeitos não experimentam a raça, o gênero, a classe ou a sexualidade como eixos separados, como dimensões facilmente separáveis ou quantificáveis da experiência. A autora aponta para a importância de evitar o que chama de pensamento "competitivo" ou pensamento "ou/ou", engastado na hipótese de que o fato de se ser uma mulher ou de se ser afro-americano é algo que possa ser colocado em oposição mútua, numa tentativa de determinar qual aspecto de identidade é mais importante. Também não dá conta de reconhecer até que ponto mesmo as bem-intencionadas, ainda que mal orientadas, tentativas de ser inclusivo no que diz respeito à diferença tentam adicionar fatores como raça, classe e sexualidade a análises que ainda assumem o gênero como fundamental (hooks, 1984), sem mudar o quadro geral. Spelman (1988) indica que os modelos aditivos com frequência ainda negociam privilégios.

Precisamos reconhecer que as próprias categorias de raça, classe, gênero e sexualidade são categorias abstratas e analíticas de avaliação que, por definição, tendem apenas a capturar aquelas características sincrônicas, estruturais da experiência que se prestam prontamente à formalização. De fato, a experiência da raça, da classe e do gênero é moldada por uma miríade de detalhes incalculáveis e historicamente determinados que nunca podem ser captados pelas categorias analíticas de raça, classe e gênero sem que haja redução de sua especificidade. Isso não quer dizer que devamos simplesmente livrar-nos dessas categorias, conforme alguns teóricos aconselharam no caso da raça, mas quer dizer, sim, que precisamos ter extrema cautela a fim de não ignorar o fato de que cada uma dessas categorias de análise tende a simplificar em demasia um campo complexo de fenômenos, que cada uma tem um débito para com desdobramentos históricos bastante específicos e que cada uma delas veio à luz em determinados momentos históricos, de um modo que é culturalmente marcado. Os pressupostos disciplinares da psicologia e da sociologia da década de 1960, juntamente com a demografia do movimento feminista, ajudaram a modular o termo gênero, por exemplo, de determinadas maneiras. Antes de 1970, década em que o termo "gênero" passou a ser utilizado com maior frequência, na esteira do trabalho antropológico de Margaret Mead, o conceito de "papéis dos sexos" era proeminente. Com débito para com Mead, mas também derivando da sociologia, que modulou o termo em uma direção parsoniana, a ideia de papel expressava o aspecto ativo do *status* de alguém, e era então definida de acordo com o trabalho realizado em um ambiente social. Assim como muda o *status* de uma pessoa, também muda o seu papel, ou função social. A ideia de papéis dos sexos, ou o que mais tarde começou a ser chamado de gênero, reconhecia que a identidade não era determinada no nascimento, de acordo com alguma natureza intrínseca, mas sim era dependente dos papéis estruturais que os indivíduos desempenham na sociedade. Tais papéis são desenvolvidos em relação a estruturas sociais, que mudam ao longo do tempo e que podem ser múltiplas (trabalhadora, amiga e mãe, por exemplo). A variabilidade do gênero, em oposição ao que Ann Oakley identificou como a "constância" do sexo, é o que fez do gênero algo tão fundamental para o programa feminista.

Se o conceito de gênero foi herdado da antropologia e filtrado por meio de lentes sociológicas e psicológicas, o conceito de raça surgiu pela primeira vez no contexto de vários sistemas de classificação. Argumentou-se que o nascimento do conceito moderno de raça está atrelado à história da escravidão e da colonização, ao passo que o conceito de classe não pode, é claro, ser abstraído da história do capitalismo industrial. Cada termo carrega a bagagem de ter-se tornado um ponto de confluência para a opressão, mas nenhum deles desenvolveu-se isoladamente do outro, e nenhum deles é um conceito transparente. Cada um carrega consigo uma história complexa, que revela profundas tensões e conflitos entre os movimentos sociais que se construíram em torno desses conceitos. Se o feminismo *mainstream* considera o gênero a partir de perspectivas que são cegas à raça, os teóricos da raça consideram a raça a partir de perspectivas que perpetuaram a cegueira em relação ao gênero. Isso sugere que, a fim de confrontar as complexas histórias nas quais o gênero, a raça, a sexualidade e a classe estão implicadas mutuamente, temos de ser responsáveis por reconhecer que cada conceito tem sido exercido de maneira negativa na configuração dos demais. Se o gênero é cego à raça, versões esclarecidas do feminismo não podem meramente estar felizes em acrescentar a raça ao gênero, por exemplo, já que a raça sempre esteve implicada na teorização do gênero, ainda que de modo invisível. Deve, portanto, ser uma questão primeira tornar visíveis os modelos excludentes de raça que têm contribuído para os modelos prevalentes de gênero, para que depois sejam apresentados modelos mais adequados de raça. Em vez de a raça ser um marcador de mulheres que são consideradas como desviantes de uma norma invisivelmente branca, a brancura invisível da categoria "gênero" deve ser preparada para dar conta de si mesma. Até mesmo a linguagem da visibilidade é inadequada, já que considerar visível aquilo que era previamente invisível não é suficiente. É necessário articular essa visibilidade recentemente encontrada de um modo que ponha em questão os termos que ditam quem pode tornar-se visível e quais são os padrões que determinam essa visibilidade.

A IMPORTÂNCIA DO DIREITO DAS MULHERES AO VOTO

Talvez a mudança mais significativa para as mulheres na história dos seus direitos foi chegar a esse avanço, que só se concretizou no século XX. Desde a época das sufragistas, que se acorrentavam às grades do parlamento em protesto contra a impossibilidade de votar, as feministas têm trabalhado arduamente para ampliar o direito ao voto, ainda não garantido em alguns países. Outros direitos cruciais eram os do reconhecimento legal das mulheres como detentoras de propriedade – o direito a ser dona de uma propriedade em seu próprio nome, e o direito de ser capaz de outorgar essa propriedade aos filhos – e o direito de ingressar na universidade. A *tour de force* literária de Virginia Woolf, *Orlando* (1956), parte biografia, parte romance e parte sátira política, comenta a ironia de que ser uma mulher é o que impede Orlando de ter acesso à sua herança. Quando Orlando acorda, depois de muito dormir, para descobrir tão somente que se transformara em uma mulher, ela rapidamente descobre que sua inexplicável mudança de sexo a proíbe de ter a propriedade à qual tinha direito como homem. A sugestão de Woolf é a de que esse estado de coisas é igualmente inexplicável. Assim como o romance de Woolf no qual se inspira, o filme de Sally Potter, Orlando (1992), não só destrói nossas ideias sedimentadas acerca do gênero como também favorece uma viagem no tempo que cobre vários séculos. Testemunhamos uma proposta de casamento a Orlando, na qual se aponta que, agora que é uma mulher, ela tem, de um ponto de vista legal, tanta força quanto um morto. Ao final do filme, Orlando, que então tem um filho, veste-se com roupas de couro de um motociclista.

Contrariamente aos vários modelos encontrados ao longo da história da filosofia e que colocam as mulheres como inferiores aos homens (inclusive os modelos de Aristóteles e Freud, que, de maneiras disitintas, consideram as mulheres homens deficientes), as feministas argumentam que as mulheres não são determinadas por uma inferioridade inata. As mulheres eram apenas consideradas inadequadas para os papéis reservados aos homens porque careciam da educação formal para serem cidadãs politicamente informadas e responsáveis. Assim que recebessem essa oportunidade, não haveria razão por que as mulheres não pudessem ser tão boas quanto os homens. A forma que esse argumento em geral assumiu foi a de que não havia nada na natureza física da mulher, nada em seus corpos femininos ou em sua capacidade reprodutiva que as impedisse de ter sucesso no mundo público ou político, e também no mundo privado e doméstico. O fato de as mulheres terem capacidade reprodutiva não causa impacto sobre a capacidade de serem boas nas políticas públicas. Vale a pena observar que isso era, na verdade, uma recapitulação do tipo de argumento que Platão usou na *República* para defender as teses de que não havia razão para as mulheres não serem guardiãs ou reis-filósofos da cidade ideal (Platão, 1978). Platão faz com que Sócrates argumente que o fato de alguns homens serem diferentes dos outros em alguns aspectos – por exemplo, alguns são carecas, ao passo que outros têm cabelos – não tem nenhum impacto sobre sua capacidade de governar. Da mesma forma, a capacidade reprodutiva das mulheres não deve impedi-las de governar. O fato de as mulheres terem úteros e poderem dar à luz não tem nada a ver com sua capacidade de desempenhar papéis ativos no mundo político. Embora Platão não fosse um feminista no sentido que tendemos a usar o termo feminismo contemporaneamente – como um termo que se refere à opressão das mulheres ou de seus direitos –, o fato de ele ter antecipado os primeiros argumentos feministas sobre a igualdade continua a ser significativo. Platão, contudo, não considerou adequado ampliar seus argumentos a todos os escalões de sua cidade ideal. Seus argumentos se aplicavam apenas às esposas dos guardiões, isto é, apenas à classe dominante da cidade que Platão leva Sócrates a pintar em palavras.

Os argumentos de Platão e das primeiras pensadoras feministas contribuíram para a ideia de que não era a identidade sexual das mulheres – não os seus corpos, sexo ou capacidades reprodutivas – que determinava sua natureza, mas a convenção, a sociedade, o hábito e a tradição. Essa é uma versão do argumento natureza/educação (meio). A natureza não impõe que as mulheres devam confinar-se à maternidade, mas a educação (o meio), sim. A mudança crucial que ocorre aqui é a de que a identidade das mulheres não é fixada pelo destino, pela anatomia, pelos genes, pela biologia ou pelo DNA. Ao contrário, essa identidade pode mudar, ser fluida e maleável. Uma vez que se admita que a natureza física, material e biológica das mulheres não as determina, mas sim que as tendências, costumes, crenças e preconceitos sociais limitam e prescrevem seus papéis, a porta então se abre para a reeducação, para a transformação e para a mudança social. As feministas rejeitam a ideia de que as mulheres sejam governadas pela emoção, de que sejam ilógicas, o sexo frágil, escravas da moda, dadas à inveja (Freud), ao ciúme, à vaidade e à trivialidade (Rousseau); em poucas palavras, que estejamos necessitando de proteção de parte dos homens, que são mais fortes não apenas fisicamente, mas também mentalmente, mais competentes e mais confiáveis do que as mulheres, cuja fragilidade, volubilidade e inconstância são acentuadas. As mulheres, ao contrário, lutam por independência e, ao fazê-lo, buscam combater a crença mítica de que sejam governadas por emoções, de que estejam sujeitas à irracionalidade e de que sejam incapazes de se autogovernarem e de governarem os outros.

A visão tradicional de que o lugar das mulheres é o lar baseou-se, normalmente, em alguma afirmação de que elas naturalmente ou constitucionalmente não eram adequadas ao domínio público ou político, o qual era, portanto, marcadamente masculino. As mulheres eram consideradas inata e inerentemente incompetentes quando a questão era de ordem política. Mary Wollstonecraft apontou para a implícita contradição dessa tese em *A Vindication of the Rights of Women* (1791). De um lado, as mulheres eram consideradas inadequadas à condição de governantes, incapazes de tomar uma decisão racional, mas, de outro, a sociedade havia conferido a elas uma das mais importantes funções que há: criar os filhos. Como, de um lado, poderiam as mulheres ser consideradas incapazes de tomar decisões racionais e políticas, ser consideradas moralmente inadequadas à condição de governantes e de líderes, e, de outro, ser consideradas capazes de criar os filhos, o que inclui também a educação moral? Como poderiam as mulheres – que eram retratadas como fracas, submissas e necessitadas de proteção – ser ao mesmo tempo consideradas não só perfeitamente capazes de orientar os filhos (meninos e meninas), mas única e naturalmente projetadas para esse papel?

Como consequência do fato de que as atividades das mulheres – apesar da contradição apontada por Wollstonecraft – eram consideradas inferiores às dos homens, as feministas argumentaram que as mulheres eram tão capazes quanto eles, e que nada em sua natureza as impedia de serem tão boas quanto os homens, desde que lhes fosse dada oportunidade para tanto. O que precisava mudar para as mulheres obterem tal oportunidade? As mulheres tinham de ter os mesmos direitos políticos, econômicos e legais dos homens. Tinham de receber a oportunidade da educação. Não havia nada inerente às mulheres que as impedisse de serem tão boas quanto os homens, argumentavam as feministas. Elas podiam ser advogadas, médicas ou políticas. Tudo o que precisavam era de uma chance, de serem reconhecidas como passíveis de desenvolver as qualidades que eram garantidas aos homens sem qualquer questionamento. A fim de defenderem seu ponto de vista efetivamente, as feministas, com frequência, fizeram uso da ideia de que queriam ser vistas como iguais aos homens. O que as separava dos homens não era nenhuma incapacidade natural, nenhuma deficiência inerente à sua capacidade de raciocínio, mas simplesmente o hábito e o condicionamento social. Em 1869, em seu ensaio "On the Subjection of Women", John Stuart Mill (1983) defendeu fortemente essa tese. Ele salientou que até que as mulheres recebessem a oportunidade de provar seu valor, ninguém estava em condição de julgá-las incapazes de pensarem bem, de serem boas políticas ou de tomarem boas decisões políticas. A convenção por si só ditou que as mulheres deveriam ficar em casa, restringindo seu papel ao da maternidade.

Embora a linguagem do sexo e do gênero não tivesse se desenvolvido antes da década de 1960, podia-se mapear a distinção entre sexo e gênero em alguns desdobramentos anteriores. A famosa proclamação de Beauvoir de que a mulher não nasce mulher, mas que se torna mulher, poderia ser lida como algo que põe em questão as crenças patriarcais tradicionais, diferenciando duas esferas que mais tarde seriam rotuladas como sexo e gênero. Tradicionalmente, o sexo era apresentado como causa ou determinante do gênero. A relação entre sexo e gênero foi construída como necessária pela tradição do patriarcado. Dizer que sexo e gênero estão necessariamente relacionados é dizer que um causa ou determina o outro, que a natureza ou o sexo são causalmente determinantes do gênero. A ideia básica aqui é a de que "anatomia é destino".

Em contraposição ao modelo tradicional, que atribui qualidades femininas à sexualidade feminina, e qualidades masculinas ao sexo masculino, as feministas enfatizam o gênero à custa do sexo, argumentando, por exemplo, que a relação entre sexo e gênero não é necessária, mas arbitrária. Butler (1993) usa essa formulação às vezes. As feministas, por meio disso, desviam a atenção do corpo ou dos órgãos reprodutores do corpo feminino, passando a ideia de que a feminilidade é algo que aprendemos, algo que é construído ou aprendido. Se o gênero é algo que se adquire por meio da socialização ou da aculturação, é também, portanto, algo que pode ser desaprendido ou reformatado. Se enfatizar o gênero sobre o sexo é algo que responde pela variabilidade do gênero ao longo de tempo e entre as culturas, também pareceu facilitar a mudança. Levada ao extremo, essa perspectiva sugere que ou não há relação causal entre sexo e gênero, ou que a determinação causal é revertida – tudo se resume ao gênero. Não é que haja uma fundamentação causal na base da qual as dimensões normativas do gênero são criadas. Em vez disso, devido a investimentos culturais nos ideais de feminilidade e de masculinidade, o corpo é lido de acordo com ideias preconcebidas sobre gênero, tanto que, quando a anatomia física não está de acordo com as ideias já recebidas acerca do dimorfismo sexual, a intervenção cirúrgica a coloca em situação de concordância com as ideias já recebidas.

Quando as sufragistas acorrentaram-se, em uma tentativa de fazer com que seus direitos políticos fossem reconhecidos, elas argumentavam que as mulheres haviam sido injustamente excluídas do mundo público e limitadas ao mundo doméstico. As mulheres haviam sido confinadas ao papel de mãe e de dona de casa, e consideradas inaptas para os rigores e demandas do mundo público – o mundo do debate político, o mundo do governo. Na base, o que se requeria para que as mulheres saíssem do mundo privado e passassem para o mundo público era um novo desenho da fronteira que separa o privado do público. A demanda pela reconceituação dessa linha divisória tornou-se o principal fundamento do feminismo, refletido no *slogan* de 1960 "O pessoal é o político", que envolvia, por exemplo, os desafios do feminismo à violência doméstica contra a mulher e expressava a demanda das mulheres para que retivessem o controle sobre seus corpos e a liberdade de escolha no que dizia respeito ao aborto.

A pensadora hooks alerta contra a redução da ideia do pessoal ao político a uma expressão de alguma experiência privada de opressão, na qual o feminismo se degenera em um protesto pessoal. Atenta ao destaque da importância da ênfase da dimensão política e social do movimento feminista, hooks resiste à ideia de que a experiência da opressão seja equivalente à sua compreensão, ou seja equivalente a uma análise crítica e política de tal dimensão. A tese de hooks pode ser reafirmada em termos de uma precaução contra versões ingênuas da "política da identidade". Levar a sério a construção ideológica dos sujeitos é estar alerta aos problemas inerentes ao falar a partir de uma determinada posição sem problematizar tal posição como algo sobredeterminado pelas forças às quais se pretende opor. Os sujeitos internalizam ideologias opressivas, reproduzindo, dessa forma, mitos perniciosos que estruturam sua autocompreensão. Marx analisou tais fenômenos sob o título de "falsa consciência".

A BRANCURA INVISÍVEL DA TEORIA FEMINISTA DO *MAINSTREAM*: A DISTINÇÃO PÚBLICO/PRIVADO COMO CASO EM QUESTÃO

Como aprendemos com Foucault, o poder não opera simplesmente de cima para baixo, não é a força unidirecional e monolítica que o marxismo presumia ser. Se o poder está em todos os lugares, conforme afirmou Foucault, também é possível a resistência a partir de múltiplas fontes. A ideologia não é algo que tudo permeia ou determina. As mulheres não são simplesmente enganadas pelos homens, assim como as minorias raciais não são meramente as vítimas de racismo. Uma vez mais, hooks põe em questão a tendência das teóricas feministas de relegar as mulheres afro-americanas a situações secundárias, permitindo que estas tenham voz sobre sua experiência pessoal, que deem sua perspectiva sobre o racismo, que expressem o que pensam a fim de incluir exemplos "autênticos" de opressão racial em suas análises, sem, contudo, jamais conceder qualquer desafio fundamental ao modelo teórico básico da ideologia feminista branca. Ao mesmo tempo, ao fazer uma intervenção sobre a teoria feminista, hooks exige que as teóricas feministas brancas renunciem à sua autoridade não marcada sobre o discurso feminista, requerendo que elas redefinam sua relação em termos de privilégio, que comecem a aprender a levar a sério e a ouvir as vozes que elas geralmente têm marginalizado, ainda que, às vezes, inadvertidamente. Conforme Hazel Carby (2000) disse: "Mulheres brancas, ouçam! Em vez de buscar, de modo defensivo, reafirmar seu poder sobre os termos do discurso, encontrando novas maneiras de marginalizar os interesses dos teóricos da raça, ocupando a posição de culpa branca ou *ressentimento*, as mulheres brancas precisam pensar sua própria implicação no racismo". Isso exige repensar categorias e distinções que foram formadoras da teoria feminista, moldando os contornos do debate. A história da teoria e da práxis feminista tem de ser responsabilizada por esse unilateralismo.

Uma vez que esteja entendido que o feminismo *mainstream* deve confrontar suas próprias tendenciosidades raciais, classistas e heterossexistas, não só concordando em ser mais inclusivo, embora ainda mantendo o controle do que é considerado discurso feminista, fica claro que suas categorias centrais, distinções e práticas devem continuar disponíveis à avaliação e ao re-exame constantes. O feminismo recusa-se a realizar essa análise autocrítica, já que conceitos como raça continuam a funcionar de uma maneira que preserva a neutralidade da brancura, restringindo a aplicabilidade do termo raça a minorias raciais, de modo que toda vez que determinamos a raça, continuamos a assumir um modelo que preserva a brancura como centro normativo e determina os não brancos em relação a tal centro. Descentralizar um conceito aparentemente neutro em termos raciais é superar a tendência de considerar os outros marcados racialmente como apenas relativos à norma dominante, compreensíveis nos termos dessa norma.

Mesmo quando é parte dos interesses feministas supostamente progressistas, o gênero é racializado de uma maneira que permanece invisível à teoria feminista. Apresentado como se fosse neutro em relação à raça e à classe, operando sob o signo da igualdade, o gênero foi refigurado como um imperativo capaz de consumar a transição das mulheres para fora do privado, rumo ao público. Tal refiguração falhou em questionar, reconfigurar ou tematizar a racialização do espaço privado do qual se considerava que as mulheres estivessem migrando ou do espaço público que se considerava em que estivéssemos ingressando. Que haja uma racialização implícita sobre a qual descansava a "generização" dos espaços privado e público, e que a práxis e a teoria feministas negavam-se a tematizar, é algo que fica especialmente claro no caso dos Estados Unidos. Tem-se apenas que pensar sobre o sentido no qual a distinção público/privado, que desempenhou papel tão formador nas mobilizações feministas do conceito de gênero e foi considerada central na teoria feminista, descartava completamente o papel das trabalhadoras domésticas afro-americanas. Ao enfatizar a necessidade de as mulheres saírem do mundo privado e doméstico e de ingressarem no mundo público, político e masculinamente marcado, o feminismo implicitamente marcou-se racialmente como branco, além de estabelecer-se como pertencente à classe média e heterossexista. Não conseguiu pensar sobre as mulheres que trabalhavam no que se designava como mundo privado, cujo trabalho era realizado não em suas próprias casas, mas nas casas de mulheres mais privilegiadas. O trabalho doméstico foi, por isso, classificado em termos de raça e classe, de um modo que permanece invisível e impensável para a teoria feminista, porque esta figura a si mesma como o movimento das mulheres para fora do privado e para dentro do mundo público, como se esse espaço privado não estivesse ainda politizado pelas divisões de raça e de classe. Ao marcar o mundo privado como feminino e o público como masculino, o feminismo continua a reproduzir as categorias políticas hegelianas, ainda que as ponha em questão, delineando tacitamente um quadro de sua mulher ideal como branca, burguesa e heterossexual. Ignora, portanto, o grande número de mulheres que não se encaixam nesse estereótipo. Conforme Hazel Carby diz: "As ideologias da domesticidade da mulher negra e da maternidade foram construídas por meio de seu emprego (ou situação social) como doméstica ou mãe substituta para famílias brancas, e não em relação a suas próprias famílias" (2000, 391). Isso torna sua relação com a domesticidade algo muito mais complicado e multifacetado do que uma simples equação entre a feminilidade e o mundo privado da casa que a teoria feminista estabeleceu a fim de contestar.

Ao pontuar que o trabalho na esfera pública era remunerado, ao passo que o trabalho doméstico não o era, as marxistas feministas repetiam o erro de considerar invisíveis aquelas mulheres que trabalhavam na casa dos outros. Os próprios termos sobre os quais o movimento das mulheres se estabeleceu no Ocidente dependiam, assim, de oposições que retórica e estruturalmente excluíam as mulheres não brancas (ver Mohanty, 1991, 67). Não é preciso dizer que o legado da escravidão nos Estados Unidos historicamente predeterminou quais mulheres tendiam a trabalhar como domésticas e quais tendiam a ocupar as classes privilegiadas que poderiam contratar seus serviços. Se o *slogan* "o pessoal é o político" foi significativo para a teoria feminista, deve também se admitir que ele funcionou de uma maneira que replicava, perdoava e reinventava o racismo. A não ser que você seja branco, realmente não contará como pessoa, caso em que o que é pessoal para você não se qualifica como político para um feminismo invisivelmente branco.

A articulação *mainstream* feminista acerca da distinção entre o privado e o público tem sido uma maneira poderosa de construir o argumento pela libertação da mulher, mas parte de seu poder reside no racismo inconsciente estruturalmente embutido nele. As categorias organizadoras e os *slogans* do feminismo (público/privado, o pessoal é o político) construíram o grupo "mulheres" de uma maneira que permaneceu esquecida de dimensões invisíveis, normativas e raciais. A cegueira do feminismo em relação à sua própria consideração dos interesses de algumas mulheres como invisíveis, mulheres pelas quais o feminismo afirmava falar, leva a um remapeamento de sua elaboração conceitual (ver Bhattacharjee, 1997). Isso requer que repensemos o poderoso papel simbólico que a distinção público/privado desempenhou no discurso feminista, como sendo ele próprio parte de um discurso excludente que privilegia os interesses das mulheres brancas materialmente privilegiadas, sem marcar esse privilégio ou reconhecer sua história. Demanda que o papel constitutivo que a raça, a classe e a sexualidade têm desempenhado, precisamente como isentos do gênero, seja reconhecido.

Se a fronteira entre o privado e o público tem sido o tema dominante para o feminismo *mainstream*, as conceituações feministas de tal tema tendem a reproduzir a brancura invisível de tais categorias. O feminismo *mainstream* construiu o mundo privado, doméstico e familiar da casa em termos ocidentais e hegemônicos. Concebido como um espaço patriarcal e heterossexual, o mundo privado tem figurado como confinador e restritivo, um espaço de que as mulheres devem migrar a fim de se libertarem para realizar as liberdades que os homens assumem no espaço público. Esse espaço público tem figurado como um espaço de liberdade e de libertação, caracterizado pela oportunidade de trabalho e de educação, e pela proteção da lei. O privado é, portanto, marcado como feminino, e o público como masculino, em uma oposição que também inscreve pressuposições raciais que tipicamente têm passado despercebidas. Assim, a própria existência das trabalhadoras domésticas femininas, que podem ser imigrantes sem documentos, confunde qualquer oposição rígida entre o privado e o público, entendidos em oposição mútua. Tais mulheres trabalham nas casas de quem tem mais privilégios, cuidando das crianças e das casas das mulheres privilegiadas de classe média as quais podem valer-se da oportunidade de trabalhar no mundo público e identificado com o masculino, enquanto outras mulheres cuidam de seus filhos. Essas trabalhadoras domésticas tendem a estar nas classes mais baixas, a ser membros de minorias raciais ou a ser trabalhadoras imigrantes, frequentemente sem documentos. No caso deste último grupo, as trabalhadoras domésticas não só complicam qualquer distinção entre o privado e o público, já que trabalham nas casas de outras, onde frequentemente também vivem; as trabalhadoras imigrantes também colocam em questão a concepção unidimensional da casa como o espaço doméstico e familiar.

Bhattacharjee examina os aspectos multidimensionais da noção de lar, conforme utilizada pelos trabalhadores do sul da Ásia, para quem essa noção estende-se para além das conotações tradicionais da casa familiar patriarcal. Também conota a comunidade imigrante étnica ampliada, de um lado, e o país de origem, de outro. Se o conceito de lar em si mesmo contém múltiplas significações para as mulheres imigrantes, de modo similar, o mundo público não pode ser entendido puramente como um mundo que promete a libertação e a proteção da lei. Pelo fato de seu *status* ser em geral temporário, as trabalhadoras imigrantes domésticas frequentemente dependem de seus maridos para continuar a ter direito de residência legal permanente. A fim de provar que seus casamentos não são simplesmente casamentos de conveniência, nos quais se embarca apenas para ganhar o *status* de imigrante legal, essas mulheres devem resistir a procedimentos invasivos do Estado, que monitora a "validade" de seus casamentos. Tais procedimentos manifestam os aspectos coercitivos do Estado, que, por isso, representa não tanto um espaço libertador potencial, mas sim uma força repressiva no caso dos imigrantes que buscam ganhar a condição de residentes legais. Longe de proteger os direitos dos indivíduos, ou de oferecer um refúgio aos quais as mulheres possam apelar a fim de obter tratamento igual, a lei, neste caso, invade o espaço privado do lar de um modo que diferencia as mulheres racialmente marcadas e aquelas que assumem suas posições mais prontamente em um espaço público alegadamente não marcado.

Como os imigrantes que são vítimas de violência doméstica, a quem Bhattacharjee compara às trabalhadoras domésticas imigrantes, as imigrantes sem documentos exigem que as feministas do *mainstream* reformulem tanto as teorias quanto as práticas que dependam de uma dicotomia simplista e racialmente cega entre o público e o privado. As políticas adotadas pelos abrigos de mulheres sofridas, em geral, não foram formuladas de um modo que coloque em primeiro plano as considerações sobre imigração e nacionalidade. Se tais políticas abrangem uma população racionalmente homogênea, elas continuarão a ser cegas para as necessidades específicas das minorias raciais. Consequentemente, essas políticas não conseguirão refletir as necessidades e as preocupações das populações imigrantes, que podem estar mais do que normalmente isoladas devido à barreira da linguagem e da falta de familiaridade com as condições dos países que as adotaram. Se os abrigos não conseguem dar conta de tais preocupações, os serviços por eles oferecidos às vítimas de violência doméstica serão destinados apenas a um grupo seleto de mulheres.

Os pressupostos estruturantes da teorização feminista *mainstream* relativa à demanda pelo acesso das mulheres ao mundo público operam, então, com base em uma oposição descomplicada, mutuamente exclusiva e racialmente não marcada entre o privado e o público. Naquilo que essas perspectivas rígidas e dicotômicas refletem o privilégio racial e de classe, e ajudam a dar forma às políticas que têm impacto sobre os recursos disponíveis às minorias raciais, o problema não é só teórico, mas afeta a segurança de tais mulheres. Tais pressupostos estão espelhados nas caracterizações do feminismo como uma luta pelos direitos civis que não consegue abordar como as questões dos direitos civis e da soberania se aplicam às várias minorias raciais. Chegar ao voto pode parecer ser um bem incontestável para todos os cidadãos. A reflexão sobre a experiência das mulheres indígenas norte-americanas, às quais a cidadania foi atribuída pela *Lei da Cidadania Indígena* de 1924, revela que a matéria é muito mais complexa. Conforme argumenta Marie Anna Jaimes Guerrero (1997), as tradições culturais e a soberania das tribos nativas norte-americanas, incluindo as tradições matrilineares, foram apagadas pela imposição de um modelo de governo baseado em uma réplica parcial do governo norte-americano. Um sistema de corte judicial substituiu a soberania tribal, sem ser suplementado pelas verificações e equilíbrios oferecidos pela separação de poderes entre o judiciário, o legislativo e o executivo. A colonização das terras dos nativos norte-americanos e de seus modos de vida substituiu a responsabilidade comum por uma ética individualista e capitalista, baseada em uma teoria do contrato social, pela qual os direitos são conceituados como se conferidos pelo governo. Esses direitos são considerados, por exemplo, por John Locke (1924), inalienáveis – pelo menos para quem é considerado integralmente humano (os escravos não eram assim considerados pelos teóricos contratualistas). Eliminando o caráter coletivo da vida tribal, em que as dificuldades eram resolvidas por meio de uma rede informal de deveres e responsabilidades, o Estado erigiu em seu lugar um modelo de governo norte-americano essencialmente corporativo. As mulheres indígenas norte-americanas tornaram-se o campo sobre o qual a tensão entre essa forma de governo de estilo colonial e a soberania tribal tradicional foi estabelecida. Guerrero dá o exemplo da senhora Martinez, membro da tribo Pueblo, que se casou com um membro da tribo Navajo – senhora que teve sua condição de membro de uma tribo, bem como a de seus filhos, posta em risco. As cortes recém-instituídas pela Lei de Reorganização Indígena de 1934, influenciadas pelas tradições patriarcais e ocidentais, excluíram Martinez da tribo Pueblo e também da tribo de seu marido, já que a tribo Navajo operava de acordo com tradições matrilineares.

RAÇA, CLASSE, SEXUALIDADE, GÊNERO... E HISTÓRIAS CONFUSAS: SUPLEMENTANDO OS MODELOS INTERSECCIONAIS COM ANÁLISES DIACRÔNICAS

Em um esforço para corrigir a construção feminista demasiadamente simplificada do gênero como algo branco, de classe média e heterossexual, um recente apelo em favor das intersecções entre gênero, raça, classe e sexualidade passou a prevalecer. Para garantir que esse modelo que entrelaça raça, gênero e classe esteja adequado à complexa, compactada e histórica configuração de como a raça é sempre já influenciada pela classe e pelo gênero, ou de como o gênero é sempre já influenciado pela raça e pela classe, precisamos realizar uma análise que não se mantenha cega à formação intrincada de cada categoria. Precisamos evitar acenar de maneira muito fácil e muito prontamente para uma comunidade imaginária e holística na qual todas as nossas diferenças possam, pelo menos teoricamente, coexistir lado a lado e com pouquíssima tensão. Até mesmo a noção de "hibridez" não aborda adequadamente a complexidade das questões que precisam ser abordadas, já que ainda coloca a raça, o gênero e a classe como estratos separados. Construir a raça, o gênero e a classe como categorias, termos, fatores ou vetores "entrelaçados" (ou sobrepostos, ou interseccionados ou híbridos) é evitar tratar esses termos como se tivessem integridade em e por si mesmos, como se eles pudessem meramente ser acrescentados uns aos outros. Essas "categorias", na verdade, estão sempre indelevelmente formatadas pelas outras, e seu surgimento em determinados pontos da história está ligado a uma interdependência convoluta, na qual elas tomam uma determinada configuração histórica típica de uma determinada época. A raça, como conceito moderno, surge em um determinado momento (industrial, capitalista, colonialista). Como tal, sua legibilidade é inerente aos discursos que foram construídos em torno da produção de mais valia e organizados não só em torno das tensões de classe e dos mitos competitivos do nacionalismo e do colonialismo, mas também em torno de ideologias de gênero e de sexualidade. O gênero, como uma categoria mobilizada pelas feministas ocidentais, toma forma inicialmente como conceito branco, burguês e heterossexista, mas seu surgimento como categoria política que pretendeu aplicar-se a todas as mulheres torna invisível seus preconceitos raciais, classistas e heterossexistas.

A estipulação da raça, da classe e do gênero como categorias "entrelaçadas" deve evitar presumir a inviolabilidade de tais categorias e de sua separabilidade analítica. Se a teoria feminista ainda está no processo de corrigir sua história racista, a teoria da raça ainda está no processo de corrigir sua história sexista. Para tomar outro exemplo da natureza complexa e mutuamente constitutiva da raça e do gênero, as feministas do terceiro mundo foram criticadas pelas nacionalistas pós-colonialistas, que tendem a ocupar posições masculinas que passam como posições não marcadas como tais, por serem corrompidas pelo que se percebe como feminismo "ocidental". Tais críticas, de cunho masculino, do feminismo implicitamente o constroem como branco e ocidental, tacitamente cedendo à propriedade imperialista do feminismo. As nacionalistas pós-coloniais que atacam as feministas do terceiro mundo por se venderem ao feminismo – como se o feminismo fosse de propriedade das mulheres ocidentais – estão elas próprias aquiescendo à ditadura dos poderes colonizadores que pretendem colocar em questão ao reconhecer a propriedade branca e ocidental do feminismo. O nacionalismo pós-colonial está, portanto, presente no molde que pretende rejeitar na sua própria tentativa de defender algum mundo imaginário que é constituído como puro e não corrompido pelos valores que ele coloca como ocidentais. Conforme Uma Narayan (1997) demonstrou, tais defesas colocam em ação mitos de nacionalismo que competem entre si, são altamente seletivas, e tendem a opor a "pureza" e a "espiritualidade" das culturas "tradicionais" ao materialismo e à amoralidade das ocidentais. Já que os mitos nacionalistas pós-colonialistas são chamados à existência pela opressão e pela exploração do Ocidente, e já que eles não são apenas seletivos, mas também reativos, constituem-se em representações especialmente problemáticas do nacionalismo. Figuradas como guardiãs da família e da domesticidade, como protetoras de mitos nacionalistas altamente seletivos, as mulheres frequentemente se tornam o campo sobre o qual os nacionalistas pós-coloniais masculinos tentam salvaguardar uma versão de "sua" cultura – uma cultura que, de fato, é uma construção que surge em primeiro lugar apenas como reação à colonização e em resposta a uma configuração mítica da ocidentalização. Na busca pós-colonial para contestar as forças do imperialismo ocidental, as mulheres são então mobilizadas para salvaguardar mitos das culturas tradicionais, como se essas culturas pudessem ser purificadas de suas influências externas, como se elas não estivessem sempre já construídas em parte como resposta à história do colonialismo – em poucas palavras, como se os mitos gozassem de algum *status* originário. As mulheres estão assim restritas a papéis atávicos como defensoras da cultura "tradicional", cujas características são determinadas em oposição a uma versão mítica da ocidentalização que é tão seletiva quanto o mito nacionalista pós-colonial contra o qual se colocam. Claramente, a fim de entender como a raça e o nacionalismo são figurados no âmbito do discurso pós-colonial, é preciso também analisar o gênero, que acaba por ter desempenhado um papel constitutivo importante na construção das configurações raciais e nacionalistas entre Oriente e Ocidente.

A TEORIA FEMINISTA PÓS-COLONIALISTA ENCONTRA A FENOMENOLOGIA

A teoria feminista pós-colonialista exige que a teoria da raça se responsabilize por suas tendenciosidades de gênero, assim como exige que a filosofia o seja por seu universalismo de raça e de gênero. Assim, não se sente satisfeita com os parâmetros estabelecidos pelo filósofo e crítico social amplamente considerado como o fundador dos estudos pós-colonialistas, embora inquestionavelmente faça uso de seus fundamentos. O relato fenomenológico de Frantz Fanon acerca da alienação produzida sob o olhar colonial branco faz uso das ontologias de Jean-Paul Sartre e de Merleau-Ponty e desafia tais ontologias ostensivamente universais a serem responsáveis por suas exclusões. "Jean-Paul Sartre havia esquecido que o negro sofre em seu corpo de modo muito diferente do branco", diz Fanon (1967, 138). O frequentemente citado relato fenomenológico de Fanon sobre a desintegração que ele experimenta quando se vê por meio dos olhos do outro branco, cujo olhar é estruturado pelos mitos distorcidos e desumanizadores do canibalismo, da animalidade e do primitivismo, estabelece a assimetria do olhar. A transformação do esquema corporal é trazida à tona por meio desses mitos e lendas alienantes que constituem o que Fanon chama de "esquema histórico-racial" (Fanon, 1967,

111). Conforme diz Jeremy Weate, o olhar do outro é estruturado por um "imaginário branco" (Weate, 2001, 174), que é formatado pelo "mito do negro" (Fanon, 1967, 117;114). Uma vez que esse imaginário mítico influencia a relação de Fanon com o mundo, há um "deslizamento" (Weate, 2001, 173-4) ou redução do esquema histórico-racial, fabricado pelo mito do negro, ao "esquema epidérmico racial" (Fanon, 1967, 112). As máscaras brancas da estupidez, da bestialidade e da inferioridade caem, revelando o que agora parece fundamentá-las: uma pele negra. Assim Fanon revela o processo pelo qual a pele negra passou a significar primitivismo e bestialidade, e, no processo apresentado pelo autor, conforme diz Weate, uma "genealogia" do essencialismo racial.

A incapacidade de a ontologia dar conta da maneira como a relação racial e corporal dos sujeitos com o mundo é construída por meio da intervenção de um olhar branco indica a necessidade de reformar a fenomenologia. O passado alcança o presente, aprisionando Fanon em uma rede de significados que o reduz a um objeto, e inibindo sua liberdade, criatividade e transcendência. Paralisado por seu reflexo nos olhos do outro branco, sente-se diminuído, incapaz de agir e de tentar fazer uma intervenção significativa no mundo que pudesse transformar a história.

Se a obra de Fanon exibe a influência onipresente da fenomenologia e do existencialismo, a influência da psicanálise também é decisiva. A teoria psicanalítica manteve-se surpreendentemente produtiva para os teóricos da raça, os quais continuam a buscar inspiração nela, apesar de eles alegarem legitimamente que a inclinação teórica dela é permeada pelas pressuposições ocidentais. Fanon, que observa, com Malinowski, a compulsão dos etnólogos ocidentais por encontrar "as complexidades de sua própria civilização [...] duplicada nos povos que eles estudam" (Fanon, 1967, 152; 143), continua exemplar nesse aspecto. Está claro que Fanon não está de forma alguma completamente persuadido pela aplicabilidade do complexo de Édipo aos povos das Antilhas Francesas (ver 152, 143), recusando até mesmo a ideia de que o racismo branco seja inconsciente (ver Fanon, 1968). Porém, também está claro que os conceitos de inconsciente, trauma, catarse, projeção, fobia e fetichismo inspiram a poderosa evocação que o autor faz da fragmentação corporal por que passa, um sofrimento que ele descreve como referente à desintegração do esquema corporal. Fanon enfatiza que a redução dos negros a um esquema racial epidérmico é facilitado em parte pela identificação dos negros com a sexualidade. Essa erotização assume a forma de mitos a que Fanon dá voz quando diz: "quanto aos negros, eles têm tremendos poderes sexuais. O que se poderia esperar, com toda a liberdade que tinham em suas florestas? Eles copulam a todo momento e em todos os lugares. São realmente genitais. Têm tantos filhos que não conseguem contá-los. Tenha cuidado, ou eles nos encherão de mulatinhos" (Fanon, 1967, 157, 148). A preocupação com a miscigenação registrada aqui por Fanon está presente nas reflexões do autor, e é precisamente aqui que se manifesta sua tendência perturbadora de reproduzir acriticamente algumas das atitudes mais denegridoras da sexualidade feminina. A reprodução que Fanon faz desses mitos é, naturalmente, em nome de sua representação paródica do patriarcado branco. A brancura e o patriarcado, contudo, não são homólogos. Quando Fanon tenta delinear a cumplicidade das mulheres brancas com o "mito do negro", há momentos em que seu relato das mulheres é vítima de uma mitologia sobre as mulheres que precisa ser colocada em questão de modo tão rigoroso quanto Fanon põe em questão o "mito do negro". Quando ele diz: "Nossas mulheres estão à mercê dos negros" (Fanon, 1967, 157, 143), está claramente falando na voz do patriarcado branco e, em certos momentos, reconhece que as mulheres brancas são consideradas patológicas de um modo que encontra paralelo na experiência negra (ver 1967, 159; 149). Porém, não é suficiente estabelecer tais paralelos sem explorar o modo como a raça usurpa os estereótipos de gênero e o gênero usurpa estereótipos racistas. É decepcionante que, apesar de sua análise astuta da mitologia racial, Fanon seja incapaz de fazer uso de sua capacidade analítica com igual facilidade a fim de expor como a mitologia sexual denigre as mulheres. Ele continua a reduzir as mulheres à condição de propriedade dos homens, a construir as mulheres como repositórios passivos do desejo masculino e a projetar sobre as mulheres fantasias violentas que talvez representem um deslocamento do próprio sofrimento de Fanon. Assim, vemos o autor reproduzir tal mitologia sem tomar nenhuma distância crítica dela: "Já que aprendemos a conhecer todos os truques que o ego usa para defender-se, sabemos também que suas negações, em nenhum caso, devem ser tomadas literalmente. Não estamos observando uma completa inversão? Basicamente, esse *medo* do estupro não clama, ele próprio, pelo estupro? Da mesma forma que há rostos que pedem para ser esbofeteados, não podemos falar de mulheres que pedem para ser estupradas?". (Fanon, 1967, 156, 147). O mito perigoso e pernicioso de que as mulheres estejam clamando pelo estupro, ou pedindo para ser estupradas, tem vinculação com o imaginário masculino que constrói uma fantasia relacionada a mulheres disponíveis, periféricas e dispensáveis como se isso tivesse a ver com o que as mulheres querem. Conforme

Rey Chow argumenta, a hipótese de Fanon de que as mulheres querem ser estupradas, e assim são "inestupráveis", "em última análise minimiza, se é que não apaga, as diferenças raciais e étnicas entre as mulheres negras e as mulheres brancas" e "retrata a sexualidade das mulheres em seu cerne como algo caracterizado por um desejo ativo e sadomasoquista – ser estuprada, estuprar-se, rasgar-se" (1999, 45). O imaginário masculino que Fanon assume acriticamente a partir da fenomenologia e da psicanálise o impede de ver as mulheres em sua total subjetividade. Isso intervém também na construção que Fanon faz das mulheres, de modo que enquanto retira as máscaras brancas que cobrem as peles negras com competente precisão, ele continua a ver as mulheres de acordo com uma máscara masculina: como incoerentes, incapazes de dizer o que queremos ou de saber o que queremos, como convidadoras da violência.

Talvez se Fanon não tivesse restringido sua tematização da hipersexualidade dos negros aos homens, ele poderia ter sido capaz de tornar problemáticos esses mitos sexistas, em vez de perpetuá-los. O que ocorre, porém, é que coube a críticos como Lola Young estender às mulheres o campo de ação de como os negros têm sido representados no imaginário branco: "No caso tanto de mulheres quanto de homens, a afirmação de que os negros são mais 'sexuais' está historicamente ligada e é 'provada' por supostos excessos anatômicos, sob uma ou outra forma" (2000, 273). Evelynn Hammonds demonstra como "a sexualidade das mulheres negras foi construída em uma oposição binária à das mulheres brancas: é considerada simultaneamente invisível, visível (exposta), hipervisível e patologizada nos discursos dominantes" (1997, 170). De um lado, os "comentadores europeus" referiam-se à "genitália 'primitiva'" das mulheres africanas negras que eram então definidas como "sinal de seus apetites sexuais 'primitivos'" (172). Isso está de acordo com a hipervalorização da sexualidade das mulheres negras, que foi construída como "inerentemente imoral e incontrolável" (idem) e definida em oposição à sexualidade das mulheres brancas. "As mulheres brancas eram caracterizadas como puras, sem paixão e assexuadas, ao passo que as mulheres negras eram a epítome da imoralidade, da patologia, da impureza e do próprio sexo" (173). Por outro lado, a sexualidade das mulheres negras foi passada ao mundo do invisível, em parte porque, em reação às representações consistentemente hiperbólicas da sexualidade negra feminina, as mulheres negras recorreram a uma "política do silêncio" (175). Essa "produção imposta do silêncio" tanto privou as mulheres negras da "capacidade de articular qualquer concepção de sexualidade" (177) quanto exacerbou a anulação ou invisibilidade das mulheres negras a que se chegou por meio das distorções das representações coloniais. Essas representações fizeram uso do "sempre já colonizado corpo feminino negro" de modo que a feminilidade negra é construída como "a incorporação do sexo", ao passo que as mulheres negras "não têm voz e não são vistas – são tudo o que não é branco" (171).

O fato de uma política do silêncio ter sido produzida em resposta à excessiva visibilidade à qual a sexualidade feminina negra tem sido sujeita por um imaginário branco, patriarcal e colonialista pode ajudar a explicar como críticos como Fanon podem reciclar a visão dominante. Da mesma forma que Fanon achou necessário chamar a atenção para o universalismo de Sartre e Merleau-Ponty, de Freud e Lacan, a fim de demonstrar que as posições raciais assimétricas que existiam no mundo estavam cobertas por suas tentativas fenomenológicas e psicanalíticas de generalizar a experiência humana, as mulheres que leem Fanon se deparam com a questão de como responder a seu fracasso no que diz respeito a pensar o sexismo no qual sua própria filosofia pós-colonialista permanece implicada.

Não só deve a teoria feminista confrontar sua própria história de cegueira à raça, mas a teoria da raça deve também confrontar sua cegueira ao gênero. Já que a parcialidade de raça da teoria feminista e a parcialidade de gênero da teoria de raça estão engastadas no desenvolvimento de seu aparato formal, abordar essa tendenciosidade é uma tarefa teórica difícil. O gênero já é dado em termos raciais, e a raça em termos de gênero, embora as maneiras como o gênero recebe a inflexão da raça e a raça recebe a inflexão do gênero não tenham sido tematizadas. A lógica comparativa das identidades políticas implícitas no modelo aditivo de raça, gênero e classe está evidente não só em alguns pensamentos feministas, mas também nas tentativas de aplicar a experiência de uma minoria racial à outra, como se o conteúdo das experiências da minoria espelhasse o da outra. Precisamos ser autocríticos até mesmo desse trabalho, perguntando se ele realmente consegue dar conta dos fenômenos a que se dedica.

A fluidez da vida, juntamente com a rigidez das categorias, deixa como herança para nós – que estamos interessados na clareza filosófica e na transformação política em nome da justiça – uma série complexa de problemas. Esse nexo de problemas pode ser iluminado sob o título do fetichismo. Marx analisou o problema do fetichismo da mercadoria muito detalhadamente e com grande discernimento, ainda que de uma maneira que não aborda uma série de outros problemas, ao mesmo tempo que seu método do materialismo histórico continua a oferecer recursos para a formulação desses problemas. Foucault desenvolveu isso em direção à micropolítica, na qual o poder opera em locais múltiplos e contestados, e em que a especificidade histórica dos discursos da sexualidade dispõe de categorias mutantes de modo que o desvio sexual, uma vez terreno do padre em um confessionário, torna-se sujeito à autoridade dos especialistas da medicina, cujo conhecimento ajuda a compreender os sujeitos desviantes não como pecadores, mas como sujeitos patologizados. Com o lugar da autoridade tendo mudado da igreja para o divã do psicanalista, quem é responsável pela produção de conhecimento e pela constituição das sexualidades ocupa posições diferentes no nexo das relações de poder pelas quais os sujeitos lutam por serem legítimas, para si mesmos e para os outros. Seus modelos respectivos de poder, ambos em débito para com o marxismo clássico e dele partindo, têm, por sua vez, dado forma a modelos de pensamento feministas divergentes. Ao mesmo tempo, uma constelação de teóricas feministas apresentou novas análises, às vezes mutuamente incompatíveis, que usam, põem em questão e levam adiante os *insights* apresentados por Marx e Engels, reavaliados de maneira geral por Foucault. Heidi Hartmann servirá como nosso ponto de partida para explicar tais questões.

2
Feminismo e marxismo: a utilidade e as limitações dos modelos paralelos

Conforme Marx compreendeu em sua análise da alienação e do fetichismo da mercadoria, as relações sociais parecem ser governadas por forças estáticas e implacáveis. As relações entre os seres humanos assumem a aparência de relações entre coisas – elas se tornam reificadas. O capital parece governar essas relações, que assumem a aparência de fixidez e de necessidade. Somente quando surge uma nova forma de produção poderá a autoridade das mercadorias ser posta em questão. O gênio do capitalismo está na sua capacidade de reproduzir-se não meramente em nível material, mas também em nível ideológico. Se Louis Althusser analisou as formas como a ideologia se reproduz em nível institucional, na forma de religião, educação e família, Antonio Gramsci enfatizou o quanto aquilo que parece ser senso comum das ideias recebidas (por exemplo, a ideia de que o feminismo deve tratar da igualdade) de fato deriva da ideologia dominante de quem está no poder. Nosso consentimento em relação a essas ideias é produzido pelos interesses prevalentes da classe governante – para adaptar a formulação de Noam Chomsky – ou, por exemplo, por quem ocupa posições de elite em relação à teoria feminista. Tipicamente, as mulheres brancas e privilegiadas definem os termos do debate feminista e, consequentemente, têm podido ignorar formas de desigualdade social ditadas pela opressão de classe e pela discriminação racial. Essa relação hegemônica com o que é aceito como feminista, e com o que é rejeitado como tal, perpetua a marginalização de quem tradicionalmente desempenha papéis menos privilegiados.

Passado na Nova Escócia, o filme *Margaret's Museum* enfoca as histórias das mulheres da classe trabalhadora que ficam para trás quando seus maridos, filhos e irmãos morrem no monopólio das minas de carvão que dominam a comunidade rural canadense. A morte é parte da rotina do trabalho na mina, que prioriza o lucro, e não a segurança. Como as condições de trabalho sistematicamente negligenciam a segurança de seus trabalhadores, o capitalismo apaga a cultura gaélica de seus habitantes, nivelando suas atividades com aquelas que estejam de acordo com a produção de lucro. Sinalizando mais um acidente na mina, a sirene dispara, e Margaret (Helena Bonham Carter), ainda jovem, torna-se viúva e perde seu avô, pai e dois irmãos na mina. O filme explora não só o preço econômico cobrado por essas mortes, mas também o psíquico. Incapaz de tolerar o modo como a mina explora a comunidade, tratando insensivelmente seus trabalhadores e nunca mostrando respeito por suas vidas, a resposta de Margaret é a de quem já suportou tudo o que podia. Recusando o fardo intolerável de sofrimento e desumanização que a mina impinge a ela e rechaçando as convenções de luto que normalmente "amenizariam" a terrível negligência dos padrões de segurança da empresa mineradora, Margaret reage de um modo que chama a atenção para o impacto das condições de trabalho sobre o corpo dos mineradores. Ela abre um museu onde expõe os pulmões de seu avô e de seu marido, a fim de mostrar a diferença entre a pneumoconiose – doença que causara a morte de seu avô – e pulmões saudáveis. Seu marido, Neil, que, de modo relutante, começara a trabalhar há pouco tempo na mina para que ele e Margaret pudessem ter filhos, tinha pulmões saudáveis. O museu de Margaret é sua maneira de protestar contra a desumanidade do monopólio da mineração, que calcula a morte de seus empregados como apenas um daqueles aspectos inevitáveis de sua meta incansável: extrair o máximo de mais valia, independentemente do custo em vidas humanas. Margaret pretende mostrar a um público inconsciente como são os pulmões saudáveis de alguém comparados aos pulmões de seu avô. Contudo, as coisas se complicam, e ela é presa e levada para um manicômio. Sua tentativa de demonstrar a irracionalidade e a imoralidade de um sistema capitalista que calcula a morte como parte do preço do carvão é punida como algo irracional, algo insano – uma punição que, então, considera racionais e sensatos os cálculos da empresa mineradora, cega ao valor da vida humana, com olhos voltados somente ao lucro. Uma punição, também, que remete a uma longa história na qual as mulheres têm sido trivializadas e manipuladas por meio de sua associação com a loucura.

Heidi Hartmann caracterizou bem a relação entre feminismo e marxismo como um "casamento infeliz", um casamento em que o marxismo provou ser dominante. As feministas marxistas devem ou trabalhar por um melhor relacionamento, sugeriu Hartmann, ou se divorciar. Hartmann defende uma aliança mais saudável entre o feminismo e o marxismo, apontando que as categorias marxistas de análise são cegas à dinâmica do gênero. Reduzindo o gênero à classe, o marxismo acaba subsumindo o feminismo: marxismo e feminismo são um só, e esse um só é o marxismo. Ajustada às categorias do trabalho e da produção, e baseada em um modelo patriarcal do trabalhador, a teoria marxista só podia ser aplicada às mulheres ou amontoando-as na categoria aparentemente genérica do trabalhador – uma categoria que, de fato, se refere a um modelo masculinizado – ou reforçando a expectativa de gênero segundo a qual o trabalho da mulher se dava em casa, e que as categorias marxistas não se aplicavam a ela.

Embora as mulheres sejam há muito tempo parte da força de trabalho, a ideologia patriarcal não conseguiu reconhecer o papel central que as mulheres têm desempenhado nas relações de produção. A tendência tem sido a de construir a imagem das mulheres como detentoras de uma relação privilegiada com a reprodução e a de excluí-las de uma análise da produção. Sem dúvida, pressupostos sobre uma divisão natural do trabalho, baseada nas diferenças reprodutivas, subjazem a essa tendência.

Uma terceira maneira de aplicar as categorias marxistas às mulheres é a de analisar o papel delas na reprodução da força de trabalho, tanto no nível cotidiano do rejuvenescimento quanto no nível da reprodução geracional. As mulheres facilitam a reprodução dos processos capitalistas na forma de trabalho doméstico, que prepara o trabalhador e o capacita a voltar ao trabalho todos os dias, com o estômago cheio e roupas limpas, com energia suficiente para sustentá-lo como trabalhador produtivo. As mulheres também garantem, por meio da procriação, a disponibilização contínua de força de trabalho. O resultado é que os papéis das mulheres só podem ser explicados por uma análise econômica e social, uma análise que se mantém cega, por exemplo, à dimensão oculta que o trabalho não pago das mulheres em casa, na forma de serviço doméstico, acrescenta valor às mercadorias. O problema com a construção do trabalho de casa como a forma última da mais valia é que ele se conforma à problemática original que Hartmann tentou evitar, a saber, a subordinação do feminismo à teoria marxista.

A teoria marxista apela para um futuro projetado no qual os interesses da classe trabalhadora são percebidos como universais, ainda que o registro histórico demonstre que longe de serem universais, os interesses da classe trabalhadora estão divididos tanto por gênero quanto por raça.

Em sua aparentemente infinita versatilidade, o capitalismo funciona de um modo que se adapta tanto ao patriarcado quanto ao racismo. Exemplo dessa flexibilidade foi a introdução e prevalência do "salário-família", um salário que reconhecia o *status* do homem como chefe da casa. Os homens da classe trabalhadora e os homens capitalistas encontraram uma causa comum na defesa de salários diferentes para homens e mulheres. O patriarcado dividiu os interesses da classe trabalhadora, perpetuando a ideia de que os homens deveriam receber um salário mais alto do que as mulheres, e o capitalismo a isso se adaptou. A diferença de salários desencorajou as mulheres a ingressar na força de trabalho, dando a elas um incentivo para que continuassem em casa e executassem as tarefas domésticas tradicionalmente consideradas femininas: cozinhar, fazer compras, limpar e cuidar dos filhos.

Com o crescimento das empresas multinacionais, na esteira do aumento da competição entre as economias capitalistas ocidentais avançadas, o caráter transnacional do capitalismo sustenta a necessidade de a teoria feminista não só suplementar o enfoque do marxismo sobre a economia de classe com uma análise de gênero, mas também estender sua consideração à raça e a etnicidade. À medida que as indústrias continuam a transferir-se para os países em desenvolvimento, onde as despesas gerais são relativamente baixas, os índices de desemprego são frequentemente altos e as organizações trabalhistas mal existem, a exploração das mulheres do terceiro mundo é mais acentuada. Especialmente atraente para as indústrias de mão de obra intensiva, tais como a indústria do vestuário e de eletrônicos, a terceirização garante um suprimento de bens de baixo custo para as sociedades ocidentais, apenas pela manutenção de salários baixos para trabalhadores dos países do terceiro mundo. Em termos relativos, as mulheres do terceiro mundo recebem os salários mais baixos – mais baixos do que os dos homens dos países desenvolvidos ou subdesenvolvidos, e mais baixo do que os das mulheres dos países desenvolvidos. O crescimento contínuo do capitalismo nos países em desenvolvimento garante que nem suas mulheres trabalhadoras serão beneficiadas com salários mais altos, nem que sua relativa exploração declinará. Mesmo quando as mulheres são promovidas, é geralmente para ocupar posições que foram deixadas pelos homens, que, por sua vez, passaram a posições mais poderosas ou lucrativas, de modo que as forças patriarcais garantem que as mulheres continuem a ser relativamente exploradas.

Como o comércio internacional aumentou, a competição ampliou--se entre os países capitalistas mais avançados, como o Japão, os países do oeste da Europa e os Estados Unidos, alimentando a motivação pela redução de custos de produção. Como o capitalismo desenvolveu-se em outros países, como Cingapura e Hong Kong, as nações desenvolvidas descobriram-se competindo não só entre si, mas também com os países em desenvolvimento, que se envolveram em operações multinacionais com proteção fiscal (paraísos fiscais) em outros países em desenvolvimento. A fim de competir com sucesso com os custos de produção relativamente baixos dos países em desenvolvimento, os proprietários capitalistas dos meios de produção do mundo desenvolvido realocaram suas linhas de produção para esses mesmos países, criando uma divisão internacional do trabalho. Essa realocação é frequentemente estimulada pelos governos dos países em desenvolvimento, sob a forma de isenções fiscais, subsídios e pacotes financeiros atraentes.

Condições escravizantes de trabalho não se limitam aos países em desenvolvimento; trabalhadores imigrantes podem estar sujeitos a más condições de trabalho e salários abaixo do mínimo também nos países desenvolvidos. Trabalhadoras domésticas, assim como as mulheres do terceiro mundo que trabalham com eletrônica no Vale do Silício ou mulheres negras em pequenos negócios familiares do Reino Unido, estão também abertas a práticas abusivas e exploradoras, tanto em nível material quanto ideológico (Mohanty, 1997). Tais trabalhadoras carecem de proteção ao emprego, de direitos trabalhistas ou de benefícios. Seu trabalho é visto meramente como uma extensão de seus deveres familiares. No caso das bordadeiras de Nasarpur, Índia, que são chamadas de "donas de casa" e aceitam esse rótulo, seu trabalho não é reconhecido como tal, mas entendido como uma espécie de continuação de outras tarefas que as mulheres realizam tipicamente em casa, incluindo cuidar dos filhos. Essa designação de "donas de casa" simbolicamente identifica as trabalhadoras como definidas por casamentos heterossexuais, em relação a seus maridos, retirando delas, portanto, suas identidades como mulheres trabalhadoras, e apagando qualquer outra plataforma sobre a qual pudessem organizar-se. Ao torná-las invisíveis como trabalhadoras e ao mantê-las isoladas em diferentes lares conjugais, retira-se delas, de maneira eficaz, qualquer poder de barganha. Também se permite que as mulheres conciliem o trabalho que fazem com as ideias tradicionais e patriarcais sobre a feminilidade, sem pôr em questão a ideologia que define as mulheres como donas de casa.

Fundamental para as análises marxistas é a teoria da mais valia, embora tenha-se deixado às teóricas feministas a reflexão sobre como a teoria da mais valia poderia aplicar-se àquele trabalho que é tipicamente não remunerado e relegado às mulheres, a saber, o trabalho doméstico. O capitalismo tem sucesso pelo aumento dos lucros: quanto mais o lucro se acumula, mais o dinheiro se torna disponível para o investimento do capital. Quanto mais fábricas se possui, mais trabalhadores podem ser empregados; quanto mais trabalhadores são empregados, mais bens podem ser produzidos; quanto mais bens são produzidos, e menores os custos de produção, maiores os lucros para os capitalistas proprietários dos bens de produção. A mais valia é a diferença entre o que o capitalista dono da produção paga a seus trabalhadores, geralmente tudo o que seja necessário a fim de garantir sua sobrevivência biológica, e o valor a que as mercadorias podem chegar no mercado. Em outras palavras, a mais valia é a diferença entre, de um lado, quanto custa para manter a força de trabalho viva – o quanto custa para pagar aos trabalhadores salários de subsistência – e o valor de troca da mercadoria, de outro lado. Os lucros são alcançados por meio do aumento da lacuna entre o custo dos meios de subsistência, ou quanto o capitalista paga aos trabalhadores para manter a produção, e o valor pelo qual as mercadorias são vendidas.

Enquanto o valor de uso de um produto é determinado por sua função – o valor de uso de um casaco é manter quente a pessoa que o veste, ou o valor de uso de um pão é satisfazer a fome – o valor de troca é a quantidade de dinheiro pela qual uma determinada mercadoria pode ser vendida. Ao estabelecer um denominador comum que possa mediar os bens materiais, o dinheiro nos apresenta um sistema universal de troca. Tal sistema se abstrai do determinado valor de uso de um objeto, ao mesmo tempo que reduz as diferenças materiais entre vários bens a um valor comum, representado pelo dinheiro. Por meio desse processo de abstração, o caráter sensível da mercadoria é negado. O veio ou tipo de madeira que é utilizado para fazer uma mesa não entra na equação que determina quantas cadeiras podem ser trocadas pela mesa, da mesma forma que a habilidade do carpinteiro é considerada invisível quando nivelada, a fim de ser medida de acordo com alguma razão que estabelece que uma forma de trabalho corresponde a unidades equivalentes de outra. A abstração da materialidade sensível tanto do produto quanto do processo de trabalho a um valor universal que facilita a troca de diversos bens anula sua particularidade.

O valor de troca de uma camiseta de um *designer* não será o mesmo de uma camiseta comum, muito embora seus valores de uso sejam idênticos. Como consumidores, estamos dispostos a pagar mais por roupas de marca do que por roupas que tenham exatamente a mesma função, a saber, a de nos manter aquecidos. Por causa da moda, compramos *jeans* Levi's ou tênis Nike. O consumo é conduzido não pela necessidade, mas pelo desejo: somos incentivados a acreditar que devemos ter uma BMW ou aquele vestido novo não porque nosso velho carro ou nossas roupas velhas tenham perdido seu valor de uso, mas porque eles não mais estão na moda – eles não representam mais a mesma coisa. Como uma sociedade de consumidores, parecemos ser conduzidos por nosso desejo de ter o último modelo, uma situação que os marxistas explicam em termos do fetichismo da mercadoria. Os cidadãos-consumidores são governados por coisas, que se tornam nossos deuses – os deuses do mercado. Adoramos as mercadorias e somos continuamente levados a comprar mais, não porque necessariamente precisemos delas, mas porque queremos manter as aparências, competir com os vizinhos, ser como todo mundo. Fetichizamos coisas materiais, tornando-nos escravos das mercadorias. Não mais no controle dos bens produzidos pelo sistema capitalista, passamos a ser controlados por eles. Em uma estranha inversão, os objetos materiais passam a comandar nossas vidas à medida que a mercadorização da sociedade confere aos processos de aquisição material uma necessidade aparente. As relações sociais ou humanas que estão por trás das mercadorias são obscurecidas à medida que passamos a ser governados pelas leis impessoais e desumanas do mercado, e não por nossa própria volição. As relações do trabalho humano que, de fato, estão por trás da produção de mercadorias são apenas representadas pelo valor abstrato do dinheiro, uma representação que reifica as relações humanas, fazendo-as parecer determinadas pelas forças do mercado, como se as próprias mercadorias tivessem poderes naturais sobre nós.

    Pelo fato de as análises marxistas enfocarem as categorias do trabalho e da produção e o mundo público e masculinizado do mercado, elas tendem a negar o papel do trabalho doméstico, tipicamente realizado pelas mulheres. Em resposta a isso, as teóricas feministas insistiram na tese de que não só o processo de produção, mas também o processo de reprodução são fundamentais para o sucesso dos empreendimentos capitalistas. A reprodução do trabalhador ocorre não só no nível biológico sob a forma da procriação, um processo que garante a disponibilidade de novos trabalhadores, mas também no nível cotidiano de rejuvenescimento e reabastecimento da energia física. Quando o trabalhador retorna para casa depois de um dia de trabalho árduo, ele precisa de algo para comer e beber, de uma cadeira para descansar e de uma cama para dormir. Certas tarefas devem ser realizadas a fim de converter os bens que são trazidos para casa, por meio de seu salário, em uma refeição, ou em um lugar confortável onde possa descansar. A comida precisa ser limpa, preparada e cozida antes de ser posta na mesa, pronta para o consumo. As roupas precisam ser lavadas, secas e passadas antes de poderem ser vestidas no dia seguinte no trabalho. Os lençóis devem ser lavados, e a cama deve ser arrumada antes que nos deitemos para uma boa noite de sono. O trabalho realizado a fim de enviar o trabalhador em boas condições de volta ao trabalho permanece invisível para o marxismo, precisamente porque esse trabalho não é pago. A reprodução do trabalhador é facilitada pelo trabalho doméstico, mas não está calculada na teoria da mais valia de Marx; ele enfocava a diferença ente os salários de subsistência e o valor de troca a fim de computar a mais valia. Pode-se argumentar, contudo, que o trabalho doméstico é o lugar principal ou supremo da mais valia. Ele passa completamente despercebido e não compensado, apesar de acrescentar valor às mercadorias que são produzidas e vendidas. É pouco surpreendente que a resposta de algumas feministas, tais como Shulamith Firestone (1972), a essa situação tenha sido a de defender que as mulheres fossem pagas pelo trabalho doméstico.

O sistema capitalista reproduz-se em nível material por meio da garantia de um abastecimento contínuo de trabalhadores e pela dependência de uma fonte não reconhecida de trabalho sob a forma do trabalho doméstico. Um segundo aspecto da maneira como o sistema capitalista se reproduz, e por isso garante sua continuidade, está no nível ideológico. As crianças são criadas para obedecer a seus pais e, ao mesmo tempo, são treinadas para serem trabalhadoras obedientes. As ideologias de classe e de gênero permeiam essa criação, passando a ideia de que o lugar das mulheres é em casa, e o papel dos homens é o de serem os provedores. A reprodução da ideologia patriarcal e capitalista encontra sua expressão não apenas na família, mas também nas organizações religiosas, nas escolas, nos clubes, nos exércitos e em outras instituições. A maquinaria capitalista continua a funcionar, e, com ela, a ideia de que os trabalhadores são dispensáveis é reproduzida. O trabalhador é essencialmente substituível e dispensável: um trabalhador pode ser substituído por outro. Por meio da desumanização, da alienação e da exclusão do trabalhador, este se distancia do produto que faz (já que ele não tem sua posse, e provavelmente não teria recursos para tanto), de seu processo criativo (que é realizado em nome do lucro do capitalismo, e não para os seus próprios fins), de seus colegas de trabalho e de si mesmo. A organização dos direitos dos trabalhadores sob a forma de sindicatos, por exemplo, não é incentivada. Os trabalhadores temem perder seus empregos, sabendo que outros estarão prontos e desejando assumir seu lugar. Isso resulta na sua aceitação de baixos salários e de más condições de trabalho. Os trabalhadores são assim mantidos, especialmente em condições de alto desemprego, sabendo que há um exército reserva de trabalhadores esperando para tomar seus lugares. Tais problemas são particularmente agudos quando as normas governamentais que garantem a segurança do trabalhador são ineficazes ou inexistentes, e quando qualquer tentativa em nome dos trabalhadores para organizar ou formar sindicatos é logo enfrentada por meio de demissões.

A punição severa com que frequentemente se deparam os trabalhadores que tentam organizar-se a fim de proteger e aumentar os direitos trabalhistas não teve sucesso, contudo, na dissuasão da sua resistência. Exemplos de tal constatação incluem as trabalhadoras da Coreia, que entraram em uma fábrica em Masan a fim de interromper a produção, prepararam e comeram suas refeições na fábrica, fizeram a guarda das máquinas e efetivamente pararam a produção. A mensagem simbólica de tal resistência tem eco na dificuldade de impor qualquer linha divisória rígida entre o mundo privado da casa e o domínio público do trabalho. A greve das mulheres coreanas demonstra a impossibilidade de separar a casa do trabalho e o privado do público de maneira absoluta.

Com o desenvolvimento do capitalismo global e o aumento da terceirização, os trabalhadores das economias capitalistas avançadas temem que seus empregos sejam exportados para os países do terceiro mundo, onde os salários são menores, as despesas gerais são menores e as condições de trabalho são piores. Embora tais temores se justifiquem e tais ameaças tenham um impacto desproporcional sobre a classe trabalhadora, é igualmente verdade que o limiar de expectativa no Ocidente é significativamente maior do que nos países em desenvolvimento. O estilo de vida de quem vive sob as formas avançadas do capitalismo foi significativamente moldado, primeiro, pela colonização e, depois, pela "recolonização" efetuada pelo capitalismo global, por meio do qual bens de baixo custo estão disponíveis no Ocidente apenas por causa dos altos níveis de exploração no terceiro mundo. Em sua busca por aumento dos lucros, as multinacionais deixaram de dar atenção à divisão do trabalho analisada pelo marxismo clássico, passando a uma divisão internacional do trabalho. A divisão do trabalho não mais opera simplesmente ao longo das linhas de gênero, de acordo com as quais a esfera da reprodução é trabalho das mulheres, ao passo que a produção é considerada domínio masculino. Cada vez mais, a raça, a etnicidade e a classe social são fundamentais para a orquestração da "economia espacial" da força de trabalho internacional. Chandra Talpade Mohanty (1997) aponta que as empresas têm como alvo grupos minoritários raciais, o que torna menos especializados os processos de trabalho e, por isso, os processos de produção ficam ainda mais repetitivos e tediosos do que seriam, fazendo uso de estereótipos racistas e nativistas para justificar tal estratégia. Assim, espera-se que as mulheres asiáticas concordem com as demandas do trabalho não especializado – afinal de contas, conforme se diz, elas estão acostumadas a tal trabalho, já que vêm de sociedades pré-agriculturais e pré-modernas.

As empresas multinacionais tentam justificar sua exploração dos trabalhadores dos países do terceiro mundo por meio da afirmação de que, devido ao custo de vida mais baixo, tais trabalhadores não precisam de salários mais altos. Porém, essa espécie de lógica frequentemente entra em conflito com os fatos. O documentário *Mickey Mouse goes to Haiti* examina as condições de trabalho em fábricas de propriedade da Walt Disney no Haiti e afirma que seria bastante incomum um trabalhador dispor de 20 gurdes ao final do dia com as quais pudesse comprar comida para alimentar sua família, e que essa quantia seria insuficiente para fazê-lo. Os salários são tão baixos que os trabalhadores vivem de empréstimos, penhoram seus bens e, com frequência, não dispõem de dinheiro para comprar comida mesmo no dia do pagamento.

Os ativistas que enfocam as condições escravizantes de trabalho nas quais as multinacionais mantêm as trabalhadoras do terceiro mundo apontam que a solução não é forçar tais empresas a se retirarem ou fecharem. Frequentemente, apesar das condições atrozes de trabalho, tais empresas oferecem aos trabalhadores alternativas que são melhores do que as oferecidas pelas empresas locais. Frequentemente também, o trabalho mal pago ainda é melhor do que nenhum trabalho. Os ativistas, portanto, enfocam a exigência de um salário digno para as trabalhadoras do terceiro mundo e a melhoria das condições de trabalho, em vez de forçar as empresas a encerrar suas operações, o que poderia, em última análise, ser prejudicial para os trabalhadores com possibilidades já muito limitadas de obter qualquer outra forma de renda.

Do mesmo modo que é importante não representar as mulheres do terceiro mundo simplesmente como vítimas, mas também reconhecer sua resistência ativa à exploração capitalista, patriarcal e racista, é também importante evitar construir o fetichismo da mercadoria como algo onipresente e que tudo determina. Como consumidores, nós não temos simplesmente uma relação passiva com um mercado manipulador, bem-sucedido em nos vender sonhos de beleza, felicidade e sucesso. Não somos simplesmente ludibriados pelas mercadorias, mas, sim, temos relações criativas com elas, integrando-as em nossas vidas de uma maneira que não necessariamente as idolatra como se tivessem um poder divino ou mágico sobre nós. Somos capazes de ocupar nossos papéis como consumidores de um modo que desmistifica o fetichismo da mercadoria, não permitindo que as relações sociais sejam obscurecidas pelas relações entre as coisas, de maneira crítica, informada e politicamente consciente. Podemos conhecer as empresas que apoiamos. Podemos escolher comprar produtos feitos por empresas que mantêm boas condições de trabalho para seus trabalhadores. Ser um consumidor consciente não é necessariamente boicotar certas empresas, mas encontrar maneira de pressioná-las a melhorar as condições de seus trabalhadores.

O FEMINISMO ESTÁ PARA O MARXISMO ASSIM COMO A TEORIA LÉSBICA ESTÁ PARA A TEORIA FEMINISTA?

Inicialmente, a problemática conceitual delineada por Hartmann opera como uma lente útil por meio da qual se pode enfocar não só a alarmante, ainda que produtiva, relação que tem subsistido entre o feminismo e o marxismo, mas também um novo conjunto de dificuldades que surgem no paralelismo que se estabelece nas tentativas feministas de tornar a teoria feminista inclusiva. A fim de analisar tanto os avanços que várias pensadoras feministas trouxeram a esse contexto quanto os retrocessos, será útil propor as tensões que a teoria feminista está atualmente em processo de negociar em termos do seguinte impasse. Partindo de uma teoria dominante, como o marxismo, as feministas têm, com frequência, proposto um modelo que busca usar os *insights* de uma dada posição por meio da construção dos aspectos positivos como algo que se submete à teoria feminista, ao mesmo tempo que problematizam seus aspectos negativos e demonstram que eles são cegos a considerações de sexo/gênero. A meta é estabelecer a necessidade de uma relação mais harmoniosa entre, neste caso, o marxismo e o feminismo, uma relação que seja sensível aos pontos cegos de ambos e capaz de recuperar o que há de melhor tanto no marxismo quanto no feminismo. Consequentemente, Hartmann utiliza o método marxista do materialismo histórico como uma ferramenta valiosa, ao mesmo tempo que critica a teoria marxista por sua abordagem cega ao sexo. O marxismo reduz o sexo à classe, subsumindo o feminismo ao marxismo, de modo que as mulheres só podem aparecer de uma maneira que reconheça sua condição de membros de um dos dois grupos: o da classe trabalhadora oprimida, ou proletariado, de um lado; e dos proprietários dos meios de produção, da burguesia, da classe média, do opressor capitalista, de outro. Essa análise não deixa espaço para o reconhecimento de que no âmbito de qualquer grupo de trabalhadores em que as mulheres estejam incluídas, o patriarcado e o capitalismo trabalham de mãos dadas para discriminar as mulheres, que tendem a ocupar cargos que estão na parte inferior da escala – trabalhadoras do setor de serviços, da saúde etc. –, e cujos salários são sistematicamente mais baixos do que os de seus colegas do sexo masculino.

Essa análise também não deixa espaço para o reconhecimento de qual papel o trabalho doméstico tem tradicionalmente desempenhado na criação da mais valia. Pelo fato de o trabalho doméstico não ser pago, e de a análise marxista depender da explicação da mais valia como algo que resulta da diferença entre o valor de troca de um produto (determinado pelas forças do mercado) e o custo das matérias-primas, das despesas gerais e da quantia necessária para manter e reproduzir o trabalhador (salários de subsistência), esta análise se mantém cega à contribuição que o trabalho doméstico dá aos lucros capitalistas. Como vimos, algumas feministas tentaram corrigir esse cenário por meio da inscrição do trabalho doméstico na história que o marxismo conta acerca da extração da mais valia. Em um momento inspirado, que também acaba por ser imperfeito da perspectiva do argumento de Hartmann, Della Costa (citado por Hartmann) revisa a teoria marxista para que dê conta do trabalho da mulher, ao mesmo tempo que feministas como Firestone (1972) dão um passo adiante para defender o pagamento do trabalho doméstico. Porém, de acordo com a perspectiva de Hartmann, o problema com tais lances é que eles reiteram, ainda que de uma maneira nova, a relação original de subserviência entre o feminismo e o marxismo. Mais uma vez, o feminismo se torna uma criada do marxismo, um mero veículo para a expressão da verdade maior da análise econômica, apenas mais um exemplo que confirma o alcance global de Marx, em vez de oferecer um *insight* de que é incompatível, irredutível e, finalmente, irreconciliável em relação ao modelo marxista. Enquanto o marxismo permanecer cego ao sexo, enquanto analisar os mecanismos e as divisões sociais do capitalismo em termos que aceitam a oposição fundamental de classe entre os proprietários dos meios de produção e os trabalhadores, ele somente poderá dar conta das mulheres como trabalhadoras – pagas ou não. Não poderá, portanto, dar conta das mulheres como discriminadas com base no sexo, nem explicar por que as mulheres da força de trabalho não são promovidas na mesma razão dos homens, por que elas não recebem os mesmos salários que eles, mesmo quando as atividades que executam são do mesmo valor ou idênticas. Em poucas palavras, inserir o trabalho doméstico na análise da mais-valia, mesmo que seja uma percepção brilhante, acaba sendo, como muitos outros *insights* extraordinários, um profundo fracasso. De acordo com a lógica da análise de Hartmann, e de acordo com a imagem predominante, o que precisamos não é da repetição da mesma lógica para que as categorias marxistas sejam ampliadas a fim de incluir as mulheres, mas de um melhor casamento entre o feminismo e o marxismo, de modo que o marxismo não subsuma o feminismo. Ou precisamos de uma relação mais sadia, ou precisamos de um divórcio. O que não precisamos é de mais uma tentativa de afirmar que Marx (ou Hegel, Freud, Heidegger, Lacan, Lévinas ou Derrida) tudo compreendeu, ou que, mesmo que não o tenha compreendido, basta adaptar sua teoria para que passe a parecer que sim.

Toda a ironia – e o heterossexismo – do apelo de Hartmann por um melhor casamento entre o marxismo e o feminismo vem à baila na constrangida apropriação e reinvenção que Cheshire Calhoun (1994) fez da imagem prevalente de Hartmann. Tomando a imagem norteadora apresentada por ele e aplicando sua lógica à relação entre o feminismo e a teoria lésbica, o meticuloso mapeamento feito por Calhoun de tal lógica demonstra o dilema conceitual com que pensadores fundamentais para a teoria feminista, como Judith Butler e Monique Wittig, se deparam. Será que Butler, apesar de todo seu brilhantismo, não está simplesmente replicando a lógica do patriarcado? De acordo com a persuasiva análise de Calhoun, a resposta é um sonoro sim. Como, então, Calhoun elabora esse desafio, trazendo consigo, de roldão, muitos dos *insights* que algumas "feministas francesas" tiveram de aceitar sem questionamentos? Comecemos com Wittig, cuja influência sobre as primeiras formulações de Butler é bem conhecida (ver 1990).

Wittig faz uma afirmação potente e controversa, a saber: as lésbicas saíram da categoria mulheres. A fim de entender a força dessa afirmação, lembremos brevemente as análises de pensadoras do calibre de Christine Delphy (1993) e Colette Guillamin (1999). Em sua obra de grande força, Delphy mapeia para nós em termos claros e convincentes a trajetória da teoria feminista, começando com a antropóloga Margaret Mead. Essencialmente, Delphy realiza uma inversão. De acordo com a tradição patriarcal – e de acordo com muitas versões do pensamento feminista – o sexo precede o gênero. Isto é: a biologia, a anatomia, a fisiologia, a natureza, a estrutura do DNA, a genética, a materialidade, "o corpo" – ou outro termo qualquer pelo qual possamos expressar essa ideia – vem antes, lógica e cronologicamente (como Julia Kristeva gosta tanto de dizer – ainda que não nesse contexto), das estruturas socais, dos papéis de gênero, das expectativas e preconcepções historicamente engendradas, dos costumes culturais, das prescrições e dos tabus relativos ao comportamento sexual, e assim por diante. Delphy nos faz passar por nossos processos e acaba por afirmar que o inverso é verdadeiro. Não é que os corpos, a natureza ou a materialidade precedam as estruturas sociais, a cultura ou a história. Em vez disso, ocorre o contrário: o gênero precede o sexo. A lógica é a seguinte: nós postulamos um fundamento ostensivamente natural a partir de um ponto de vista já sempre cultural, e depois começamos a agir como se ele sempre estivesse lá, como se fosse alguma essência ou ideal platônico necessário e imutável, preexistente a nós, eterno em sua veracidade. Tal postulação serve a uma variedade de propósitos. Ela nos tranquiliza, faz com que nos sintamos pisando em terreno firme, a terra firme que nos segura e nos justifica em nossas crenças peculiares, historicamente produzidas e culturais sobre quem somos, sobre quem deveríamos ser e quais possibilidades deveriam nos unir. Ler um paradigma heterossexista no corpo é explicar o sexo como meramente procriativo, e a reprodução da espécie como o ser e o fim de toda a humanidade; é agir como se o dimorfismo sexual fosse natural em vez de normativo, presumir que há dois e apenas dois sexos, cuja "natureza" mutuamente exclusiva estivesse já escrita e definida. É esquecer que os hermafroditas existem há tempos imemoriais, colocar de lado a questão da intersexualidade, esquecer que a intervenção cirúrgica tem sistematicamente tentado apagar a ambiguidade anatômica por meio da imposição de ideais socialmente inculcados de anatomia feminina ou masculina sobre as crianças antes que elas possam consentir, antes que possam dizer-nos quem ou o que pensam ser. Tudo isso em nome da conformidade de gênero, tudo em nome de tornar a vida mais fácil (Para quem? Para os pais, para os cirurgiões ou para as crianças referidas?).

Se o gênero precede o sexo, em vez de o sexo preceder o gênero, então o gênero não é uma mera sobreposição, imposta sobre uma estrutura preexistente que é ainda discreta, e que nós podemos ainda chamar de "sexo" – como se o sexo tivesse alguma autonomia em relação a todas as prescrições sociais no âmbito das quais nós o acomodamos. O gênero, em vez disso, é a maneira como organizamos o sexo. No começo, por assim dizer, era o verbo. A lei do gênero dita o modo como vemos o sexo – não há um "lado de fora" da cultura no qual nós possamos ficar como sujeitos pré-culturais, uma posição a partir da qual nós possamos explicar os corpos como se eles estivessem de alguma maneira em e por si mesmos fora da matriz cultural no âmbito de cujos termos nós os configuramos. Nossas pré-concepções sobre o gênero predeterminam o modo como vemos o sexo. A ciência da biologia e o *establishment* médico estão culturalmente marcados por pressuposições (considerados seus profissionais, seus compromissos ideológicos e a natureza privilegiada de seus pontos de vista coletivos), que nos dizem o que o sexo deve ser – e o que não deve. As ontologias florescem com base em decretos políticos – como sempre aconteceu. A ontologia toma sua autoridade emprestada de seus compromissos políticos predominantes, e não o contrário. Aristóteles justifica a escravidão não porque ele fosse uma má pessoa, mas porque, como indica Marx, a forma da mercadoria não havia ainda se universalizado, não havia ainda atingido o ponto de tornar-se uma maneira generalizada de viver. Essa argumentação histórica tem suas limitações, como sabemos, já que o mestre de Aristóteles, Platão, pôde argumentar contrariamente aos costumes de gênero e ver que as mulheres poderiam também ser reis-filósofos ou guardiães. Conforme Spelmann (1988) e outros indicaram, o campo de ação de Platão estava limitado às esposas dos filósofos-guardiães, e tinha alguns poucos problemas (para dizer o mínimo) quando o assunto era a classe e "outras considerações" tais como a raça – mas você não pode ter tudo ao mesmo tempo, especialmente em Atenas. A questão é que a exoneração histórica da Aristóteles, feita por Marx – e ele atesta a genialidade do estagirita, mesmo ao exonerá-lo – só vai até um determinado ponto. Que Aristóteles não podia ver aquilo que só podia ser visto depois que a forma de produção da mercadoria se universalizou é uma maneira de evitar responsabilidades. Se Platão pôde "ver" que as mulheres (de uma certa classe, e se casadas com maridos que eram filósofos-reis) podiam ser governantes assim como os homens, se J. S. Mill pôde "ver" em 1869 que a opressão das mulheres era um problema filosófico sério muito antes que outros estivessem preparados para "ver" essas verdades fundamentais, se Rosa Parks, uma humilde costureira, pôde "ver" que a segregação não mais podia ser aceita em 1955, não temos de atribuir a profundidade desses "visionários" a alguma coisa diferente das possibilidades históricas de suas épocas? Não temos de conceder algo à coragem das convicções desses excepcionais ativistas e pensadores, indivíduos que tomaram uma posição, cuja presciência e sabedoria capacitou-os a, de alguma forma, superar as barreiras que cegavam seus colegas, permitindo que, como dizemos, estivessem "à frente de seu tempo"?

Voltemos agora a Calhoun e à estrutura paralela que ela tomou emprestada de Hartmann e adotou, reorientando-a de um modo que ao mesmo tempo trai seus tons hegemônicos, mesmo que Calhoun não desenvolva suas implicações tanto quanto poderia. A imagem do casamento usado por Hartmann, e que Calhoun reinventa, como a busca de uma relação potencialmente mais saudável entre o marxismo e o feminismo, convoca-nos a pensar sobre os tons heterossexistas de tal imagem. A tese de Calhoun é a de que feministas como Wittig e Butler continuam cegas a uma distinção importante, aquela que existe entre heterossexismo e patriarcado. Ao considerar a lésbica – uma escrava fugitiva (imagem repleta com sua própria cegueira à especificidade da raça), uma foragida do patriarcado – como a feminista exemplar, Wittig não consegue reconhecer que sua concepção individual de sexualidade lésbica é vítima das próprias ideias patriarcais das quais pretende escapar. Para uma lésbica, não estar em uma relação de subserviência com um homem não é algo particularmente libertador. As lésbicas continuam a ser o alvo do heterossexismo institucionalizado, em sua infinita variedade de formas, incluída a exclusão do casamento (não obstante a crítica de Butler), a negação dos direitos de saúde da parceira, a discriminação no local de trabalho nas mãos de empregadores e de colegas (em variantes sutis abertas) e uma gama de outros insultos, afrontas e formas legisladas de ansiedade homofóbica, inclusive barreiras que transformam a vida, inibindo a capacidade de adotar filhos.

Calhoun argumenta que explicar as lésbicas como pessoas que vão além traz à baila ou destrói a categoria patriarcal da "mulher" com base no fato de sua opção de sair de uma relação heterossexual de subserviência (lavar os pratos, ter filhos, limpar a casa – tudo por um homem) ser adotar um ponto de vista peculiarmente heterossexista. Já que jamais ocorreu à maior parte das lésbicas serem esposas convencionais em relações de casamentos heterossexuais convencionais, o fato de que elas optem por não estarem implicadas em tais relações dificilmente pode ser visto como uma recusa de suas conotações heterossexistas. Em vez disso, ser lésbica é uma questão de desejo. É uma questão de amar outras mulheres, de ser sexualmente ativa com outras mulheres, de definir-se como alguém que se sente atraída por outras mulheres. Não é uma questão de fugir de relações heterossexuais, como se fazer isso significasse superar o patriarcado. E é aí que está o problema – a combinação do heterossexismo (ao qual as lésbicas estão sujeitas, tanto quanto – senão mais, em algumas instâncias – os heterossexuais) com o patriarcado. Da mesma forma que Hartmann trabalha arduamente para separar o feminismo do marxismo, a fim de mostrar que sua dinâmica é irredutível àquela do marxismo para preservar a integridade do gênero como algo distinto da classe, Calhoun cuidadosa e pacientemente separa o heterossexismo do patriarcado. Aprendemos – e aprendemos bem – a lição de que o patriarcado não é uma estrutura totalmente abrangente, que cobre todas as instâncias dos relacionamentos sexuais (ver Rubin, 1975). Não é uma estrutura organizadora universal, verdadeira para todas as épocas e lugares. É mais uma estrutura altamente específica que diz respeito ao poder do pai de conferir a seus filhos o seu nome e, como demonstrou Engels, seu tom monogâmico está ligado ao desejo de fazer que os próprios filhos herdem sua propriedade (Engels, 1985). Seja como for, praticamente todas as pessoas continuam a usar o termo patriarcado, apesar dos corretos protestos de Rubin, e eu também continuarei a usá-lo até que alguém apresente um termo melhor. De qualquer forma, tal é o alcance global da ideologia capitalista pós-industrial, pós-colonialista e individualista hoje que praticamente não existe parte do mundo que o capitalismo, de mãos dadas com o patriarcado, não tenha invadido. Talvez haja alguns fragmentos de sociedades matriarcais por aí, mas fizemos o melhor para destruir sua significação (a autoridade matriarcal nativa norte-americana vem à mente, mais uma vez). Por isso, talvez devamos apenas viver com as consequências simbólicas.

Calhoun aponta, com bastante razão, que Wittig e Butler combinam heterossexismo e patriarcado. No que diz respeito ao argumento de Wittig, isso está bastante claro. Wittig argumenta que as lésbicas contestam a definição patriarcal do que significa ser uma mulher, o que implica que a única maneira de ser uma verdadeira feminista é ser uma mulher. Mulheres não casadas, mães solteiras e mulheres heterossexuais que se dedicam a tornar as relações igualitárias, às vezes com sucesso, talvez tenham algo a dizer sobre isso. Bem diferente disso, como vimos, mesmo que as lésbicas evitem estar em relação de subserviência com os homens, elas não evitam as normas estruturais, sociais e heterossexistas mais amplas que continuam a sujeitá-las à notória discriminação. Mesmo quanto as representações feitas pela mídia dos estilos de vida de lésbicas e *gays* proliferam, ainda assim encontram maneiras de apresentá-los como algo seguro e inócuo, subordinando-os repetidamente à norma heterossexual mesmo quando se permite a eles alguma exposição positiva. Desde que eles fiquem em seu lugar e concordem em não ameaçar nem combater, como aqueles caras que são anúncios virtuais para as versões *yuppies* e de classe média das aspirações do capitalismo, por exemplo, na série *Queer Eye for the Straight Guy*. Quatro homens *gays* ficam em volta de um homem heterossexual para dar-lhe o "estilo" pelo qual os *gays* são conhecidos, apenas para aumentar as chances de ele conseguir uma garota e envolvê-la nos laços dp matrimônio (ver Roelofs, 2004). A mensagem é: não há problema em ser *gay*, desde que os *gays* trabalhem em favor da hegemonia heterossexual. Já passou bastante tempo desde a história que Quentin Crisp e Whoopi Goldberg narram na versão cinematográfica de *The Celluloid Closet* (1987), de Russo, aqueles velhos tempos em que os homens eram homens e os *gays* efeminados, mas ainda temos um longo caminho a percorrer até que as lésbicas e os *gays* não tenham de apenas interpretar o obrigatório papel de apoio, de melhor amigo da protagonista heterossexual loira e descolada, que espera por seu homem heterossexual para levá-la às nuvens.

No caso de Butler, como sempre, as coisas são um pouco mais complexas. Butler é bastante conhecida por defender que o gênero é um entrave, que a única maneira de reinventar as normas de gênero não é simplesmente virar as costas para elas, mas reinventá-las, trazendo nova vida com nossas citações performáticas das normas de gênero que, de maneira paródica e estratégica, as reinventam e delas se reapropriam. "Gosto que meus meninos sejam meninas", diz Butler. A própria transgressão de um corpo de mulher imitar a masculinidade é um marco de subversão. Butler parte, assim, da crítica feminista padrão das relações lésbica/mulher, pelas quais as feministas alegam que fazer uso dos papéis da lésbica/mulher é meramente replicar as relações patriarcais. Para Butler, a questão é que, na ressignificação da continuidade aparentemente "natural" entre os corpos masculinos e o desejo heterossexual, as relações lésbica/mulher não meramente replicam de modo levemente diferente as relações heterossexuais de homens/mulheres. Ao contrário, elas reconstituem essas relações, misturando as categorias e destruindo as relações causais geralmente tidas como base da cadeia significativa heteronormativa que alinha os corpos masculinos com a masculinidade, projeta o desejo de tais corpos masculinos/másculos como os de jovens loiras, com peitos grandes e pernas esbeltas e obedece a ele. Ser uma "sapatona" ou lésbica é mexer com o sistema significativo do desejo heteronormativo. Até aqui, tudo bem. Passemos para a crítica de Calhoun. Para Calhoun, o repúdio de Butler à crítica feminista só vai até aí: faz muito pouco para contestar a conexão causal entre masculinidade e poder. As lésbicas "sapatonas" podem parodicamente (e às vezes nem tanto) imitar o poder heterossexual masculino/másculo ocupando posições simbólicas similares, mas o elo normativo entre masculinidade e poder não é tocado, mantendo-se no mesmo lugar, e mais forte do que nunca. Ele até recrutou novos defensores – que podem não ter o tipo corporal tradicional, mas que fazem todas as outras coisas exatamente do mesmo modo, e às vezes até melhor, do que os homens "biológicos". Afinal de contas, todas têm aquela elegância pela qual até os homens *gays* têm uma queda.

Calhoun, temos de admitir, tem razão. Sua tese é a de que Butler e Wittig não conseguiram distinguir a ordem heteronormativa do patriarcado (embora, em parte, nas últimas obras de Butler, eu pense que tal distinção esteja presente – talvez tenha sido desenvolvida como resposta a críticas como a de Calhoun). Não que Calhoun esteja sempre certa – longe disso. Ironicamente, sua clareza analítica, sua lógica persuasiva e sua inclinação para a preservação de paralelos, ao mesmo tempo que prenuncia as diferenças entre patriarcado e heterossexismo, demonstra as limitações de sua estratégia. Preservando Hartmann como seu modelo, Calhoun tira proveito da imagem moribunda de um casamento insatisfatório ao tomar tal imagem e reinventá-la. Agora dispomos de um "casamento" fracassado, repleto de todo o heterossexismo dessa imagem, entre o feminismo e a teoria lésbica. Para Hartmann, a questão é a de o marxismo subsumir o feminismo, de o marxismo e o feminismo serem um só, e de esse "um só" ser o marxismo. Para Wittig, a questão é a de que a teoria feminista subsume a teoria lésbica, de que as teorias feminista e lésbica são uma só, e que essa "uma só" é o feminismo. O heterossexismo triunfa. Mas não é só isso: Calhoun repete, sem adotar nenhuma distância crítica, a problemática de Wittig em seu paralelo implícito entre escravos e lésbicas. Se as lésbicas são "escravos fugitivos", quem são os senhores de quem fogem? O patriarcado pode ser pernicioso em muitos de seus aspectos, mas ele não constitui diretamente um sistema de trabalho forçado que desumaniza e deslegitima quem a ele se sujeita. Deve-se de ter cuidado, portanto, com o ato de proliferar analogias que cobrem mais do que revelam, com o modo ignorante e casual de fazer uso de paralelos que não foram pensados profundamente, e que fazem uso apenas de uma total repressão das relações coloniais e das histórias de escravidão que as estruturaram. Esse problema fica especialmente claro, dado que Wittig faz uso de Guillamin, que, de fato, explora as complexidades de raça, mas que convenientemente esquece que a raça é um problema em si mesmo e não um problema que pode ser subsumido pelo feminismo, ou pelo lesbianismo, ou por qualquer outro "ismo".

Se Hartmann, Rubin e outros autores fazem um bom trabalho ao explorar as limitações de todo paradigma que presume que o marxismo é a força dominante, e o feminismo sempre só pode ser a segunda melhor opção, ou um parceiro subordinado, eles não o fazem quando o assunto é raça. Linda Lim (1983) e Mohanty (1997) corrigem essa negação da face multinacional·do capitalismo globalizado, transnacional e imperialista. Lim oferece uma análise que defende a necessidade de receber a bordo não só o capitalismo, e não só o patriarcado, mas também o imperialismo. Sem fazê-lo, não podemos dar conta das relações capitalistas predominantemente exploradoras que estruturam a expansão de nações desenvolvidas, tais como o Japão, os Estados Unidos, e aquelas da Europa Ocidental em áreas tais como o sul da Ásia. Não se pode explicar por que as trabalhadoras das multinacionais da Disney do terceiro mundo, no Haiti, recebem menos do que é necessário para alimentar suas famílias, por que recebem menos do que seus pares masculinos em seu próprio país e menos do que os homens e as mulheres nos países ocidentais pelo mesmo trabalho. Não se trata apenas do fato de as mulheres serem exploradas pelo capitalismo e pelo patriarcado ao mesmo tempo, de um modo a que o marxismo está cego; trata-se também do fato de as mulheres (e os homens) "racializados" serem explorados pelo capitalismo na intersecção deste com o patriarcado e o imperialismo, de um modo para o qual as feministas brancas, do *mainstream* e superficialmente marxistas também permanecem cegas.

Já passamos algum tempo vendo como Hartmann analisa a relação entre feminismo e marxismo, insistindo que um não deve ficar circunscrito ao outro, e como Calhoun ilumina os distintos sistemas de opressão que constituem o patriarcado, de um lado, e o heterossexismo, de outro. Tanto Hartmann quanto Calhoun, apesar do discernimento com que analisam os pontos comuns de sistemas de opressão que merecem ser separados analiticamente, não conseguem levar adiante seus *insights* que visam a elucidar a dinâmica do imperialismo, do racismo e do nacionalismo. Fica para Lim, Mohanty e Uma Narayan a exploração das maneiras como o capitalismo e o patriarcado apóiam e são apoiados pelas políticas imperialistas, e como os problemas do nacionalismo anticolonial podem exacerbar a opressão das mulheres do terceiro mundo, cujos corpos com frequência se tornam os lugares sobre os quais narrativas competidoras sobre o colonialismo são feitas. As mulheres com frequência têm de desempenhar papéis de repositórios de tudo o que é ostensivamente bom, puro e sacrossanto sobre uma cultura nacionalista particular. Ligada à expectativa de que seu primeiro papel seja o de criar os filhos e de cuidar da casa está a probabilidade de que as mulheres não só se tornem o solo onde se despeja o descontentamento patriarcal, quando elas tentam romper com esses papéis, mas de que também sejam acusadas de terem sido cooptadas por ideias feministas "ocidentais".

De acordo com a lógica anticolonial que Fanon traçou e que Narayan ampliou para uma direção feminista, os nacionalistas patriarcais, por exemplo, criam mitos de nacionalismo que são eles próprios construídos reativamente em relação a mitos coloniais de nacionalismo. Ao narrar seletivamente as versões anticoloniais do nacionalismo, os narradores pós-coloniais constroem suas nações em reação à alegada corrupção do ocidente, afirmando sua espiritualidade em termos atávicos, e depois recrutando as mulheres para que representem a nação espiritual, confinando-as ao lar e à casa, lugar que foi convencionalmente o domínio da mulher.

Aqui, então, está o problema que estamos perseguindo já há algum tempo. A proliferação de paralelos (marxismo e feminismo, feminismo e teoria lésbica, feminismo e teoria de raça) que são trazidos à baila em tentativas de combater a hegemonia dos sistemas de opressão (capitalismo e patriarcado, patriarcado e heterossexismo, patriarcado e imperialismo) ajudam a trazer à luz problemas distintos acerca de questões de classe, gênero e raça. Porém, apesar da força da proliferação dessas categorias analíticas, o estímulo a separar, isolar ou considerar distintos os problemas que designamos sob a teoria de classe, teoria de gênero, teoria lésbica e teoria de raça – *ad infinitum* – carrega consigo o poder da ofuscação. Esses sistemas podem ter uma certa quantidade de integridade em si e por si mesmos, mas também dependem uns dos outros, reinventam uns aos outros, têm implicações uns sobre os outros, escoam uns nos outros, usurpam-se mutuamente, constituem-se mutuamente. Em poucas palavras, sua relação é bem confusa, e não aderem às formas perfeitas que nós, emolduradores conceituais, gostaríamos que aderissem. As teóricas feministas tentaram reconhecer esse problema em alguma medida com a linguagem da interseccionalidade, ou opressões interligadas ou hibridismo, e assim sucessivamente. Porém, cada vez que tentamos articular a lógica discreta da raça e alegamos que ela se interliga com a lógica discreta da classe, do gênero ou da sexualidade, ou seja do que for, confrontamo-nos com um problema aparentemente insolúvel. A própria tentativa de lançar luz sobre uma dinâmica traz luz ao problema inelutável de sua implicação histórica para com outra dinâmica. E mesmo tentando, separá-las com clareza analítica, o patriarcado não fica em pé sozinho sem entender sua relação inevitável e irrevogável com o colonialismo. Também não podemos compreender o desenvolvimento da lógica do capital sem também atender à da colônia. Da mesma forma, a subordinação das mulheres está de mãos dadas com a das minorias raciais, e assim sucessivamente. Para dar um exemplo, o mito do negro estuprador é um mito que se deve tanto ao ideal vitoriano e branco de pureza feminina – uma versão idealizada da sexualidade feminina branca que está ligada ao imperativo capitalista de reproduzir uma força de trabalho de corpos dóceis, para usar uma expressão de Foucault – quanto a seu oposto implícito e racializado que Hamoonds analisou. Embora a sexualidade feminina negra seja hipervisível, excessivamente potencializada, patologizada, imoral e impura, só o é em contraste com a imagem idealizada, branca, moral, reprodutiva e purificada da sexualidade feminina vitoriana. A história da escravidão, inclusive do acesso sexual a escravas que os senhores de escravos julgavam ser seu direito, desempenhou um papel importante na representação das mulheres negras como excessivamente sexualizadas, doentes e devassas. Ao mesmo tempo, acontecimentos tais como o linchamento de negros, como na história de Emmet Till, por ter ousado olhar para uma mulher branca, desempenham seu papel na mitologização do homem negro como um incontrolável selvagem, não civilizado, primitivo e bestial. Essas mitologias assumem um lugar de legitimação no imaginário branco, tal como o fato de os homens brancos estuprarem escravas negras ser algo inadmissível: há apenas espaço para estupradores de uma cor, e essa cor é a negra. Há apenas espaço para uma cor de pureza feminina, e essa cor é a branca. Só há espaço para uma cor de trabalhadores pagos, e essa cor é branca.

A complexidade dessas "questões" em sua imbricação histórica é de proporções labirínticas. De um lado, a clareza analítica é útil ao separar as várias faixas e insistir sobre sua integridade. De outro lado, é obscurecedora, precisamente pelo fato de a urgência de separar e distinguir parecer estar frequentemente ligada à cegueira para a história. Por isso, a ênfase dada aos modelos interseccionais tende a residir na necessidade (implícita) de separar ou unir essas faixas diferentes, como se elas estivessem em e por si mesmas fora de sua implicação mútua. A abordagem frequentemente carece de perspectiva histórica, de modo que se presume que não só as categorias de identidade que recentemente vieram a ter proeminência, mas também as categorias de identidade como um todo, são um fenômeno que surgiu apenas em período relativamente recente (ver Zita, 1998). Os modelos de interseccionalidade tendem a funcionar sincronicamente, além de diacronicamente. Para entender isso, precisamos examinar Foucault e Kristeva de forma mais detalhada.

Na busca constante para ampliar a teoria feminista de modo que ela supere seu legado de exclusões e pontos cegos, as teorias feministas têm oferecido uma variedade de modelos interseccionais. Esses modelos pretendem evitar os problemas herdados do que Elizabeth Spelman identificou como "modelo aditivo" – pelo qual ela se refere a teorias que identificam a teoria feminista como um comprometimento não analisado com comprometimentos normativos heterossexuais, brancos e de classe média – e depois adotam uma abordagem do tipo "acrescente e misture". O substrato da teoria feminista permanece imutável, ao passo que outros grupos de mulheres previamente excluídos são convidados a ingressar no clube, sobre os quais as mulheres heterossexuais de classe média e brancas mantêm o controle, ditando os termos do debate. Você também pode ser feminista, é a mensagem, desde que aceite nossas regras, não fique tão arrogante ou indisciplinada, e não faça quaisquer demandas que desafiem nosso modelo hegemônico. Engastada nessa visão está uma concessão abstrata às diferenças, a qual adere a um compromisso com a diversidade de acordo com a litania de gênero, raça, classe e sexualidade formulada de modo variado, mas que, de fato, presume a centralidade do gênero e meramente acrescenta as categorias da raça, da classe e da sexualidade (e dependendo de seu grau de sensibilidade e disposição a manter-se aberto à igualdade genuína, à discriminação contra os deficientes, contra os idosos, etc. – o que Butler chamou apropriadamente de o ilimitável, etc.). Esse modelo apresenta-se ostensivamente como modelo que se ocupa de modo autêntico da diferença, perpetuando ao mesmo tempo uma velada lealdade ao gênero como conceito organizador e, naturalmente, construindo-o como neutro em relação a todas as outras categorias. Isso resulta em uma especificação implícita daquelas categorias como subsidiárias ao gênero. Elas continuam a ser periféricas à essência estrutural da teoria feminista, e seu *status* marginal, em última análise, confirma sua superfluidade para com as preocupações reais das feministas.

A fim de ir além do discurso paternalista, sob o qual a velha guarda das feministas trabalhou, de concepções equivocadas de imperialismo, heterossexismo, classismo, racismo e assim sucessivamente, teóricas feministas, como bell hooks, Angela Davis e Crenshaw (1992), puseram em questão o modelo aditivo. Elas exigiram um lugar integral à teoria feminista, recusando-se a serem relegadas às margens de tal teoria, a meramente servir como exemplos experimentais de dogmatismo feminista branco, como servas de uma teoria feminista que poderia purgar a própria culpa liberal branca concordando em incluir algumas experiências de minorias com o intuito de acrescentar sabor à diversidade de suas teorias, mas sem nenhum compromisso real de ouvir essas vozes marginais, ou de aprender com elas, ou de concordar em transformar os processos hegemônicos pelos quais as vozes dominantes ganham e mantêm legitimidade. Certas mulheres negras foram admitidas no cânone literário, Toni Morrison, por exemplo, mas as ramificações de suas contribuições ficaram restritas, em sua maior parte, ao âmbito da teoria literária, não tendo sido permitido rompimento com os pressupostos teóricos eurocêntricos da teoria feminista branca, que continuou a buscar suas origens, e a estipular suas teorias, em termos da teoria do contrato social, ao mesmo tempo que desafiou seus parâmetros tradicionais (Carole Pateman, 1988). Mesmo quando concessões eram feitas, e as pensadoras negras, latinas e asiáticas começaram a encontrar um fórum entre os escalões da teoria feminista, uma certa fetichização caracterizou sua recepção. Repetindo, com uma variação levemente diferente, o tropo pelo qual algumas poucas vozes selecionadas das minorias recebiam acesso às sagradas salas das academias, de modo que repentinamente *Awakening* (1976), de Kate Chopin, parecia estar presente em qualquer currículo vagamente feminista, Gloria Anzaldúa (1990) ascendeu à fama, já que manifestamente tornou-se obrigatório citá-la – e frequentemente citar somente ela – como um exemplo da necessidade de levar em consideração "outras" vozes em todo artigo feminista. Algumas poucas mulheres não brancas chegaram lá – isso já não era suficiente? Não queríamos que elas assumissem nossos lugares [...] a outridade da filosofia feminista deve ser apenas ir até aí.

A autora bell hooks defendeu um modelo interconectado, e Iris Marion Young escreveu um livro chamado *Intersecting Voices* (1997). A ideia era a de resistir à contínua hegemonia do feminismo branco e do *mainstream* para atingir uma transformação genuína da teoria feminista, a qual não se podia permitir repetir irrefletidamente os problemas de suas encarnações anteriores. O que interseccionalidade quer dizer e como ela nos levou além do modelo aditivo? Se raça e classe não pudessem ser adequadamente teorizadas no modelo 1 mais 1 igual a... 1 (raça mais classe mais gênero igual a um melhor conceito de gênero), como um modelo interseccional pôde ir além dessa circularidade? Uma implicação do modelo interseccional é que essas categorias não têm um peso igual para todos, e que nós não podemos de maneira não problemática presumir sua equivalência, de modo que haja uma forma comum de intercâmbio conceitual ao qual todas elas sejam redutíveis. A raça, para uma pessoa branca em países ocidentais brancos e imperialistas, não será vivenciada como um problema, mas funcionará, isto sim, como um privilégio não reconhecido, ao passo que para uma mulher negra, uma mulher do terceiro mundo, uma mulher asiático-americana, ou latina, será muitas vezes uma barreira, como fundamento para a discriminação ou exclusão. Essa relação assimétrica entre as experiências racializadas ajudarão a informar e moldar como o gênero é vivido de uma maneira que é irredutível a qualquer tentativa de compartimentar gênero e raça. Perguntar a uma lésbica negra e da classe trabalhadora se ela é mais oprimida por sua raça, sexualidade, gênero ou classe não é apenas construir mal o problema – como se uma determinação quantitativa da importância relativa desses fatores, mesmo que se fosse possível, resolvesse alguma coisa –, é também cometer o erro de presumir que as categorias de raça, gênero, sexualidade e classe fossem, de alguma forma, comparativamente mensuráveis. Uma vez que entendamos, porém, que, mesmo nos discursos feministas aparentemente libertários (libertários para quem?), essas categorias funcionaram de modo exclusivo, perpetuando e reinventando o racismo, devemos também admitir que parte do que o próprio gênero se tornou, como lugar em torno do qual as feministas têm se reunido, está ele próprio infectado pelo racismo. Tomemos a história dos direitos humanos, por exemplo, que sugere que os efeitos de poder tendem a ser variegados, frequentemente em linhas racializadas, de modo que tanto os modelos hegeliano quanto foucaultiano de poder estão em operação ao mesmo tempo para grupos diferentes. Os direitos humanos têm operado de maneira amplamente libertária para as mulheres ocidentais brancas e, nesse sentido, o poder não é somente algo a que nos opomos, mas também algo que utilizamos para nossos regimes de inteligibilidade, algo de que dependemos em nossa própria existência. Porém, os direitos humanos têm operado de modo negativo e repressivo para as mulheres indígenas norte-americanas, cuja assimilação forçada das práticas colonialistas, capitalistas e individualistas tudo fez para obliterar os modos de vida coletiva, tribal e tradicional que existiam antes da colonização. Longe de ser vital para a autocompreensão das mulheres indígenas norte-americanas, ou libertadora e capacitadora, a imposição dos direitos humanos norte-americanos provou ser estúpida, proibitiva e discriminadora. Os modelos hegeliano e foucaultiano parecem ambos estar disponíveis, mas um terá maior pertinência do que o outro dependendo da cor de sua pele. Isso sugere que o modelo de poder assumido pelos discursos libertários clássicos não só cegou esses discursos à distribuição desigual de poder entre os grupos racializados, mas também constituiu, de maneira ativa, os interesses de algumas mulheres como não só meramente periféricos, mas antagônicos aos fundamentos centrais do feminismo. As mulheres cujas experiências têm sido constituídas por meio de subjugação colonial, recolocação forçada e esterilização, e pelo apagamento das práticas e filosofias tribais tradicionais, não experimentaram os direitos civis como algo libertador, mas como opressivo e repressivo. Somente certos grupos de mulheres podem beneficiar-se do discurso dos direitos civis, repleto do legado individualista, capitalista e colonialista, no qual os direitos são entendidos como os direitos conferidos pelo governo a seus cidadãos, direitos cuja preservação a separação dos poderes visa a proteger. A esfera do estado civil protege os direitos de alguns (em geral, de quem tem origem branca e europeia) ao custo de erradicar o próprio modo de vida dos outros (das tribos indígenas americanas, dos africanos transportados para a América como escravos, dos imigrantes sem documentos que trabalham por menos do que o salário mínimo, sem direito a planos de saúde ou segurança no emprego).

3
Disciplinar, controlar e normalizar a sexualidade feminina com Foucault e as amigas feministas: corpos dóceis e resistentes

Influenciada por Foucault, e fazendo uso de uma sugestão do teórico foucaultiano David Halperin – a de que a categoria da homossexualidade como a pensamos hoje não se aplica à sociedade grega antiga –, Jacqueline Zita faz a distinção entre as abordagens pré-moderna, moderna e pós-moderna da sexualidade. Nesta época contemporânea, pós-industrial, capitalista avançada e individualista, conforme demonstrou Foucault, a sexualidade passa a funcionar como uma verdade sobre nós mesmos. Porém, tais verdades não podiam ter surgido antes da noção atomista, individualista do *self* como algo decisivamente distinto do nexo social definidor da subjetividade – seja esse nexo entendido como o sistema feudal que precedeu o capitalismo, no qual os servos eram devedores, por meio de um sistema complexo de dízimos e obrigações, de um senhor, seja esse nexo entendido como o nexo presente nos códigos sociais de honra característicos da vida da *polis*.

Em *O banquete*, de Platão, ao dispensar as flautistas, Sócrates discute com seus interlocutores masculinos a natureza do erótico, ao mesmo tempo que uma série de relações homoeróticas são desempenhadas, por meio de alusões, jogos de palavras e referências abertas (Platão, 1975). Isso nos diz algo sobre a maneira como a homossexualidade masculina – longe de constituir um comportamento desviante – de fato operava meramente como um modo não estigmatizado, entre outros, de manifestar a sexualidade. Halperin (1990) argumenta que na sociedade grega antiga os relacionamentos sexuais funcionavam em um mundo que estabelecia a honra social em relação a estruturas de afinidade/parentesco, em vez de analisar a sexualidade em relação a categorias de identidade individualistas e modernas.

Foucault delineia a mudança que ocorre na definição de sexualidade no período moderno, da era pós-cartesiana na filosofia. Se, no âmbito da visão religiosa de mundo da Cristandade, os homossexuais eram condenados pelo padre, no confessionário, como pecadores, com o aumento da secularização da sociedade, a autoridade da Igreja passou aos médicos. O especialista médico surgiu como aquele que conhece a verdade sobre a sexualidade, aquele que define certas formas de sexualidade como desviantes. Com essa mudança da definição da sexualidade, longe do pecado e próxima da patologia, nós também vemos o surgimento das condições necessárias para que as categorias de identidade modernas fossem concebidas como pontos de união política, em torno dos quais *gays* e lésbicas começassem a organizar-se em protesto contra sua marginalização. As marchas pelo orgulho *gay* estabeleceram a identidade homossexual com algo de que se tem orgulho, mais do que como algo que deveria ser escondido. "Estamos aqui, somos homossexuais – acostumem-se!" Essa reivindicação das identidades homossexuais, a insistência de que a homossexualidade não deve ser vista como um desvio – seja como um pecado, seja como uma patologia – pôs em questão a definição do Manual Diagnóstico e Estatístico da homossexualidade como patologia.

Para Foucault, o poder no mundo moderno não opera simplesmente de cima para baixo, de maneira monolítica e unidirecional. Diferentemente do poder do monarca, em cuja pessoa está investida a capacidade de punir as pessoas que não obedecem às regras, a nova concepção de poder que Foucault descreve consiste em várias técnicas pelas quais administramos nossos corpos e nosso *self* de acordo com procedimentos e expectativas disciplinares, que não são tanto impostas de cima, como são produzidas a partir de baixo. O exercício do poder não é somente negativo, proibitivo ou repressivo, mas também produtor de conhecimento. Ele prepara os sujeitos como disponíveis para a reestruturação e disciplina de acordo com funções reguladoras das normas sociais. Ao terem o controle da *expertise* na qual são treinados, os indivíduos capacitam-se, por várias tecnologias do *self*, a assumir, eles próprios, a operação do poder. A localização do poder é de difícil discernimento: está em todo lugar e em lugar nenhum. Sua operação é difusa, dispersa, anônima e burocrática. Em resposta à questão "Quem é o disciplinador?", poderíamos responder, de um lado, que é o sujeito que se conforma aos ditames sociais, ou, de outro lado, a mídia, os educadores e os mecanismos sociais que promulgam as ficções normativas às quais os sujeitos respondem e com as quais nos envolvemos. O uso que Foucault faz do Panóptico em sua investigação da história das penitenciárias torna claro que, da mesma forma que os prisioneiros presumem estar sob vigilância, e agem de acordo com isso, os sujeitos da sociedade moderna assumem o papel de policiarem a si mesmos. O efeito da arquitetura das prisões, escolas e hospitais é o de "induzir [...] um estado de visibilidade consciente e permanente que garante o funcionamento automático do poder" (Foucault, 1977, 201). De modo paralelo, por meio do aparato da mídia, o olhar masculino é internalizado quando as revistas femininas de moda e os anúncios da Internet instruem as mulheres com o intuito de promover sua "individualidade". O *site* UdefineU apresenta técnicas poderosas em seus vídeos de autoestudo para Postura e Equilíbrio, Voz e Discurso, Etiqueta e Estilo. O vídeo de moda ensina as "regras" fundamentais da moda:

- como organizar seu guarda-roupa;
- seis peças básicas que toda mulher deveria ter;
- como comprá-las de acordo com seu tipo de corpo;
- que tecidos escolher em termos de corte e contato com a pele;
- como combinar esses trajes para que você possa vestir-se para qualquer ocasião (encontro, piquenique, trabalho, etc.).

Passando-nos as ferramentas para o negócio, as empresas instruem-nos sobre como aperfeiçoar nossas rotinas de maquiagem e como adaptá-las para qualquer ocasião. Os especialistas em maquiagem da fehairandbeauty. com oferecem conselhos sobre "maquiagem de noiva" e técnicas para enfatizar ou disfarçar qualquer característica do rosto. Eles "demonstram o que funciona melhor de acordo com sua personalidade", ao mesmo tempo que preparam o mercado para a próxima geração de consumidores ("traga as crianças para pintarem seus rostos de acordo com suas necessidades", diz a fehairandbeauty.com!). Oferecendo instruções passo a passo sobre tudo, desde lavar o cabelo até falar com o efeito feminino adequado, os vídeos e as propagandas inculcam em nós o comportamento adequado. O *site* Feminine.co.uk descreve seu delineador como "eternamente feminino e seriamente sedutor", oferecendo um guia passo a passo para sua aplicação e instruindo-nos sobre a necessidade de maquiagens diurnas e noturnas.

O especialista renuncia a seu próprio lugar, passando seu conhecimento especializado aos indivíduos, treinando-os para aperfeiçoarem-se na técnica da aplicação correta da maquiagem, na escolha apropriada da moda para sua silhueta e no corte de cabelo certo para a face. As propagandas são supostamente dirigidas para a individualidade, quando de fato promovem uma norma estereotípica. Tornamo-nos servas obedientes a normas patriarcais da beleza feminina, pois treinamos nossos corpos dóceis de acordo com as últimas técnicas da moda. Houve uma explosão de programas de TV centrados na realidade, como *Queer Eye for the Straight Guy, What not to Wear*, e cenários para mudanças extremas, nos quais não só o estilo de vida adequado e o sentido de moda são instilados nos indivíduos a fim de ampliar suas chances de atrair e manter o homem certo ou a garota certa, mas também o próprio corpo é remodelado e, às vezes, literalmente, recebe novas formas – por meio de intervenção cirúrgica (lipoaspiração, aumento dos seios, operações do nariz, etc.). As mulheres são constantemente exortadas a revelar sua feminilidade, a não se vestirem de maneira masculina, a não esconder suas silhuetas, a não usarem moda demasiadamente jovem ou antiga, roupas apertadas ou folgadas, a vestirem-se de um modo *sexy* e não desalinhado, para mostrar apenas a quantidade certa dos seios, a não mostrarem muito as pernas, mas o suficiente, a cobrirem as partes do corpo que demonstram sinais de envelhecimento e a fazer o melhor com aquelas partes do corpo que ainda demonstram sinais de juventude. As mulheres são estimuladas a usarem salto alto, são treinadas para que apliquem maquiagem do jeito certo, são destruídas emocionalmente, com frequência a ponto de chegarem às lágrimas, até que percebam o quanto estiveram erradas e estejam prontas para serem novamente iluminadas, reconstruídas e ganharem nova forma, como receptáculos coniventes da moda, em cujos corpos é inscrita a mensagem da sexualidade patriarcal, heterossexual e normativa. Seja a mulher que você é! Permita que seu eu interior surja! Desenvolva sua sexualidade feminina e verdadeira! Liberte-se de [...] sua própria abordagem idiossincrática da vida e seja como todas as outras pessoas, dedicadas a incorporarem normas socialmente reproduzidas de beleza e aceitabilidade. Pule fora dos trens da mediocridade e ingresse nos caminhos normativos de como ser *sexy* e feminina. Adapte-se às expectativas da sociedade. Seja como todas nós [...] não foi isso que Beauvoir quis dizer em 1949 quando comentava o mito do eterno feminino? "Tornar-se uma mulher", como diz um anúncio da internet, significa aprender que tipo de xampu comprar.

Nas palavras de Sandra Lee Bartky, "ninguém é forçado à eletrólise sob a mira de uma arma, nem podemos deixar de apreciar a iniciativa e a engenhosidade demonstradas por inúmeras mulheres em uma tentativa de dominar os rituais de beleza", mas, nessa tentativa, as mulheres são transformadas em "companhias dóceis e complacentes dos homens, da mesma forma que o exército visa a transformar seus recrutas inexperientes em soldados" (1990, 75). Se as mulheres são treinadas da mesma forma meticulosa nos regimes da feminilidade como os homens são para o manejo de armas, o que se pode dizer sobre as mulheres que cada vez mais ingressam na vida militar? Igualmente, os produtos do glamour estão sendo progressivamente voltados aos homens, que não só são incentivados a usar produtos para a calvície e para branquear os dentes, mas também a comprar produtos de tratamento da pele e condicionadores de morango ou abacate. Isso não deixa óbvio o fato de que se espera ainda que as mulheres passem muito mais tempo do que os homens cuidando da aparência, e que, se não o fizerem, serão consideradas desleixadas, ao passo que os homens andam com roupas amarrotadas e cabelos desgrenhados ao adotarem aquela postura masculina e desventurada.

Nós nos investimos de normas patriarcais de feminilidade, reproduzindo e aderindo a ideais culturalmente específicos, disciplinando nossos corpos justamente para que se conformem a esses ideais. Ao mesmo tempo, somos confrontados com essas normas de feminilidade como se erquessem sobre nós, alto o bastante para serem inatingíveis. Nós jamais seremos tão perfeitas, graciosas e naturalmente femininas como as imagens das supermodelos de cabelos esvoaçantes cujas fotos nos compelem a tentar alcançar esses ideais artificiais e inatingíveis que representam. E é em nossos esforços para fazer isso que os efeitos do poder patriarcal se manifestam nos detalhes íntimos do modo como vivemos nossas vidas. O poder, portanto, reside em nós, em nossos gestos, nossos maneirismos, nossos trejeitos corporais, nas formas como caminhamos, nos vestimos e negociamos o mundo (ver Young, 2005). Ao mesmo tempo, contudo, está investido em anúncios, filmes, imagens de revistas e *outdoor*, nas autoridades disciplinares (escolas, famílias, grupo de iguais) que insistem em categorizar e dividir meninos e meninas pelo gênero conforme a sabedoria recebida e convencional do dimorfismo heterossesual.

A mudança no modelo de poder que Foucault delineia nos afasta de uma abordagem totalizante e nos aproxima de uma análise local mais nuançada e variegada, que resulta em uma anatomia micropolítica de forças às vezes conflitantes. Não é só uma questão de fidelidade ao monarca, nem mesmo uma questão de as forças do capitalismo apropriarem-se dos produtos do trabalho. Essa nova relação é muito mais pessoal, muito mais corporal e muito mais invasiva. Não se trata mais simplesmente do capitalista que detém os meios de produção e governa a ideologia enquanto o proletariado é a vítima subjugada da opressão, sem recursos exceto aqueles concedidos pelo opressor. Nem se trata somente dos produtos de nosso trabalho que são o resultado da forma de produção de mercadoria. O controle se amplia para a operação de nossas vidas diárias e exerce sua influência em detalhe microscópico sobre todos os aspectos de nossa pessoa. O poder é mais invasivo, e seus efeitos, mais insidiosos. De fato, conforme aponta Deleuze, embora tenha-se entendido plenamente que Foucault enfocou uma sociedade disciplinar, ele vê o século XX menos em termos de disciplina, e mais em termos de controle (Deleuze, 1995, 174-5). Não é tanto um modelo de confinamento, como na prisão, na escola, ou no modelo hospitalar do Panóptico, mas uma questão de monitoramento constante, de comunicação instantânea e de implacáveis anúncios, *e-mails* indesejados e *spams*. Não podemos gozar da privacidade de nossos próprios computadores sem que sejamos bombardeados com uma série de exigências não solicitadas sob a forma de *pop-ups* que, às vezes, independentemente do que você faça, não se fecham. Em termos mais deleuzianos do que foucaultianos, podemos dizer que a era da informação, do computador ou da cibernética é considerada um ideal para nós, o qual devemos emular, adotar e no qual devemos nos transformar. Um anúncio da dieta Atkins nos informa que "nós temos as informações para tornar o seu corpo uma saudável máquina para a perda de peso e queima de calorias!". Não são somente os produtos dos trabalhadores, mas nossos próprios corpos que estão sendo comandados. Leal à análise de Foucault é o conhecimento que capacitará nossos corpos a tornarem-se máquinas de queimar calorias, e é a informação que nos libertará.

Infiltrando-se entre os mínimos espaços de nosso corpo, o poder é múltiplo, situacional, relacional, estratégico e variegado. O poder está em todo lugar, nos bolsões de resistência, assim como nas políticas repressivas. Em alguns aspectos, um grupo pode não ter poder, ao passo que, em outros, seu poder é exercido, seja esse poder voltado contra seus antigos opressores seja ele voltado contra outro alvo conveniente. Em vez do modelo "nós" e "eles", em que há um claro opressor e uma clara vítima, em que um lado de forma indubitável detém todo o poder, e o outro, poder algum, reconhecer a multiplicidade do poder torna possível reconhecer que não há vencedores ou perdedores claros. Uma mulher branca pode ser reprimida pelas demandas do patriarcado, mas pode ela própria exercer uma forma racializada de poder sobre outras mulheres, por exemplo.

Com efeito, ela pode, consciente ou inconscientemente, invocar convenções patriarcais a fim de estrategicamente colocar-se contra mulheres pertencentes a minorias, alinhando-se com estruturas de poder patriarcais brancas, no processo.

Se Foucault identifica em nível teórico as múltiplas estratégias do poder que constituem suas redes, deixa para outros a abordagem de como, por exemplo, os ideais de feminilidade são especificamente considerados na produção de corpos dóceis. Se, em algum nível, as mulheres são constituídas pelas expectativas repressivas da feminilidade normativa, em outro nível as mulheres constituem-se como poder controlador ao dominarem as habilidades que as capacitam a incorporar ou aproximar-se do ideal da feminilidade heterossexual e branca. Conforme aponta Bartky, as mulheres podem experimentar o feminismo como algo ameaçador, se ele põe em questão a conformidade das mulheres para com ideais recebidos, propiciando um processo de "desespecialização". As mulheres interpretam as feministas que criticam os desfiles de beleza e que se distanciam das normas convencionais da feminilidade como solapadoras delas e das habilidades pelas quais tanto lutaram para adquirir e incorporar.

Bartky realiza um excelente trabalho de expansão da análise de Foucault, de modo que ela passa a aplicar-se ao sujeito de gênero da subjetividade, ilustrando o minucioso disciplinar do corpo feminino, que ocorre por meio de exercícios, dietas, moda e maquiagem. A produção da feminilidade é realizada por meio de uma vasta gama de regimes disciplinares, que regulam a aparência, o formato do corpo, seu tamanho, configuração e ornamentação. Bartky, como uma *expert*, obscurece as muitas vezes dolorosas e caras técnicas às quais as mulheres são exortadas para se tornarem mulheres apropriadamente femininas, desde livrar-se de pêlos por meio do uso de cera ou cremes depiladores, a pintar sua face de acordo com o turno do dia em que estejam. Enfatizando a atenção individualizada e o aspecto tecnológico das disciplinas femininas do corpo, o National Skin Institute promete que "tudo se resolve por meio do gerenciamento", que "nós podemos ajudá-lo a gerenciar seus pêlos indesejados" começando um "plano que seja perfeito para você", e acrescenta: "Temos [...] as tecnologias mais avançadas". Da mesma forma que Foucault havia analisado os mecanismos disciplinares por meio dos quais as escolas operavam, dividindo o dia da criança em minúsculos segmentos de tempo, e o espaço arquitetural em lugares adequados para cada atividade (ler, escrever, comer), Bartky chama nossa atenção para as regras e regulamentos que exigem que as mulheres usem o espaço e o tempo de um modo que garanta o andar adequado, o balanço dos quadris, maneiras de entrar e sair de carros, com máxima eficiência e efeito.

Dada a apreciação teórica de Foucault acerca do fato de que, longe de serem unívocas, as concepções de poder variam de uma época histórica para outra, com novos discursos manifestando a multiplicidade e a instabilidade do poder, sua operação em rede e sua natureza relacional e estratégica, pode-se argumentar que as implicações lógicas de uma apropriação feminista de uma concepção foucaultiana de poder seria a de elaborar as tensões características de sua operação conflituosa e confrontadora. Se a operação do poder tem de ser caracterizada como multidirecional, uma abordagem que o próprio Foucault absteve-se de desenvolver, mas que teóricos como Hammonds (1997) levaram adiante, é a de perguntar como os discursos de sexualidade operaram diferentemente para as mulheres, juntamente com as questões de raça, classe e sexualidade. Se o tema repressivo vitoriano da pureza, da modéstia e da castidade foi sustentado e absorvido pelas mulheres brancas, de classe média e heterossexuais, a sexualidade das mulheres afro-americanas foi entendida em oposição a tal ideal. Organizada em torno do outro polo de uma oposição binária, a sexualidade afro-americana foi representada como imoral, impura, doentia e patológica. As mulheres negras foram hipersexualizadas – ver o caso de Saarjite Baartman – e ao mesmo tempo consideradas invisíveis. Em reação às representações hiperbólicas da sexualidade negra feminina perpetuadas por mitos eurocêntricos, aquelas mulheres negras que ganharam acesso à universidade, que se tornaram produtoras de conhecimento, relutam em chamar atenção para sua anatomia, que serviu para o imaginário branco apenas como local de estigmatização. Dada a "política do silêncio" que foi produzida ao longo dos delineamentos históricos da contestação racial, repletos de histórias de escravidão, não é surpreendente talvez que algumas mulheres negras, especialmente as lésbicas, tenham se visto sujeitas ao policiamento de outras mulheres negras – tipicamente heterossexuais e burguesas. Já marcadas como desviantes em relação às mulheres brancas, as mulheres negras detestam aceitar ou identificar-se com formas de sexualidade que sejam passíveis de marcá-las como duplamente desviantes. Há uma carência de análises teóricas e históricas da sexualidade feminina negra precisamente porque os corpos das mulheres negras foram tão frequentemente representados de maneira exagerada por um imaginário branco que não é responsabilizado por suas representações racistas. A compreensível, ainda que lamentável, resposta reativa de teóricas negras foi a de manter-se em silêncio a respeito da sexualidade negra feminina, um silêncio que Hammonds e outros começaram a romper.

Conforme Gayatri Chakravorty Spivak (1988) argumentou, apesar de todo seu inegável brilhantismo, Foucault não abriga os aspectos globais do capitalismo ou a significação racial da divisão internacional do trabalho. Levar a sério o fato de que os modos de vida ocidentais são dependentes da exploração da mão de obra do terceiro mundo, especialmente da mão de obra feminina do terceiro mundo, sob a forma de subcontratações e da exploração de multinacionais e severas punições às organizações de trabalhadores, é sugerir que embora o modo capitalista de organização possa ter se transmutado grotescamente em novos modelos de poder para grupos brancos e privilegiados no ocidente, ele ainda está bastante vivo em outros lugares. Seja nas insurgências dos camponeses na Índia colonial ou nas trabalhadoras mal pagas das corporações multinacionais do vestuário, cujos empregos e vidas são postos em risco quando ousam falar contra sua extrema pobreza e subjugação, os subalternos estão muito circunscritos por um modo totalizante de poder. Isso sugere uma análise diferencial em termos de raça. Hammonds implicitamente retrabalha as reflexões de Foucault sobre a hipótese repressiva em *História da sexualidade*, sugerindo que as normas de pureza e respeitabilidade vitorianas só podiam ser sustentadas por mulheres para quem a norma invisível da brancura funcionasse para separar sua própria sexualidade da caracterização da sexualidade negra e feminina como degenerada. Da mesma forma, pode-se argumentar que há modelos diferenciais de poder para o primeiro e o terceiro mundo.

Apesar de todo poder explicativo e da virtuosidade da análise de Bartky, que, a julgar pela reação consistente das alunas em minhas aulas sobre teoria feminista, é considerável, ela não permite nenhuma abordagem sustentada de como a raça, a classe e a sexualidade configuram os corpos diferentemente. A autora cai na armadilha de ou insistir que a feminilidade opera de modo similar sobre a raça, a classe ou a sexualidade – um modelo que confirma o gênero como a base da análise feminista, ao mesmo tempo que trata a raça, a classe e a sexualidade apenas como tantos outros fatores adicionais, periféricos e secundários – ou de tentar especificar as circunstâncias especiais de classe ou sexualidade de um modo que faz uso de estereótipos que pouco fazem para avançar uma consideração séria de como esses aspectos da identidade demandam que algumas de suas afirmações centrais sejam repensadas. Sugerir que as mulheres da classe trabalhadora comprem seus cosméticos nos supermercados populares da Wal-Mart, ao passo que as classes mais altas comprem os seus em lojas de departamento bem localizadas é, na melhor das hipóteses, um estereótipo e, na pior, um insulto. Embora algum esforço seja feito para oferecer uma análise inclusiva das diversas raças e sexualidades, Bartky acaba por sustentar a feminilidade branca como um ideal sem problematizar adequadamente esse ideal. Cremes para branquear a pele das mulheres afro-americanas estão disponíveis no mercado, diz-nos Bartky, ilustrando como a brancura é sustentada como a norma de beleza, independentemente da raça. É, sem dúvida, verdade, conforme Toni Morrison demonstra de maneira admirável em *The Bluest Eye*, que um ideal de brancura permeia a sociedade, de modo que a ideia de ter olhos azuis conquista Pecola Breedlove, que pensa que se a ela for concedido tal desejo passará a incorporar o ideal da perfeita feminilidade. Porém, será que não há mais nada a dizer sobre a disciplina dos corpos racializados? Da mesma forma que Bartky presume que todas as lésbicas podem ser caracterizadas como "sapatonas", ela também presume que o assunto da raça está adequadamente coberto pelo simples fato de serem feitas algumas referências rápidas às mulheres negras.

Justiça seja feita, tanto as análises feministas quanto as estratégias de *marketing* avançaram desde que Bartky escreveu seu artigo em 1990. A questão não é condenar Bartky, longe disso – sua análise continua a ser extremamente valiosa por questionar as limitações do relato de Foucault, que ignora o gênero, e pela maneira incisiva como extrapola alguns dos *insights* de Foucault para chegar a um relato de normatividade de gênero. Permanece, porém, a questão: Em quais áreas a própria análise de Bartky continua presa a elementos remanescentes de uma análise feminista *mainstream* (branca, heterossexista, classe média)? Em que medida a própria Bartky importou uma versão revisada do universalismo de Foucault, ampliando a análise dela para a relação diferencial da mulher com o poder, mas não conseguindo ver a diferença entre as experiências divergentes das mulheres, como se todas as mulheres fossem agrupadas da mesma forma em termos de gênero, raça e classe, como se o feminismo meramente precisasse refinar seus *insights* para passar a ser genuinamente inclusivo? Quem está comprometido com o avanço das análises feministas deve levar a sério as críticas feitas pelas mulheres não brancas que, justificadamente, apontam que, para que o feminismo se torne genuinamente inclusivo não é suficiente que as feministas brancas permitam que "outras" ingressem em "nosso" clube, sem que deixemos de controlar os termos do debate. No que diz respeito ao caso em questão, uma categoria organizadora da análise de Bartky é o tamanho e a configuração do corpo. As mulheres, diz-nos a autora, são estimuladas a passar por dietas e exercícios a fim de manterem-se elegantes; e as mulheres, portanto, criam demandas para si mesmas para manter seus corpos de acordo com tal padrão a fim de incorporar o ideal da feminilidade. O conceito de "mulher" pretende aplicar-se a todas as mulheres, independentemente da raça. Porém, um olhar mais atento à questão de como os regimes voltados à beleza são comercializados para grupos étnicos diferentes revela que o ideal de elegância não se aplica a todas as mulheres da mesma maneira. Um anúncio da internet de produtos para o cabelo voltado a uma audiência afro-americana sugere uma discrepância entre a maneira como a feminilidade se relaciona às questões de peso nas comunidades brancas e negras. "Para uma mulher negra, toda a atitude começa com seu cabelo", diz Jolorie Williams, experiente gerente de produtos para cabelos voltados às mulheres afro-americanas. "Ela vai gastar dinheiro com o cabelo porque não irá a lugar algum sem que seu cabelo esteja feito. Não é algo socialmente aceitável. Ela pode ser estar acima do peso, mas seu cabelo deve ter um bom aspecto."

De acordo com uma linha foucaultiana, talvez devamos traçar genealogias específicas, que articulam as forças particulares que passaram a ter ligações com as possibilidades de tornar visíveis aspectos particulares das experiências peculiares a, por exemplo, mulheres negras historicamente situadas. Hammonds demonstra, em uma análise vagamente foucaultiana, como uma "política do silêncio" tem sido produzida em torno do tema da sexualidade das mulheres negras, em reação à hipervisibilidade e patologização da sua sexualidade, que foi construída em contraste com a norma de pureza ostensiva caracterizadora da sexualidade das mulheres brancas. A sexualidade das mulheres negras tem, de um lado, sido sujeita à exposição hiperbólica e insistente, como algo desviante, e, de outro lado, sido encoberta pelo silêncio, precisamente em resposta às representações equivocadas às quais as mulheres negras foram sistematicamente expostas pela visão branca eurocêntrica. Os ideais brancos da pureza da feminilidade vitoriana surgiram como algo contrário a uma sexualidade negra mitificada como algo incontido e incontrolável. Sob tais condições, a dificuldade de articular uma política negra e lésbica torna-se muito importante. Policiada pelos negros heterossexuais de classe média, as negras lésbicas não são incentivadas a se considerarem duplamente desviantes: não só já são marginalizadas por causa de suas características sexuais supostamente acentuadas, mas também por causa de seu desvio das normas heterossexuais.

Tome-se o caso de Saarjite Baartman, que foi apresentada na Europa, primeiramente em Londres, depois em Paris, como se fosse uma monstruosidade, uma curiosidade, uma anomalia circense. Depois de morta, sua genitália foi exposta no Musée de l'homme, em Paris, como um espécime anatomicamente intrigante, até que Nelson Mandela conseguiu que seus restos mortais retornassem à África do Sul, onde seu corpo pode, finalmente descansar em paz. Expondo a hipocrisia subjacente aos padrões duplos aplicados às sexualidades branca e negra, a abordagem de Hammonds torna possível escavar a história enterrada da escravidão que informa a construção de uma oposição binária (negro é igual a acentuação do sexo, imoralidade, impureza, ao passo que branco é igual a sexo na medida certa, dedicação aos fins de reprodução do capitalismo, moralidade e pureza). Os padrões da sexualidade vitoriana foram aplicados a fins aceitáveis, ao passo que as condições sob as quais a sexualidade negra e feminina passou a ser representada como doentia, imoral e patológica continuaram a não ser mencionadas. Sob a escravidão, o estupro das mulheres afro-americanas por seus senhores brancos ocorreu de maneira quase que natural. Se dimensionarmos a análise de Hammonds em uma direção levemente diferente – não em uma direção para a qual ela estivesse necessariamente preparada para percorrer –, poderíamos fazer uso de um vocabulário psicanalítico para dar conta dos processos de negação e repressão que estão em funcionamento nas tentativas da teorização branca de explicar o passado. Pela projeção da violência da escravidão sobre os próprios corpos dos negros, fazendo deles repositórios de tudo o que é inaceitável neles próprios, em uma negação de sua própria responsabilidade, os brancos poderiam exonerar seu próprio comportamento, impor limites imaginários que separassem seus próprios padrões de moralidade daqueles dos negros e representar os negros como devassos. Tal dinâmica pode ser iluminada se levarmos a sério a insistência de Freud sobre o inconsciente e o destaque que deu a várias estratégias de negação. A noção da identificação projetiva de Melanie Klein, na qual estratégias infantis que visam a defender o sujeito da ansiedade ficam carregadas de potencial destrutivo, encontrou sua expressão na teoria psicanalítica contemporânea (1986). Influenciada pela noção de várias maneiras de dividir tanto a ansiedade quanto o mundo entre o bem e o mal, Julia Kristeva, por exemplo, explorou uma dinâmica similar sob o título de abjeção. Em questão nos processos abjetos está uma tentativa preliminar de separar-se do outro, paradigmaticamente a mãe, que não é ainda considerada como conceitualmente distinta do *self*. Uma tentativa provisória de separação, mesmo antes da conscientização e do inconsciente, ou do *self* e do outro, a abjeção é uma maneira de territorialização do mundo, dividindo-o em seções que sejam administráveis, ao mesmo tempo que descarta aquilo que fica fora dos limites do administrável como lixo. Crucial para esse movimento é a instabilidade inerente dos limites incipientes de abjeção, uma instabilidade que se deve ao fato de esse processo – uma maneira de articular o semiótico – preceder qualquer compreensão conceitual da separação ontológica dos sujeitos, tanto um do outro quanto dos objetos. O desejo ainda não está em jogo, e nem estão quaisquer limites facilmente reconhecíveis da subjetividade. O que está em jogo é jogar os afetos fora, para além das fronteiras, como uma reação à ameaça posta pela retirada da gratificação (ausência da mãe/retirada do peito), uma reação que também consiste no estabelecimento de fronteiras experimentais. O delineamento do que serei, mas ainda não sou, eu, e do que será, mas ainda não é, você, demarca as fronteiras de meu corpo, como a criança, de fato, declara: isso deve estar em mim, isso fora de mim, isso é bom, isso é mau (Freud). Judith Butler apropriou-se dessa dinâmica projetiva para esclarecer a maneira como *gays* e lésbicas passam a figurar no imaginário heterossexista como objetos fóbicos, passando a representar uma ameaça para os estilos de vida heterossexuais, uma ameaça que só tem significação por meio da exclusão de certas posturas sexuais. A fobia é produzida por uma primeira expulsão de sentimentos de medo, uma rejeição que se liga a outras por meio de mecanismos de exclusão que não só colocam, mas representam, os homossexuais como sujeitos inviáveis capazes de fazer coisas abomináveis. Sarah Ahmed (2005) desenvolveu uma teoria da abjeção no contexto de como as comunidades são estruturadas por meio de um movimento sistemático que afasta alguns corpos de outros e os aproxima de outros. Ela apresenta uma leitura metonímica dos processos pelos quais as nações estabelecem suas fronteiras de acordo com os aspectos da cor de sensações como a aversão. Young (1990) e Oliver e Trigo (2003) extrapolaram o discurso da abjeção para outras formas de dinâmicas socialmente excludentes, tais como o racismo e o classismo. A questão da abjeção é uma questão que será tratada novamente, no Capítulo 6, em relação a Kristeva. Primeiramente, porém, quero explorar as intervenções que as teóricas feministas fizeram sobre as questões de epistemologia e ciência, questões que estão relacionadas a muitas daquelas que as feministas foucaultianas colocaram na agenda, e analisar a teoria feminista pós-colonial.

4

Epistemologia feminista: ciência, conhecimento, gênero, objetividade

Quero começar este capítulo recontando uma história que vou chamar de "A história do monge desafortunado". As páginas a seguir devem muito a Laqueur (1990).

O MONGE DESAFORTUNADO

Um jovem aristocrata, obrigado a tornar-se monge porque sua família passava por dificuldades, visitou uma hospedaria no interior. Lá, encontrou o casal proprietário de luto pela morte de sua única filha, conhecida por sua beleza. Em seu sofrimento, os pais da desafortunada donzela pediram ao monge para cuidar do corpo da filha durante a noite, até o enterro, que ocorreria na manhã seguinte. O jovem monge concordou em fazê-lo e assumiu seu lugar conforme o previsto. A noite veio, e o jovem ficou inquieto. Curioso em verificar a beleza da donzela, o monge levantou a mortalha que cobria o corpo e constatou que a donzela era de fato bela, mesmo morta. Tentado por seus desejos, e apesar de seu voto religioso, o monge, nas palavras do médico do século XVIII que, com delicadeza registrou a história para a posteridade, "tomou as mesmas liberdades com a morta que o sacramento do casamento teria permitido em vida" (Laqueur, 1990, 1). De manhã, tomado pela vergonha, o monge partiu sem esperar pelo funeral.

Durante a cerimônia, enquanto o caixão estava sendo baixado à sepultura, um dos carregadores sentiu um movimento dentro do caixão. Quando a tampa foi aberta, descobriu-se que a jovem ainda estava viva, recuperando-se do que deve ter sido um estado de coma. Os pais, ainda comemorando a descoberta de que sua filha estava viva, constataram, com o passar do tempo, alarmados, que ela não só estava viva, mas também inexplicavelmente grávida. Resolveram então colocá-la em um convento assim que a criança nascesse.

O tempo passou, e as circunstâncias do jovem aristocrata mudaram para melhor. Ele voltou um dia à hospedaria a negócios e descobriu que a donzela ainda estava viva, e qual havia sido o resultado do seu ato de necrofilia. Ao saber que a moça estava agora em um convento, o jovem pediu permissão para casar com ela.

Thomas Laqueur, historiador da ciência, abre seu livro *Making Sex/ Body and Gender from the Greeks to Freud* com essa história, recontando três diferentes usos aos quais essa história foi adaptada na história médica. Em 1749, Jacques-Jean Bruhier relata que o incidente demonstra a moral segundo a qual "apenas testes científicos podem conferir certeza" de que alguém esteja "realmente morto" e de que mesmo "o contato íntimo" não pode determinar a morte (Laqueur, 1990, 2). Um cirurgião, Antoine Louis, ofereceu uma segunda interpretação. Ele se recusou a aceitar que qualquer pessoa pudesse ter acreditado que a garota estivesse de fato morta, citando como evidência o fato de que o monge deve ter encontrado a moça viva e, com ela, criou a história. A garota deve ter fingido o coma até o último momento, desistindo de fingir apenas quando o sepultamento estava iminente. À época, acreditava-se que a concepção não pudesse ocorrer sem o orgasmo e, por essa razão, o cirurgião, Louis, pensou que a jovem *deve* ter dado sinais de estar viva (Laqueur, 1990, 3).

Em 1836, a mesma história estava sendo usada como evidência de que o orgasmo não era necessário para a concepção, sendo, de fato, irrelevante para ela. Laqueur sugere que apenas quando a igualdade entre homens e mulheres tornou-se uma questão política que os órgãos sexuais femininos foram reconhecidos como significativamente diferentes dos masculinos (Laqueur, 1990, 10). Até aquele momento, os órgãos sexuais femininos eram simplesmente considerados uma variante dos órgãos sexuais masculinos, basicamente os mesmos, mas invertidos. Apenas em 1759 uma representação detalhada do esqueleto feminino foi produzida, possivelmente porque, se acompanharmos a tese de Laqueur sobre a predominância do que ele chama de modelo "um sexo", era considerado desnecessário representar de modo independente a anatomia feminina nos livros de biologia já que se presumia ser essencialmente a mesma anatomia masculina, embora de cabeça para baixo e interna ao corpo, em vez de externa e visível (Laqueur 1990, 8, 26-62).

Começo por fazer referência a Laqueur não só porque a história do monge desafortunado ilumina as questões que eu quero buscar aqui, a saber, a questão da historicidade da ciência e o papel desempenhado pela interpretação na ciência, mas também porque quero marcar a ausência de uma leitura que não aparece em nenhuma das três diferentes leituras oferecidas nos anais da história da medicina, nem no próprio comentário de Laqueur. A primeira lição a tirar dos usos divergentes aos quais a história foi aplicada é a de que a anatomia e a política não podem ser separadas com facilidade, como se ocupassem dois mundos mutuamente exclusivos. Laqueur sugere – e seus *insights* são influenciados por escritos feministas (Laqueur 1990, ix) – que precisamente quando a igualdade dos sexos foi colocada na agenda política que a representação acurada da anatomia feminina também surgiu. Aqui, então, está um exemplo dos interesses políticos que informam e moldam o que se qualificou como investigação científica legítima e justa. A história ilustra uma questão que, embora permaneça controversa, já é mais familiar hoje, a saber, o fato de que a interpretação desempenha um papel importante na investigação científica. Os mesmos fatos, lidos de maneira diferente, sustentam visões amplamente divergentes. Inicialmente, os fatos eram usados para sustentar a visão do século XVIII de que a concepção requer o orgasmo, embora em 1836 já pudesse servir como evidência para o argumento de que o orgasmo é irrelevante para a concepção. Essa divergência lança dúvidas sobre a fixidez do objeto científico. Tanto as finalidades contraditórias a que serviu a história do monge desafortunado quanto o fato de ter havido uma mudança significativa – entre os séculos XVIII e XIX – para longe do modelo do "um sexo" rumo a um modelo "dois sexos", ilustra que não podemos presumir que aquilo que constitui o corpo, ou o sexo, tenha limites que sejam fixos no espaço, estáveis ao longo do tempo, ou imunes à mudança social e política.

Finalmente – e aqui quero observar a ausência do que parece ser uma observação importante sobre essa história – nenhum dos comentadores, inclusive Laqueur (todos eles homens), parece ter notado que já que a donzela não estava morta, estivesse ela em coma ou não, o ato do monge não se qualifica como a necrofilia, mas como estupro. Não consigo deixar de imaginar se a pertinência dessa distinção teria escapado ao comentário durante quase trezentos anos se um de nossos comentadores fosse uma mulher. Se a diferença para a qual apontei não passou despercebida, mas simplesmente não foi mencionada pelos comentadores, a que devemos atribuir seu silêncio? À aparente irrelevância da distinção? Indiferentemente de não ter sido percebido ou não ter sido observado, permanece o fato de que a distinção em questão não foi registrada. Presumivelmente, não tem validade como conhecimento.

O LEGADO CARTESIANO

Os filósofos desde Platão acostumaram-se a distinguir conhecimento, de um lado, e opinião, de outro. As pessoas cultas são aquelas que entendem a diferença entre as sombras da caverna e os verdadeiros, eternos ideais universais que tornam essas imagens possíveis. A fantasia e a realidade – nós, filósofos, temos em nosso hábito de pensar – são mundos que têm necessidade de demarcação explícita. Não só é possível distinguir rigorosamente a mera crença da verdade bem fundada; é a tarefa central da filosofia fazê-lo. A perseguição do verdadeiro conhecimento representa a meta inegável dos filósofos.

Nesta era pós-cartesiana, nós não mais imaginamos que, na ignorância de nossas opiniões infundadas, habitemos uma caverna subterrânea, um estado obscuro que devamos transcender para ganhar acesso às formas ou ideias do mundo superior, o mundo inteligível. Adquirir conhecimento, conforme pensamos hoje, é uma questão de estabelecer princípios de certeza, ou de verdades indubitáveis, cuja segurança propicia os fundamentos para a construção do conhecimento sistemático. Não se trata mais da divisão platônica que expulsa o mito e o preconceito para o mundo do subterrâneo, separando a ilusão da realidade. É mais a capacidade cartesiana do sujeito de estabelecer, por meio do *cogito*, um terreno de certeza, que propicia a base para o conhecimento, um conhecimento que é adquirido pela razão e sancionado pela verdade. Formulada dessa forma, a tarefa do filósofo é a de superar o preconceito subjetivo, e subjugar quaisquer atos fantasiosos por meio da imposição da coação da razão de acordo com os cânones da lógica, e em conformidade com as demandas da objetividade. A fim de conhecer o mundo, que é tomado como externo e independente do sujeito, o filósofo deve encontrar um método confiável para abordá-lo, e meios fidedignos para representá-lo. A precisão é o fator supremo. A finalidade da filosofia é, para usar uma imagem popularizada por Rorty, refletir o mundo, agir como um espelho da natureza (Rorty, 1986).

A abordagem cartesiana não só presume que a razão é a ferramenta que permitirá que ganhemos acesso ao mundo empírico e conhecimento de tal mundo, colocando assim a racionalidade como algo supremo, como também dá surgimento a uma epistemologia que parte das distinções de Platão "entre conhecimento e opinião, e entre aparência e realidade" (Rorty, 1994, 22), impondo um dualismo cujo impacto é ainda sentido, mesmo que sua autoridade seja cada vez mais questionada. A dicotomia entre objeto e sujeito está associada a uma série de oposições, incluindo razão e emoção, fatos e valores, universalidade e particularidade, necessidade e contingência, intelectualidade e materialidade. Não é sequer necessário dizer que a relação entre razão objetiva, universais, verdades necessárias e fatos, de um lado, e emoções subjetivas, valores, particularidades e contingências, de outro lado, é hierárquica e que normalmente funciona em favor da objetividade e à custa da subjetividade. Nós somos, como diz Rorty em seu ensaio "Solidarity or Objectivity?":

> herdeiros de [uma] tradição objetivista, que está centrada no pressuposto de que devemos sair de nossa comunidade tempo o suficiente para examiná-la à luz de algo que a transcende. [...] Boa parte da retórica da vida intelectual contemporânea tem como certa a meta de que a investigação científica para o homem é entender as "estruturas subjacentes" ou "fatores culturalmente invariantes" ou "padrões biologicamente determinados" [...] (1994, 22)

Várias consequências e implicações podem ser retiradas do ideal de verdade objetiva que se segue ao legado cartesiano, com seu ponto de partida meditativo e autorreflexivo. O conhecedor ideal é aquele indivíduo solitário e atomístico, que busca uma posição de neutralidade e de imparcialidade no que diz respeito à tendenciosidade cultural ou histórica. O objeto de conhecimento ideal é presumido como atemporal, imutável e a-histórico. Presume-se que o sujeito seja o detentor abstrato dos direitos humanos, e os direitos humanos têm como premissa as características universais da humanidade que são transnacionais e trans-históricas. Os sujeitos são colocados como se fossem essencialmente os mesmos, e quaisquer diferenças entre os indivíduos são tratadas como incidentais, irrelevantes ou contingentes aos próprios interesses da filosofia. A investigação filosófica legítima busca verdades que são tidas como universais, neutras e imparciais.

Entre aqueles que rejeitaram esses pressupostos pós-cartesianos estão as feministas, que têm argumentado que mesmo o conhecimento científico, frequentemente visto como algo que incorpora o paradigma da objetividade, não é desinteressado ou imparcial, mas reflete os interesses de seus conhecedores. Se o conhecimento é construído não como um conjunto de fatos que são coletados independentemente da situação da comunidade de conhecedores, mas como algo socialmente construído de modo significativo, não mais parece adequado conceber o conhecimento em termos a-históricos. O conhecimento está situado socialmente, não é atemporal ou imutável. Os sujeitos não são vistos como essencialmente idênticos uns aos outros, mas como engastados em circunstâncias culturais e sociais que os constituem de modos que são irredutíveis a fatores incidentais e contingentes. As diferenças culturais, nessa abordagem, não são dispensadas ou consideradas supérfluas para a similaridade universal dos sujeitos, entendidos como agentes racionais. As diferenças entre os indivíduos, o jogo entre os sujeitos e suas comunidades, devem ser considerados na investigação filosófica, e não eliminados como contingentes e, portanto, irrelevantes. Uma vez que o posicionamento social e político dos indivíduos em suas comunidades, e frente a elas, não é mais meramente visto como informações a partir das quais a investigação filosófica faz abstrações, mas como fator constituinte de como o conhecimento é legitimado como conhecimento, a neutralidade ideal, a imparcialidade e a universalidade do conhecimento filosófico devem também ser questionadas. O nexo conhecimento/poder, como passou a ser chamado, deve ser colocado em questão.

As feministas isolaram vários interesses diferentes que dizem respeito à relação do gênero com a objetividade: por exemplo, a "desincorporação" e a identidade assumidas por quem conhece, a alegada atemporalidade e universalidade da verdade e a neutralidade e imparcialidade do conhecimento. Quero voltar-me a algumas dessas questões, abordando duas áreas específicas que são centrais para a investigação filosófica, e que servem para ilustrar como o gênero foi usado pelas feministas para contestar noções tradicionais de objetividade. Depois de algumas breves observações sobre o problema mente/corpo, primeiro analiso a questão da ética, e depois me volto à questão da ciência.

O CORPO AUSENTE

A filosofia é considerada como a busca de verdades imparciais, neutras e isentas de valores, cuja contribuição é universal e necessária. O corpo é considerado como altamente irrelevante para a filosofia, exceto quando figura como um estorvo para o conhecimento naquilo em que nossos sentidos tendem a nos enganar, nossas emoções prejudicam a capacidade de pensamento racional e nossos desejos nos desviam da busca do bem. Se tem alguma importância, é como simplesmente um lugar a ser contido, subjugado e diminuído. As verdades abstratas e desincorporadas são aquilo a que visam os filósofos, verdades cuja validade não encontra obstáculos nas diferenças das eras históricas, locais geográficos ou discrepâncias culturais. Se a razão abstrata é o que se presume ser o meio, e as verdades universais o fim, da atividade filosófica, há, então, pouco espaço para levar em conta as normas culturais, as crenças religiosas ou as estruturas sociais. A raça, a classe e o sexo são considerados incidentais para a essência metafísica, ou para o núcleo interno da humanidade. São meros detalhes que têm pouco peso no grande esquema das coisas. Desviam-se da tarefa da filosofia, como uma espécie de entulho que precisa ser eliminado a fim de que se obtenha uma imagem clara das verdades objetivas que são consideradas como parte formadora do âmago da filosofia. Subjacente às sedimentações históricas que se construíram sob a forma de formações culturais e sociais está a verdade da realidade, e é tarefa do filósofo dirigir-se a ela.

Em reação à ideia de que o corpo é essencialmente irrelevante para a filosofia, as feministas começaram a explorar a corporificação como um lugar relevante de diferença entre os sexos. Juntamente com um interesse renovado pela diferença sexual, que é interrogada tanto pelos teóricos influenciados por Lacan, como Irigaray (1985) e Kristeva, e por outros teóricos das relações objetuais, tais como Benjamin (1990) e Chodorow (1978), o pensamento feminista tem incluído uma reorientação do pensamento ético rumo a uma ética fundada no pensamento maternal (Ruddick, 1980), dirigindo-se rumo a uma ética do cuidado (Gilligan, 1982; Noddings, 1984). Um dos principais elementos dessa orientação é a ênfase sobre nossa conexão de cuidado/afeto com os outros, sobre e contra o ideal essencialmente solipsista do pensador cartesiano meditativo. Em vez de vislumbrar um mundo que é feito de (pelo menos potencialmente) sujeitos cognoscentes racionais, cuja conexão com outros agentes tem de ser forjada, e cujos deveres para com os outros precisam ser delineados em termos de universais, a ética do cuidado/afeto toma como ponto de partida nosso engaste nas relações com os outros. As redes que constituem nossas relações com os outros dão forma ao modo como pensamos não só a respeito dos outros mas também sobre nós mesmos. Levar a sério nossa responsabilidade para com os outros contribui assim para a própria noção de nossas identidades.

UMA ÉTICA DO CUIDADO/AFETO

A razão pode desempenhar um papel em nossa tomada de decisões ética, mas não é necessariamente o único árbitro das escolhas éticas, nem mesmo sempre a mais importante. Nesse sentido, um mundo explicável racionalmente pode não ser o fim a ser presumido pelos sistemas éticos, ao passo que noções abstratas de justiça e probidade podem não ser ideais adequados ou apropriados pelos quais se lute. Se presumirmos que na esfera moral os agentes racionais são essencialmente – pelo menos em potencial – idênticos entre si, sendo, como sujeitos cognoscentes, idealmente imparciais, as diferenças do posicionamento social dos sujeitos cognoscentes, que ganha forma por fatores tais como a classe de origem, a identidade ética ou os papéis de gênero, não podem desempenhar um papel relevante nos diferentes processos racionais que os indivíduos adotam ao responder a problemas éticos. Não só as diferenças entre os indivíduos são consideradas irrelevantes para as finalidades do conhecimento, mas, como resultados da abstração de circunstâncias diferenciais, algumas maneiras de conhecer são privilegiadas em detrimento de outras. A racionalidade foi moldada em grande medida de acordo com nossa herança do Iluminismo, e os valores que consideramos caros derivam de modos de conhecer que tendem a construir a razão como um processo realizado por sujeitos individuais racionalistas sem corpo, desinteressados e imparciais.

Em uma pesquisa popularizada por Gilligan, em seu polêmico livro *In a Different Voice*, Amy, uma menina de onze anos, responde ao dilema apresentado a ela sobre ser ou não certo um marido roubar remédios que ele não pode comprar para sua esposa, que deles precisa com urgência porque sua vida corre perigo. A resposta de Amy é mudar os termos do debate, em vez de, como Jake (que também tem onze anos) aceitar o desafio posto pelo entrevistador. Jake pensa que Heinz deve ir em frente e roubar o remédio para salvar a vida de sua esposa porque, em suas palavras, "a vida vale mais do que o dinheiro" (Gilligan, 1982, 26). A ausência de dúvidas de Jake confere a ele uma pontuação mais alta do que Amy na escala de desenvolvimento moral de Kohlberg. A reação de Amy é a de buscar uma alternativa para o dilema cruel que a ela se apresenta: ou Heinz rouba, algo ilegal, ou deixa sua mulher roubar, algo errado. A resposta de Amy revela uma tendência a refletir sobre a situação como um todo, a pensar sobre as consequências de roubar e o efeito que pode ter sobre a família no futuro. Os pressupostos de Kohlberg, conforme a interpretação de Gilligan, deixam pouco espaço para entender a tentativa de Amy de encontrar outra maneira de resolver o problema por meio da discussão dele como algo "evasivo e incerto" (28). Enquanto Jake entende a distinção entre propriedade e vida que Kohlberg está buscando, vendo o dilema moral como "um problema de matemática com humanos" (26 [palavras de Jake]), e estabelecendo-o como "uma equação" para a qual ele produz a "solução" (26) certa, a tentativa de Amy de encontrar uma alternativa ao dilema posto por ela não é reconhecida, o que lhe dá simplesmente uma pontuação mais baixa na escala de valores de Kohlberg. Amy considera o "efeito que o roubo poderia ter na relação de Heinz com sua esposa" (28), apontando que "Se ele roubasse o remédio [...], ele poderia ter de ir para a cadeia, e sua esposa poderia adoecer de novo", concluindo que "eles deveriam [...] conversar sobre o assunto e encontrar outra maneira de obter o dinheiro" (28 [palavras de Amy]). A tese de Gilligan é que a definição de Kohlberg dos estágios e da sequência do desenvolvimento moral" (30) é influenciada pelas "convenções da lógica" (29) de que Jake faz uso, mais do que pelo "processo de comunicação" (29) do qual Amy se serve. Em vez de considerar a resposta de Amy como "uma fuga do dilema" (31), Gilligan enfoca o modo como a resposta "cai na peneira do sistema de pontuação de Kohlberg" (31).

Traçando uma série de oposições que distinguem as respostas de Jake e de Amy, Gilligan considera a posição de Jake como algo que reflete a "lógica da justiça" e a de Amy como algo que demonstra a "ética do cuidado". Amy considera a situação não como "uma disputa hierárquica (32) de direitos entre oponentes" (30) que depende das "imagens do ganhar e do perder" (32), mas como incentivo à "comunicação" (1982, 32) entre "membros de uma rede de relações" (30). Para Gilligan, a resposta de Amy não é "ingênua e cognitivamente imatura" (30), mas representa um "modo diferente de compreensão moral" (32).

Eu disse que a obra de Gilligan tem gerado polêmicas. Os críticos habitualmente enfocam uma série de problemas que dizem respeito tanto à importância ideológica da mensagem de Gilligan quanto à adequação metodológica de sua pesquisa. Linda Kerber está preocupada com o "revisionismo histórico" (Kerber et al., 1986, 309) que ela pensa caracterizar o argumento de Gilligan de que "as mulheres se definem por meio de relações com os outros, por meio de uma rede de relações de intimidade e cuidado, em vez de uma hierarquia baseada na separação e na autossatisfação" (1986, 306). Enquanto Kerber considera "revigorante a insistência [de Gilligan] de que o comportamento uma vez denegrido como vazio e indeciso, e degradado como 'efeminado', deve, ao contrário, ser valorizado como complexo, construtivo e humano" (306), ela se preocupa com o fato de "um enfoque simplista da cultura própria da mulher [...] corre o risco [...] de ignorar 'os desdobramentos sociais e históricos dos quais é parte'" [citação retirada de Ellen DuBois], e não aborda os elementos restritivos e confinadores da cultura das mulheres (308). Kerber considera a insistência de Gilligan acerca de uma voz diferente como algo que reinscreve e reifica um "dualismo rígido" (308), que, em última análise, reinstaura a bifurcação tradicional das esferas separadas de ação das mulheres e dos homens, pelas quais a cultura atribui "a razão aos homens e os sentimentos às mulheres" e "onde se entende que os homens se realizam melhor no setor público [...] e as mulheres na domesticidade" (306). Kerber concorda que "nossa cultura há muito tem subvalorizado a educação e que, quando medimos o desenvolvimento ético por normas mais atingíveis pelos meninos do que pelas meninas, nossa definição de normas é provavelmente tendenciosa", mas ela faz objeções ao que considera como a ênfase de Gilligan sobre "a base biológica do comportamento distintivo" (309).

Greeno e Maccoby argumentam que "Gilligan tem atacado uma miragem", citando pesquisa de Lawrence Walker que demonstra que "na infância e na adolescência, não há tendência alguma para que os meninos tenham pontuação mais alta do que as meninas nas escalas de Kohlberg" e que "nos estudos que, de fato, mostram diferenças de sexo, as mulheres têm menos formação acadêmica que os homens, e parece que a educação, e não o gênero, conta para que as mulheres pareçam ter menos maturidade" (Kerber et al. 1986, 312). Zella Luria tem suas reservas sobre a validade metodológica dos resultados de Gilligan, sustentando que "a natureza das evidências às vezes é obscura", que ela faz uso excessivo do "método da entrevista semiestruturada", que "sua especificação é inadequada para justificar suas caracterizações de grupo" e que "amostras retiradas de aulas sobre desenvolvimento moral em Harvard são exemplos dúbios de estudantes em termos gerais" (Kerber et al., 1986, 316-7). De acordo com Luria, o livro de Gilligan "carece de uma definição cuidadosa" de questões metodológicas (318) e "não contém nenhuma declaração que descreva seus critérios de entrevista e de pontuação" (319). Ao costurar "exemplos literários (presumivelmente como metáforas), proposta teórica e uma pesquisa empírica frouxamente definida", ela produz resultados que podem ser "vencedores", mas que também são "sedutores" (316). Carol Stack, que realizou sua própria pesquisa, a partir da qual ela desenvolve um modelo afro-americano de desenvolvimento moral, acompanha a crítica metodológica de Luria, apontando que a teoria de Gilligan deriva de "um modelo feminino de desenvolvimento moral a partir da lógica moral de mulheres prioritariamente brancas e de classe média dos Estados Unidos", lembrando-nos de que as "pesquisadoras feministas negras e do terceiro mundo têm enfatizado o gênero como um construto moldado pela experiência da raça, da classe, da cultura, da casta e da consciência" (Kerber et al., 1986: 324). (Para maiores críticas e discussões de Gilligan, ver Benhabib [1992], Kittay e Meyers [1987] e Sunstein [1990]).

A obra de Gilligan, e as críticas que ela suscitou, servem para situar muitas das tensões que têm estado presentes no discurso feminista, e demonstram como as questões sobre gênero e objetividade abrem um campo disputado de debates sobre o essencialismo biológico e psicológico, a política excludente da teoria feminista e a necessidade de equilibrar as demandas feministas por igualdade com um reconhecimento das diferenças não só entre os sexos, mas também entre as mulheres que são classificadas como de raças ou classes diferentes. Mas agora me voltarei a um segundo tema que é fundamental para a questão do gênero e da objetividade.

QUESTIONANDO O MÉTODO CIENTÍFICO:
A CIÊNCIA E OS INTERESSES DO CONHECIMENTO

Convencionalmente, o conhecimento objetivo é a meta não só da filosofia ocidental, mas de qualquer ciência de base empírica, seja social, seja natural. Não é acidente, como se diz, que a matemática tenha oferecido um modelo para Descartes. Sob o interesse de verdades universalmente válidas, espera-se que os cientistas conduzam pesquisas e empreguem métodos que estejam livres de erros e preconceitos. Qualquer contingência que possa afetar os resultados científicos é excluída. Os projetos científicos são considerados úteis quando o conhecimento que eles produzem permite certezas e verdades objetivamente neutras, que são consideradas como não tendenciosas e isentas de valores. Pensa-se que os processos pelos quais a ciência progride são em geral empíricos, e que o conhecimento que ela produz é geralmente objetivo. A subjetividade é eliminada, parcialmente erradicada e particularmente neutralizada. A ciência é considerada como o próprio paradigma da verdade. Conforme diz Rorty, "preocupações sobre o '*status* cognitivo' e a 'objetividade' são característicos de uma cultura secularizada na qual o cientista substitui o sacerdote" (1994, 35). Thomas Nagel também questiona aquilo a que se refere como "cientificismo":

> O cientificismo é, de fato, uma forma especial de idealismo, pois coloca uma espécie de entendimento humano no comando do universo e daquilo que se pode dizer sobre ele. Em sua miopia máxima, ele presume que tudo que existe deve ser compreensível pelo emprego de teorias científicas como aquelas que desenvolvemos até hoje – a física e a biologia evolucionária são os paradigmas atuais. (1989, 9)

Se o diagnóstico oferecido por Nagel e Rorty são similares, suas reações diferem. Nagel pensa que "o reconhecimento de nossa contingência, de nossa finitude e de nossa limitação ao mundo em que estamos" não deve levar a nosso "abandono da busca da verdade" ou à "ambição de transcendência, não importando o quanto possa ser limitado nosso sucesso em chegar à verdade" (Nagel, 1989, 9). A imagem de que "a Verdade está 'lá fora', diante de nós, esperando que nós a descubramos" é uma verdade que parece a Rorty, como pragmático, "uma tentativa infeliz de transportar uma visão religiosa do mundo para uma cultura cada vez mais secular" (1994, 38-9). Rorty quer "desistir da distinção objetivo-subjetivo como um todo" e "substituir a ideia de 'objetividade' pela de 'acordo não forçado'" (1994, 38).

A perspectiva de Rorty tem afinidade com a de Habermas, e segue os passos de Thomas Kuhn, que sugeriu em *A estrutura das revoluções científicas* (1962) que as teorias científicas não eram neutras e isentas de valores, lançando assim dúvida sobre a afirmação positivista de que os julgamentos de valor sejam inexpressivos (Rorty, 1994, 38; Code 1993, 17). Feyerabend amplia essa linha de argumentação em *Contra o método* (1975), sugerindo que não existe método científico, mas que "a própria ciência é uma disciplina completamente irracional" (Bernstein, 1983, 4). Conforme Richard Bernstein também aponta, Peter Winch (1958), por outro lado, aceita a "imagem empírica de ciência" (Bernstein, 1983, 26) que Feyerabend, Kuhn e outros desacreditaram, a fim de enfatizar "a lacuna lógica e a incompatibilidade lógica entre a ciência natural e a social" e de questionar a sugestão de Weber de que as estatísticas são "o último tribunal de apelo para a validade das interpretações sociológicas" (27).

Em sentido diferente, aprendemos com Foucault, entre outros, que o conhecimento reflete os interesses do sujeito que conhece, e que as verdades ostensivas são informadas por relações de poder. Foucault diz que "a questão da ideologia que se coloca para a ciência não é a questão das situações ou práticas que ela reflete mais ou menos conscientemente; nem é a questão do uso possível ou do mau uso a que ela pode estar submetida; é a questão de sua existência como prática discursiva e de seu funcionamento entre outras práticas" (1972: 185). Se a ciência carrega consigo certos interesses políticos, se verdades supostamente empíricas localizam-se no âmbito de certas estruturas de poder e se dirigem aos fins particulares de certos grupos de interesse, e se os resultados produzidos pela ciência não mais parecem ser aplicados universalmente, vários conceitos familiares começam a alinhar-se diferentemente. Não está mais claro se o conhecimento objetivo pode ser obtido por observadores desinteressados por meio de métodos racionais, ou se esse conhecimento está sujeito aos interesses dos grupos dominantes com interesses particulares que interferem em sua suposta racionalidade.

As feministas não são as primeiras a duvidar que a ciência em si possa ser tão objetiva e neutra quanto se considera ser. Não estão elas sozinhas a desafiar a presunção de que o conhecimento científico não carregue, conforme Sandra Harding aprecia dizer, as digitais das comunidades que o produzem (ver Harding, 1991, 83) (1986, 22; 1993, 57). Conforme diz David Goldberg, editor de *Anatomy of Racism*: "Revela-se que o racismo [...] adotou normalmente o manto da teoria científica, da racionalidade filosófica e da 'moralidade'. A ciência, a política e a legalidade, por sua vez, consideram a si mesmas mais ou menos explicitamente em termos raciais e racistas" (1990, xiv).

Há várias maneiras de responder a esses problemas sobre a parcialidade dos modos de saber. Aqui quero enfatizar, inicialmente, a abordagem de Sandra Harding.

A TEORIA DO PONTO DE VISTA FEMINISTA: A OBJETIVIDADE FORTE

A resposta de Harding é argumentar que a objetividade não é suficientemente rigorosa como uma regra; longe de abandoná-la como ideal, precisamos buscá-la de modo ainda mais rigoroso:

> O problema com a concepção convencional da objetividade não é que ela seja demasiadamente rigorosa ou demasiadamente "objetificadora", como alguns autores argumentaram, mas que ela *não seja rigorosa ou objetificadora o suficiente*; seja demasiadamente fraca para consumar até mesmo as metas para as quais foi projetada, para não citar projetos mais

difíceis visados pelos feminismos e por outros novos movimentos sociais. (1993, 50-1)

A fim de esclarecer o que está em jogo no apelo de Harding por aquilo que ela designa como "objetividade forte", deixe-me situar as afirmações que a autora fez em 1986, juntamente com uma articulação posterior de como as feministas deveriam abordar a ciência. Abordando "todas as pessoas dentro e fora da ciência e que ainda estão se perguntando quais são os *insights* sobre a ciência e o conhecimento que as feministas têm a oferecer", a meta de Harding, conforme declarada no artigo mais recente, é a de destacar o desafio que as "reflexões feministas sobre o conhecimento científico apresentam à epistemologia e à filosofia da ciência dominantes" (19993, 52). Em busca dessa meta, Harding passa a repensar o ponto de vista feminista, posição que ela defendeu em *The Science Question in Feminism* (1986) e que diferenciou de duas outras respostas feministas possíveis à ciência, a saber, o empirismo feminista e o pós-modernismo feminista.

A intervenção feminista na ciência, conforme a delineia Harding, tem a virtude de ampliar a perspectiva da ciência ao incluir "mais mulheres cientistas" que "tendem mais que os homens a perceber a tendenciosidade androcêntrica" (1986, 25). Como tal, ela sai da noção tradicional de ciência como algo conduzido por pesquisadores cuja "identidade social" se supõe irrelevante para "os resultados da pesquisa". As feministas empiristas argumentam que as mulheres "*como grupo* são mais propensas a produzir resultados não tendenciosos e objetivos do que os homens (ou não feministas) como grupo" (25). Embora, em um aspecto, o empirismo feminista instaure um desafio à "ciência costumeira" – quando ele não mais presume que os mesmos resultados serão atingidos independentemente de fatores como gênero, classe e raça –, sob outro aspecto, deixa "intactas as existentes normas metodológicas da ciência" (25). Naquilo que essa abordagem sustenta que "o sexismo e o androcentrismo são tendenciosidades sociais corrigíveis por uma adesão mais estrita às normas metodológicas existentes de investigação científica" (24), o empirismo feminista identifica apenas "a má ciência como problema, e não a ciência costumeira" (25). Em outras palavras, as empiristas feministas localizam a causa dos resultados sexistas e androcêntricos no "cuidado e no rigor insuficientes presentes nos métodos e normas existentes (que tendem a ser empíricos)" (1993, 52) e "convocam-nos a um rigor ainda maior no uso desses métodos e na adoção dessas normas" (53).

A vantagem do empirismo feminista, que argumenta que "as ciências têm estado cegas a suas próprias práticas e resultados de pesquisa, sexistas e androcêntricos" é também seu ponto fraco, de acordo com Harding: "isso explica a produção de resultados de pesquisa sexistas e não sexistas e com apenas um mínimo desafio à lógica fundamental de pesquisa" conforme entendida pelos cientistas e pelas "filosofias da ciência dominantes" (53). Da perspectiva que Harding identifica como o ponto de vista feminista, uma posição que ela articula por referência à dialética do senhor/escravo, de Hegel, isso se constitui em uma falha em abordar adequadamente "as limitações das concepções dominantes de método e de explicação, e os modos como as concepções limitam e distorcem os resultados [...] mesmo quando essas concepções dominantes são mais rigorosamente respeitadas" (53).

De uma perspectiva mais radical do ponto de vista da epistemologia feminista que a própria Harding defende, "a posição dominante do homem na vida social resulta em compreensões parciais e perversas. Ao passo que a postura subjugada das mulheres representa a possibilidade de compreensões mais completas e menos perversas" (1986, 26). Do ponto de vista feminista, então, conforme elaborou Harding em 1986, "as críticas da ciência social e natural [...] estão fundadas nas características universais da experiência das mulheres conforme entendidas da perspectiva do feminismo" (26). Harding reconhece o problema de postular a universalidade da experiência das mulheres perguntando: "Pode haver *um* ponto de vista feminista se a experiência social das mulheres (ou das feministas) está dividida pela classe, pela raça e pela cultura?", sugerindo, com Flax (1986, 17), que "Talvez a 'realidade' possa ter 'uma' estrutura, apenas da perspectiva falsamente universalizante do mestre" (Harding [citando Falz], 1986, 26), e que o ponto de vista feminista está "ainda enraizado de modo demasiadamente firme em um política problemática de identidades essencializadas" (27).

Em 1993, Harding havia reformulado a teoria do ponto de vista, de modo que ela "levasse à recusa de essencializar seus sujeitos do conhecimento" (1993, 66). É notável que essa reformulação do ponto de vista feminista incorpore alguns dos elementos que Harding antes distinguia de sua própria posição, preferindo vê-los, em 1986, como característicos de uma terceira abordagem que rotulou como "pós-modernismo feminista". Essa abordagem adota "como campo profícuo para a investigação as identidades fraturadas criadas pela vida moderna" (1986, 28) e demonstra um "profundo ceticismo em relação a afirmações universais (ou universalizantes) sobre a existência, a natureza e os poderes da razão, do progresso, da ciência, da linguagem e do 'sujeito/*self*'" (27-8 [citando Flax]).

Na linguagem que lembra as "identidades fraturadas", que ela antes via como pós-modernas, Harding fala da "lógica dos sujeitos múltiplos" (1993, 66) que a teoria dos pontos de vista deve abraçar, enfatizando que "Não há uma só vida ideal da mulher, a partir da qual as teorias dos pontos de vista recomendam que o pensamento comece. Em vez disso, devemos nos voltar a todas as vidas que são marginalizadas de maneiras diferentes pelos sistemas operadores da estratificação social" (1993, 60). Porém, subjacente à posição de Harding, está uma tensão que também se encontra em Donna Haraway (1991). Nem Harding nem Haraway desejam desistir da busca pela objetividade ou pela verdade. Ambas abraçam a ideia de que, enquanto o conhecimento é situado, ele pode ser também objetivo. Haraway está correta em apontar que uma posição relativista é, em última análise, tão problemática quanto uma visão ostensivamente universalista. Ambas as posições esvaziam a significação da localização situada. O problema com Haraway , contudo, é que ela quer reapropriar-se da linguagem da objetividade a serviço de uma epistemologia feminista mais do que concordar que todo conhecimento é e continuará a ser contestado. Uma vez que aceitemos o fato de o conhecimento ser interessado, de os produtores de conhecimento nunca estarem livres de limitações políticas, certamente o projeto da teoria feminista não será meramente o de redefinir a objetividade a fim de acomodar as maneiras previamente excluídas ou mal construídas de conhecer. Em vez disso, o projeto é aceitar que todo conhecimento é passível de ser contestado, que ele deve continuar a ser contrariado, e que as condições sob as quais tais contestações possam ser expressas ou debatidas, no interesse de torná-las disponíveis publicamente, precisam ser preservadas. A fim de desenvolver alternativas à lógica e à narrativa hegemônica, o espaço da mídia precisa receber visões alternativas, e a atenção precisa ser dedicada a manter uma separação entre os interesses governamentais e capitalistas e entre os interesses do governo e a legitimidade da mídia. Sem manter a independência da investigação política e intelectual, garantindo algum grau de autonomia entre os interesses das editoras e os interesses governamentais, entre os estabelecimentos de mídia e os representantes políticos das administrações atuais, haverá poucas oportunidades para o dissenso informado e político, ou para um discurso crítico ser gerado. O papel dos educadores nesse processo é absolutamente crítico. A autonomia das humanidades e das ciências sociais nas escolas e nas universidades deve ser mantida.

A opinião comum acerca do *status* do conhecimento científico foi posta em dúvida por filósofos da ciência e pelas feministas, que consideram questionável a objetividade dos resultados científicos e a neutralidade do sujeito implicada pelas afirmações de objetividade feitas pela ciência. Questões que surgiram sobre a legitimação de disciplinas que afirmam o conhecimento universal, quando essas disciplinas são ainda, em grande parte, representadas e promulgadas por cientistas brancos do sexo masculino, que presumivelmente trazem à análise seus pressupostos privilegiados acerca daquilo que investigam. As ideologias que surgem acriticamente de posições de dominância estão agora sendo questionadas, em parte devido a um novo grupo de cientistas que estão começando a fazer ciência a partir de perspectivas diferentes, e, em parte, devido a teóricas feministas e de raça cujos paradigmas de conhecimento questionam a tendência à universalidade.

Devemos observar que a concepção de Harding da objetividade forte revelou muitas características que tradicionalmente foram associadas à objetividade. O conhecimento não é mais construído como universal, a-histórico ou imutável; os observadores não são mais considerados neutros ou imparciais, e o cientista é concebido não simplesmente como um indivíduo que busca a verdade, mas como membro de um grupo cujos interesses afetam o método e os resultados dos projetos científicos. A noção de objetividade forte tem mais em comum com o que Rorty chama de "acordo não forçado" do que com as ideias convencionais dos padrões científicos. A questão aqui não é a de sugerir que a posição de Rorty como um todo é congruente com a de Harding, mas que a noção de objetividade, como foi repensada e sustentada pela tese da "objetividade forte" de Harding, é similar à substituição de Rorty do dualismo sujeito-objeto pelo que ele chama de "acordo não forçado". Harding diferencia-se de Rorty quando distingue sua posição de etnocentrismo, com a qual ela associa Rorty (1993, 79). Vale a pena também observar que Harding não defende o relativismo. Em vez disso, a teoria dos pontos de vista

> argumenta contra a ideia de que todas as situações sociais oferecem recursos igualmente úteis para aprender sobre o mundo e também contra a ideia de que todas elas estabelecem limites fortes ao conhecimento [...] A teoria dos pontos de vista apresenta argumentos favoráveis à alegação de que algumas situações sociais são cientificamente melhores do que as outras como lugares a partir dos quais se podem começar os projetos de conhecimento, e esses argumentos devem ser derrotados se a acusação de relativismo tornar-se plausível. (60)

Deveríamos, então, buscar, com Harding, uma maneira de "maximizar a objetividade" (57) com base na ideia de que a concepção convencional de objetividade "não é rigorosa ou objetificadora o suficiente" (50-1)? Ou estamos com Lorriane Code, inclinados a uma versão qualificada de relativismo? (Code, 1993, 40). Talvez haja uma terceira alternativa, que evita, de um lado, apropriar-se da objetividade com fins feministas (à la Harding e Haraway) e, de outro, adotar um relativismo insidioso. Talvez devamos adotar a visão de que o que estiver mascarado sob o rótulo de objetividade seja de fato necessariamente parcial e tendencioso? O conhecimento que presumimos ter está condenado a representar mal os interesses particulares de um grupo dominante como se esses interesses não fossem marcados pela raça, pelo gênero, pela classe e fossem válidos para todos, quando, de fato, eles meramente refletem o privilégio normalmente invisível de quem está no poder? Devemos dizer, com Judith Grant, que a "razão é influenciada pelo gênero" (Grant, 1987 [citado por Hawkesworth, 1989, 333])? O problema, em poucas palavras, é "como falar sobre a objetividade à luz de nossa compreensão de que todo o conhecimento é socialmente situado e que a representação é um ato político" (Lennon e Whitford, 1994, 5).

Em vez de lamentar a perda da objetividade, da universalidade e da neutralidade, ou de favorecer uma sensação de nostalgia pelo sujeito abstrato não corporificado dos direitos universais, talvez a questão seja reconhecer que os padrões que foram presumidos em tal visão jamais tenham sido desinteressados: seus interesses foram apenas obstruídos. O que passou como conhecimento na tradição ocidental está irrevogavelmente ligado a certas crenças, que podem ter ficado invisíveis precisamente porque foram consideradas irrelevantes pelos detentores do conhecimento autenticados como legítimos, mas que, apesar de tudo isso, não cessaram de produzir efeitos sobre quem está excluído do mundo que os detentores de conhecimento mudavam e legitimavam o que poderia ser conhecido.

Se houver boas razões para questionar o objetivismo com suas pretensões de uma busca incorpórea, isenta de valores e racional da verdade universal, há também sérios problemas que confrontam quem quer assumir os desafios feministas à objetividade. Lennon e Whitford apontam para um problema quando observam que é "difícil simplesmente abandonar a objetividade" porque "o feminismo como um projeto político requer que as afirmações feministas sobre as tendências de distorção e subordinação no âmbito do conhecimento masculino sejam consideradas como legítimas, e legítimas em termos gerais, não somente para as feministas" (1994:4). A teórica legal Deborah Rhode refere-se ao mesmo problema sob o título de "paradoxo pós-moderno" (1991, 333). Quem enfatiza a "construção social do conhecimento" tem de enfrentar a dificuldade de que essa situação "também limita suas próprias aspirações à autoridade" já que quem "a ela adere fica na estranha posição de sustentar que a opressão de gênero existe ao mesmo tempo que põe em questão nossa capacidade de documentá-la" (333). Um exemplo dado por Rhode não está por acaso relacionado à história que eu tomei emprestada de Laqueur, e com a qual eu comecei este capítulo. Ela diz que "as feministas têm interesse tanto pela quantificação da frequência com que ocorrem estupros quanto pelo questionamento das definições convencionais em que as estatísticas referentes aos estupros se baseiam" (333).

Tendo estabelecido que o espaço de exclusão construído pelos sujeitos cognoscentes é digno de ser examinado, devemos não cometer o erro de esperar dar conta diretamente da experiência daqueles que não são sujeitos cognoscentes tradicionais, como se fossem uma fonte de conhecimento não mediado de que podemos meramente nos apropriar, e como se a experiência da marginalização em si não ajudasse a construir o conhecimento. Não devemos também adotar um modelo aditivo, pelo qual as vozes excluídas são incluídas em uma moldura previamente formulada, a qual vislumbramos de acordo com as mesmas linhas, mas que é simplesmente ampliada para incorporar visões alternativas ou novas. Esse modelo aditivo não consegue perceber que o que está em questão não é somente o conhecimento em si, o conhecimento entendido como um conjunto de fatos cumulativos sobre o mundo; em questão, em vez disso, estão os próprios processos de legitimação pelos quais o conhecimento passa a adquirir as características que o validam como conhecimento. Se o que é considerado como passível de conhecimento é em si ditado por uma comunidade de sujeitos cognoscentes que são também produtores e supervisores dos padrões que constituem o conhecimento, há, então, um sentido em que tais sujeitos devem também ser creditados pelo fato de designar o seu outro como outro. Continuar insensível a essa questão é arriscar permitir ao próprio feminismo a construção descuidada de seus outros, ampliando assim o privilégio do grupo dominante a algumas mulheres, à custa de outras mulheres e grupos minoritários. A solução, então, não pode simplesmente voltar-se a esses outros excluídos, sob o pressuposto de que seu conhecimento é de alguma forma mais puro do que o conhecimento do(s) grupo(s) dominante(s). Não é uma questão de apelar a uma versão de falsa consciência, ou – para voltar à fonte dos relatos de falsa consciência – é insuficiente meramente reverter a hierarquia de modo que o escravo se sobreponha ao senhor. Não se pode presumir que o antigo escravo esteja em uma relação privilegiada não problemática com a verdade, mais do que o antigo mestre, já que o que está em questão aqui é a própria possibilidade – e mesmo o desejo – de sempre chegar a uma perspectiva universal. Narayan alerta contra os perigos de se "romantizar" o privilégio das perspectivas marginalizadas, sugerindo que "a epistemologia feminista [...] deve tentar equilibrar a assertiva do valor de uma cultura ou experiência diferente em relação ao perigo de romantizá-la a ponto de as limitações e as opressões que ela confere a seus sujeitos serem ignoradas" (1989, 257). Haraway defende uma tese similar quando diz que "Há uma ênfase ao se estabelecer a capacidade de ver a partir das periferias e dos pontos mais profundos. Mas aqui também reside um sério perigo de se romantizar e/ou de se apropriar da visão dos menos poderosos ao mesmo tempo que se afirma estar vendo a partir de suas perspectivas" (2003, 395).

Deveríamos aspirar ao que Thomas Nagel chamou de "Visão a partir de lugar nenhum" ou ao que Hilary Putnam considera como "O olhar de Deus sobre as coisas" (1981: 49-50, apontado por Rorty, 1994: 24) e ao que Haraway chama de "Truque de Deus" (1991, 189)? As feministas devem evitar privilegiar ingenuamente a experiência dos oprimidos, ou construir *a* voz das mulheres, como se o referente de gênero fosse um grupo monolítico, homogêneo e não estratificado por múltiplas identidades, tais como classe e raça. Devemos ter cuidado para não produzirmos inadvertidamente nossa própria versão do que Lorraine Code chama do ideal de que "por meio do exercício autônomo da razão" possamos "transcender a particularidade e a contingência" (Code, 1993, 16). Em uma discussão incisiva sobre esse problema, Martha Minow pergunta: "Por que, quando se trata de nossos próprios argumentos e atividades, as feministas esquecem os próprios *insights* que animam as iniciativas feministas, *insights* sobre o poder de pontos de referência e pontos de vista não ditos, a posição privilegiada do *status quo*, e a pretensão de que um particular é o universal"? (1991, 359)

PARA ALÉM DA EPISTEMOLOGIA FEMINISTA

Uma Patricia Hill Collins e Narayan, entre outras, buscaram ampliar a epistemologia do ponto de vista de modo que ela pudesse acomodar as perspectivas, por exemplo, das feministas do terceiro mundo e das feministas afro-americanas. Tanto Narayan quanto Collins sugerem que não é suficiente simplesmente acrescentar perspectivas que foram previamente excluídas, e esperar, com isso, obter um quadro mais completo. Narayan diz:

> A epistemologia feminista sugere que a integração da contribuição das mulheres para o domínio da ciência e do conhecimento não constituirá um mero acréscimo de detalhes; ela não ampliará simplesmente o quadro, mas resultará em uma mudança de perspectiva que nos permite ver algo bem diferente. A inclusão da perspectiva das mulheres não se resumirá apenas à participação delas em maior número na prática existente da ciência e do conhecimento, mas mudará a própria natureza dessas atividades e de sua autocompreensão. (1989, 256)

Collins defende uma tese semelhante: "Reivindicar a tradição intelectual feminista negra envolve muito mais do que desenvolver as análises feministas negras usando critérios epistemológicos padronizados. Também envolve o desafio às próprias definições do próprio discurso intelectual" (1991, 15). Se o quadro como um todo tem de mudar, se precisamos desafiar os próprios termos do debate, o projeto da epistemologia feminista não pode ficar restrito a reescrever a história, inscrevendo nela aquelas contribuições que foram anteriormente excluídas, mal representadas ou denegridas devido a questões de gênero, raça, classe ou sexualidade. Embora tal tarefa seja importante, nós também herdamos o problema delicado de formular uma nova agenda. Como evitaremos construir uma outra visão do conhecimento que não seja vítima de exclusões normativas novas às quais continuamos cegos? Como a teoria feminista tornou-se suficientemente inclusiva para falar por todas as mulheres? A resposta apropriada é afinar o feminismo de modo que seja flexível o suficiente para que todos os grupos, raças, etnicidades, religiões etc. possam ser incluídos sob o guarda-chuva do feminismo, ou é mais uma questão de desistir de qualquer pretensão à universalidade? Há uma maneira de tirar conclusões temporárias de um jeito que as considere abertas à revisão, caso novas evidências venham à luz e exijam reconsideração de crenças e princípios atuais? Em vez de tentar soluções absolutas e universais, talvez precisemos aprender a lição de que devemos incentivar as condições nas quais as teorias estão abertas ao escrutínio contínuo, e sujeitas à revisão. Isso não quer dizer que precisamos ser modestos em relação a nossas próprias conclusões, e sim que precisamos admitir que estamos prontos para revisá-las caso a crítica nos convença de que estejam erradas. Acima de tudo, deveríamos trabalhar para manter uma sociedade crítica na qual tais posições possam ser ouvidas e possam ser influentes. Em vez de tentar excluir a política agônica, Chantal Mouffe (1993) tem nos convocado a uma democracia na qual as condições de dissenso e debate sejam mantidas – uma convocação que parece ser cada vez mais urgente em uma era na qual a propriedade da mídia está concentrada nas mãos de poucas corporações, nas quais a linha divisória entre os interesses corporativos e políticos está se tornando cada vez mais difícil de discernir, e na qual está disseminada a relutância em criticar e expor a incompetência do governo, sua corrupção e má representatividade. O debate crítico depende da disseminação de informações precisas – que têm estado excessivamente ausentes na mídia *mainstream* desde a indução à guerra do Iraque. Aqueles que manipulam e guardam a informação não foram considerados responsáveis. Ou, mais precisamente, permitiu-se que tais pessoas determinassem o que constitui os padrões de "acurácia".

5

Teoria feminista pós-colonialista: o embate retórico entre o "Oriente" e o "Ocidente"

O objeto da teoria feminista pós-colonialista não é simples. Não só estão as feministas trabalhando em contextos pós-coloniais frequentemente encarregadas da responsabilidade, de alguma forma ou de outra, de suportar a carga de versões competitivas de nacionalismo; a história também interfere nas divisões entre o colonial e o pós-colonial. Tome-se a complicada posição de uma feminista do terceiro mundo que se situa em relação à Índia, por exemplo. Identificar-se como alguém do sul da Ásia a fim de evitar os tons hegemônicos do nacionalismo não é meramente alinhar-se com Bangladesh, Butão, Índia, Nepal, Paquistão e Sri Lanka. Conforme alerta Bhattacharjee (1997), até mesmo o termo "sul-asiática" pode ser problemático quando usado para designar uma mulher indiana, já que a Índia – considerada a sua história – é, em alguns aspectos, imperialista em relação a seus vizinhos Paquistão e Bangladesh. Ou, em outro contexto, escrevendo no momento imediatamente anterior à entrega de Hong Kong à China, Rey Chow diz que "a ideia de que a China, simplesmente porque é uma nação comunista 'do terceiro mundo', deve estar isenta de acusações de colonialismo, imperialismo e racismo é impossível" (1998, xxi). Da mesma forma, apontando para a obra de Stefan Tanaka, *Japan's Orient*, Chow indica que, sendo "uma cultura não ocidental, o Japão também produz o seu próprio 'oriente'" (1998, 190 n. 13). Chow continua a dizer que precisamos ir "além da dicotomia oriente-ocidente no livro *Orientalism*, de Edward Said, demonstrando que o orientalismo é um fenômeno histórico tanto "oriental" quanto "ocidental" (1998, 191, n. 13).

Em uma tentativa tanto de refutar aqueles que buscam desprezar, trivializar ou solapar as defesas que as mulheres do terceiro mundo fazem do feminismo quanto de expor e desestabilizar as construções míticas do "Oriente" e do "Ocidente" abraçadas pelo nacionalismo pós-colonial indiano de um lado, e a versão de nacionalismo defendida como resultado do domínio colonial inglês sobre a Índia, de outro, Uma Narayan problematiza a necessidade de situar-se como uma "feminista do terceiro mundo" (1997). Embora as feministas *mainstream* possam presumir que a posição a partir da qual falam seja compreendida, as feministas do terceiro mundo são compelidas pela hegemonia da teoria feminista a assumir determinada posição, a produzir um relato de sua situação específica, antes que comecem a falar ou a ser ouvidas. Narayan enfrenta uma demanda implícita por considerar acessível o lugar de onde fala, por confessar suas origens como desviantes ou marginais, por explicar-se – demanda que aqueles que presumem ter o privilégio de ditar os termos do debate não enfrentam. Tal demanda vem de diferentes direções. A teoria feminista ocidental e *mainstream* exige que ela situe sua identidade como não branca. Aqueles que estão no processo de articular e defender uma plataforma nacionalista pós-colonialista exigem dela uma justificação de seu direito à teoria feminista. Narayan mostra como as mulheres estão presas à competição entre as narrativas dos poderes coloniais e das partes colonizadas, de modo que qualquer crítica feminista é vista como uma traição de sua cultura, como se as feministas estivessem vendendo-se às perspectivas coloniais ocidentais. Mesmo os membros de sua própria família, inclusive sua mãe, exigem que explique o seu feminismo.

Narayan mostra que, de fato, longe de ter sido importada pela Índia como uma ideia ocidental ostensivamente iluminadora, sua prática feminista se deve às lutas que enfrentou em sua própria família. Ela observou sua mãe lutar com sua sogra, em uma família,* que era ainda patriarcal sob muitos aspectos. Ela fala sobre como sua consciência feminista foi forjada precisamente por causa do fato de ter testemunhado o silêncio de sua mãe, e aponta para a ironia de sua mãe ser crítica a seu feminismo, como se esse fosse devido à influência corrupta do ocidente. Narayan assim apresenta as mensagens contraditórias a que foi exposta. De um lado, sua mãe queria seguir o dever de criar bem a filha, mas, de outro, incentivava a filha a estudar – ainda que as próprias ideias expostas a Narayan pelo estudo fossem suspeitas aos olhos de sua mãe. Tendo recebido a incumbência de defender valores nacionalistas tradicionais, Narayan demonstra como sua mãe esta-

---

* N.de R.: No original, *joint family*. Trata-se de uma família estendida, prevalente entre os Hindus so subcontinente indiano, que consiste em diversas gerações, vivendo sob o mesmo teto. Todos os membros do sexo masculino são parentes cosanguíneos, e todas as mulheres são mães, esposas filhos que ainda não casaram ou viúvas de um dos membros até a terceira geração.

va investida da expectativa de que sua filha defendesse a própria cultura que Narayan testemunhou ter oprimido sua mãe.

As mensagens contraditórias a que Narayan foi exposta em sua relação com sua mãe funcionam como uma metáfora para a idealização e totalização em funcionamento nos modos como tanto o oriente quanto o ocidente representam a si mesmos. Assim, por exemplo, os nacionalistas indianos tradicionais construíram o *sati*, a prática da imolação da viúva, como se fosse emblemática da "cultura indiana". Isto é, as variegadas culturas étnicas e religiosas da Índia são representadas como um outro homogêneo e monolítico de uma concepção igualmente imaginária e exageradamente simplificada do ocidente. Narayan observa que não apenas o "ocidente", mas também os nacionalistas indianos, evocam um quadro de uma tradição primitiva e espiritual, em que as mulheres conheciam seu lugar, construindo o *sati* como uma prática mais disseminada do que de fato é.

Ao entrelaçar um relato autobiográfico com uma análise teórica, Narayan, como feminista do terceiro mundo, é capaz de responder a essa demanda como algo que refuta uma política de localização, ao mesmo tempo que problematiza a questão. Ela argumenta que os corpos das mulheres frequentemente se tornam as baixas de versões seletivas do nacionalismo, nesse caso a base sobre a qual concepções idealizadas e totalizantes do "oriente" e do "ocidente" competem entre si. Como se espera que as mulheres salvaguardem a pureza dos mitos nacionalistas, faz-se com que elas representem a "tradição" e a "espiritualidade" para as quais os nacionalistas indianos fundamentalistas se voltam, em uma manobra atávica que apela a uma "essência" mítica e pré-histórica da Índia, que é ela própria construída em reação à imposição da colonização britânica. O mundo colonial ocidental continua a representar-se como protetor dos valores da liberdade e da igualdade, a fim de opor-se ao que era consequentemente percebido como práticas orientais bárbaras, quando, de fato, perpetrava a barbárie da escravidão e do colonialismo. O mundo ocidental continua a atribuir-se o papel de libertador do mundo livre, a defender a alta base moral da inocência e da justiça, quando, de fato, opera de acordo com as demandas do capitalismo, comprometendo-se com o desrespeito continuado à liberdade.

Esse apelo à retórica da liberdade e da igualdade de parte dos impérios coloniais esquece (ou sublima?) convenientemente sua exploração colonial e seu apoio ao comércio de escravos ao mesmo tempo que castiga a Índia pelo que ela representa como práticas primitivas. O *sati* é apresentado como algo emblemático de toda a Índia, em um movimento que se esquece de que o hinduísmo não é a única religião da Índia e ignora o fato de que a prática era algo relativamente isolado tanto histórica quanto geograficamente. É um caso de "homens brancos [...] que salvam mulheres escuras de homens escuros", conforme o dito famoso de Spivak (1988, 296). Ou, como Ramla Khalidi e Judith Tucker observaram no contexto do Oriente Médio:

> No século XIX e na primeira metade do século XX, os poderes coloniais repetidamente usavam a questão do gênero para fazer valer seus próprios interesses na região. Eles argumentavam que a opressão das mulheres justificava a intervenção colonial e que o projeto imperial elevaria as mulheres ao padrão de igualdade supostamente presente no norte da Europa. Colocadas de lado a sinceridade e a validade passíveis de debate dessas afirmações, a ligação das questões de gênero à intervenção ocidental e a invocação dos padrões ocidentais a qual todos devemos aspirar deixou um amargo legado de desconfiança. (1996, 9)

O conflito entre o nacionalismo anticolonialista e a "ocidentalização" nos contextos do terceiro mundo devem ser entendidos por meio do uso estratégico – ou "retórico", como diz Narayan (1997, 29) – do termo "ocidentalização". Quando os nacionalistas anticolonialistas repudiam o feminismo com base no fato de que este é meramente outra versão da influência colonial ocidental, eles o fazem por meio da definição dos valores ocidentais de um modo que se encaixa em suas necessidades. Conforme diz Narayan, "nos contextos do terceiro mundo [...], há uma rejeição *extremamente seletiva* da 'ocidentalização'" (1997, 22). Isto é, os fundamentalistas hindus não veem contradição em castigar, de um lado, os valores ocidentais e, de outro, "usar com habilidade os meios contemporâneos tais como a televisão para propagar suas mensagens ideológicas" (1997, 22).

Sugiro que uma dinâmica similar esteja em jogo no filme *Fire*, de Deepa Mehta, para o qual agora me volto. O argumento de Narayan oferece uma moldura útil para a análise de um filme que também explora o embate entre o "Oriente" e o "Ocidente", ao mesmo tempo que problematiza, conforme diz Namita Goswami (cuja ajuda tem sido extremamente valiosa na elaboração deste capítulo), o "Oriente" e o "Oriente" (2006). Tanto Narayan quanto Mehta estão preocupadas com a maneira como as mulheres são posicionadas como a base sobre a qual se dá esse conflito e com a necessidade de reinventar as possibilidades de subjetividade e comunidade.

O público fica sabendo que Jatin (Jaaved Jaaferi) se casou com Sita (Nandita Das), em um matrimônio arranjado, quando o casal passeia pelo

Taj Mahal, símbolo do amor eterno. De um lado, Jatin cedeu à pressão exercida por seu irmão, Ashok (Kulbushan Kharbanda), e por sua mãe, Biji (Kushal Rekhhi), para que ele casasse – expectativa que é um tanto forte porque Ashok e Radha (Shabana Azmi) não conseguem ter filhos, de modo que a continuação do nome da família depende de Jatin. Por outro lado, ele se recusa a desistir de sua namorada Julie (Alice Poon), por quem ainda está apaixonado. Julie se recusa a casar com ele porque quer manter o clima de atração entre os dois – a caça, como ela chama, um jogo em que o objetivo, conforme ela o vê, é manter-se como presa à mercê da captura, e não ser envolvida pela cilada do casamento.

Jatin quer que sua esposa, Sita, use minissaias, mas também sugere que ela tenha um filho, algo que a manteria "ocupada". Embora ele entenda por que Julie, sua garota ocidentalizada, não quer se tornar uma "máquina de fazer filhos", não parece ter problema algum em impor essa expectativa a Sita. O uso que Jatin faz tanto das tradições "orientais" quanto das "ocidentais" é altamente seletivo, o que não lhe permite perceber a contradição entre esperar que Sita conforme-se com seu ideal relativo ao que uma mulher indiana deveria fazer, ao mesmo tempo que a julga desprovida das influências ocidentais incorporadas por Julie. Ele tira proveito da atividade culinária de Sita e Radha para manter a loja de telentrega, ao mesmo tempo que aluga, às escondidas, material pornográfico para as crianças. O marido de Radha, Ashok, por sua vez, dedica-se a um mestre religioso indiano, sublimando seu desejo sexual na religião. Ele renunciou a seu desejo sexual, acreditando que o "desejo é a raiz de todo mal", que o "desejo traz a ruína".

A questão que o filme nos traz é "O desejo leva o que à ruína?". Será que a tradição que liga Sita e Radha a seus maridos como esposas obedientes e que faz Sita, em suas próprias palavras, agir como um "macaco treinado"? Será que leva a sensibilidade religiosa a que Ashok aspira, e à qual Sita e Radha aderem ao mesmo tempo que jejuam como forma de lealdade e devoção a seus maridos? Será que leva a estabilidade de uma casa que mantém uma fachada de respeitabilidade, enquanto Biji, a sogra de Radha, muda e dependente, senta-se quieta diante de tudo, tocando uma sineta toda vez que precisa de algo, mas sendo incapaz de verbalizar seu protesto quando observa a ruptura dos tabus sexuais que involuntariamente testemunha?

O acidente vascular cerebral de Biji fez com que ela ficasse muda e imóvel. Simbolicamente, seu evanescente poder matriarcal fica assim estabelecido. Ela vê tudo o que acontece e, apesar de não falar, toca a sineta para demonstrar desaprovação. Como a mãe de Jatin e Ashok, ela vive com eles em uma grande família, muito semelhante à descrita por Narayan, na qual se espera que Radha e Sita, em seus papéis de esposas, a lavem, vistam e alimentem. Biji demonstra seu desagrado com a relação que surge entre Radha e Sita cuspindo na face de Radha (nesse caso, tocar a sineta não é o suficiente!), em uma situação de abjeção para Radha e Sita. Esse gesto de expulsão corporal é ironicamente conveniente, dado o fato de que Radha passara a dedicar-se ao cuidado corporal e pessoal de Biji, banhando-a, passando-lhe talco e alimentando-a, mantendo seu corpo limpo e em condições adequadas. Se a abjeção desse momento sublinha a impotência de Biji, já que ela reunira toda sua energia para expressar sua desaprovação por meio do ato de cuspir em sua nora – externalizando assim o que deveria ter ficado recôndito, comentando sobre o destino que ela pensa deveria ter atendido à atração mútua entre Radha e Sita –, também alinha Biji com seu filho, e a lança contra as mulheres que transgrediram a ordem patriarcal. O filme sugere que a reação de Biji se deve à ameaça que a relação delas apresenta não só para Ashok, mas também para a ordem patriarcal e heterossexual que envolve a ordem simbólica que é a "Índia".

Ashok fez voto de celibato. Durante treze anos, depois de saber que sua esposa, Rhada, não poderia ter filhos, ele não a tocou, a fim de colocar-se além da tentação e mais perto de Deus. Ele ainda exige que Radha deite a seu lado, para certificar-se de que está mesmo além da tentação. É dever de Radah, como sua esposa, ele lhe diz, ajudá-lo. Concomitante a essa perversão do desejo está a figura de Mundu (Ranjit Chowdry), servo da casa, que tem como hábito assistir a vídeos pornográficos em companhia de Biji, de quem deveria cuidar. Radha repreende-o um dia, e ele, como retaliação, conta a Ashok, marido de Radha, sobre a "trapaça" que tem observado entre Radha e Sita na ausência de seus maridos. Embora a vida de Ashok esteja tomada por aspirações religiosas, e Jatin esteja preocupado em administrar uma empresa que aluga vídeos pornográficos às escondidas e em ver sua namorada Julie sempre que possível, Mundu sentencia que Radha e Sita estão manchando o nome da família. Um servo estar mais interessado, pelo menos ostensivamente, em defender a respeitabilidade do nome da família representa uma ironia que subsiste no precário *status* social dele, tanto como subserviente à família quanto como alguém que está investido de sua estabilidade.

Confrontado com a visão do desejo de sua mulher, expresso em sua relação com Sita, todos os limites mudam para Ashok. Em outro momento de abjeção, no qual ele tenta manter relações forçadas com sua mulher, várias forças convergem. Ashok supera os treze anos de abstinência, cujo propósito era evitar um desejo estranho a ele e pelo qual tentara reestabelecer uma aparência de ordem. Mas tudo só podia ser uma aparência, já que seu fanatismo religioso colocou em questão o que constituía a ordem adequada para as relações entre ele próprio e sua esposa: viveu sua vida à custa da vida dela, excluindo qualquer identificação de Rhada como pessoa digna de ser desejada. Pediu-lhe que encontrasse sentido em ser uma mulher obediente, em responder apenas ao desejo dele, um desejo que foi dirigido para a transcendência religiosa. Ashok deve construir novamente, desde a base, um sistema de significados, como uma maneira de chegar a um acordo com o intolerável: não só sua mulher tem desejo próprio, mas tal desejo tem um objeto que não é ele, um objeto diferente daquele projetado pela ordem heterossexual. Isso é algo que ele não pode aceitar em seu sistema atual de referências, que exclui a possibilidade de ela ser um sujeito, um ser que deseja, de ela ter um objeto de desejo. O significado do mundo de Ashok desmorona. Se seu próprio desejo vem à tona com a visão de sua mulher com outra mulher, ele deve encontrar uma maneira de excluir essa provocação, mesmo correndo o risco de repudiar suas aspirações religiosas. Ele deve reconquistar o controle daquilo que é considerado limpo e adequado e, ao fazê-lo, deve afirmar sua vontade sobre Radha, impor seu desejo sobre ela, erradicar e eliminar qualquer possibilidade de que o desejo dela possa ser mal direcionado. Concentrada na força física com a qual ele toma de volta o que considera ser seu de direito – um direito que ele voluntariamente negligenciou por treze anos – está a necessidade de excluir o que ele viu e sentiu, o que é intolerável e inaceitável para ele. Tão inaceitável que resolve demitir Mundu, testemunha de sua vergonha. Se há abjeção em relação a Radha quando ele toma conta dela, a beija e abraça, há também abjeção na relação que mantém consigo próprio, pois sucumbe à torrente de desejo que por tanto tempo represara (com a ajuda de Radha, durante treze anos), dando expressão corporal ao desejo despertado pela memória do prazer sexual existente entre sua esposa e Sita. Ele cede ao que tentara a tanto custo evitar, excluir, recusar, controlar. O gatilho que dispara a afirmação corporal de seu direito matrimonial é o desafio inadmissível que o desejo de Sita por Raddha e de Radha por Sita representa para ele e para seu sistema de valores. A abjeção que ambas representam como esposas desprezíveis é uma abjeção que é santificada por tal sistema. A resposta de ambas a esse sistema – encontrar consolo uma na outra – não é tolerada pelo sistema. Assim, aos olhos de Ashok, o sistema – um sistema em que ele pode repudiar sua esposa em favor do ascetismo religioso – deve mudar.

Trazendo à mente o argumento de Narayan, as mulheres em *Fire* estão presas em meio a visões que competem entre si, que são totalizantes e idealizadas. Exige-se que elas desempenhem o papel de cidadãos de "segunda classe" nas visões conflitantes do "Oriente" e do "Ocidente". Espera-se que Sita e Radha permaneçam em suas posições subalternas, para representar a pureza da cultura hindu tradicional, ao passo que seus maridos dirigem suas energias eróticas para outros lugares. Por isso, Metha aponta para o julgamento pelo fogo da mitologia hindu, pelo qual Sita passa. O tema do *sati* paira no pano de fundo do filme, à medida que a ideia da pureza da deusa Sita e seu julgamento pelo fogo são repetidamente abordados, por exemplo, quando o sári de Radha pega fogo na cozinha, depois de Ashok empurrá-la como demonstração de desgosto por sua falta de reação a ele. Conforme diz Rahul Gairola:

> Talvez não seja surpresa que Mehta dê o nome de deusas a suas duas heroínas, da mesma forma que a imolação das esposas confere à esposa aquiescente a identidade de Sati. Diferentemente das mulheres subalternas do ensaio de Spivak, as heroínas de Mehta forjam novos modelos de representação nesta era televisual que oferece opções catárticas à vida patriarcal na Índia. (2002, 322)

Ao evocar o julgamento pelo fogo, mas ao transformar seu significado, de modo que Radha fica incólume e se une a Sita (em um templo muçulmano – simbolismo que não passa despercebido), Mehta reescreve a mitologia hindu. Conforme diz Leela Gandhi, Spivak argumenta que "a 'subalterna de gênero' desaparece porque nós nunca a ouvimos falar de si mesma", porque "ela é simplesmente o meio pelo qual discursos que competem entre si representam suas afirmações" (1998, 90). Devemos ter cautela ao abraçar as heroínas de Mehta, Sita e Radha, como se elas representassem um impulso revolucionário descomplicado. Citando Stuart Hall, Tania Murray Li lembra-nos de que "as subjetividades subalternas são formadas no âmbito de relações hegemônicas" e que "o processo de luta ideológica raramente envolve 'todo um novo conjunto de termos alternativos', mas procede por meio de uma tentativa de 'ganhar um novo conjunto de significados por meio de um termo ou categoria existente [...] desarticulando-a de seu lugar na estrutura significante' e 'rearticulando suas associações' com outras ideias e com determinadas forças sociais" (2003, 385). Para encarar isso de um modo levemente diferente, devemos ter cautela com as críticas ao filme que ignoram a relação lésbica, porque é somente devido ao desespero de suas relações matrimoniais que Sita e Radha se aproximam. No contexto de levar a sério as contradições que situam as mulheres do terceiro mundo, as quais Narayan nos permite explorar, *Fire* pode ser lido como algo que ressignifica as narrativas reativas, masculinas, pós-colonialistas e nacionalistas, abrindo novas maneiras de imaginar o desejo feminino.

No *press release* da Zeitgeist Films, Metha diz que ela

> queria fazer um filme sobre a Índia contemporânea e de classe média, com todas as suas vulnerabilidades, pontos fracos e a batalha incrível, extremamente dramática, que é travada diariamente entre as forças da tradição e do desejo por uma voz independente e individual [...] A luta entre a tradição e a expressão individual é uma luta que ocorre em toda cultura [...] O casamento arranjado de minha mãe e seu sentimento de isolamento comoveram-me profundamente [...] Nós, mulheres, especialmente as mulheres indianas, temos de constantemente passar por um teste metafórico de pureza para sermos valorizadas como seres humanos, algo que não é diferente do julgamento pelo fogo sofrido por Sita (Metha, em Zeitgeistfilms.com)

A recepção do filme na Índia ilustrou muitas das tensões que Mehta tentou trazer à luz, gerando um previsível protesto entre aqueles que se julgam defensores de uma versão exageradamente esquemática da tradição indiana, compreendida como algo que incorpora uma moralidade que foi ameaçada pela diretora.

O filme *Fire* abre com uma cena de uma campina coberta por um capinzal alto e por flores amarelas, entre as quais estão sentados uma mãe, um pai e uma garota. Uma voz nos diz que há muito tempo havia pessoas que viviam nas montanhas e que nunca haviam visto o mar. A mãe diz à garota, uma encarnação anterior de Radha, que para ver o oceano você só precisa "ver sem olhar", uma imagem que conduz o filme, à medida que a relação entre Radha, agora uma mulher casada, e Sita, sua recém-casada concunhada, se desdobra. Ao final do filme, em um *flashback* de Radha ainda garotinha, que também funciona como um presságio para o desejo feminino, simbolizado pelo oceano, Radha declara: "Estou conseguindo ver o oceano. Estou conseguindo". Ela aprendera a lição que sua mãe havia tentado ensinar. Aprender a ver as coisas de modo diferente pode ser ao mesmo tempo algo extremamente difícil e ridiculamente fácil. Às vezes, Mehta parece dizer que tentamos tão fortemente que nossos esforços podem nos atrapalhar.

Nenhuma discussão sobre a teoria feminista pós-colonial estaria completa sem alguma consideração sobre a influente e importante contribuição de Spivak, cujo trabalho tem sido citado até agora somente de modo intermitente. Spivak surgiu em 1976, na cena que ficou conhecida na Inglaterra e nos Estados Unidos como "filosofia continental" – formada em grande parte pela filosofia francesa e alemã do século XX –, com a publicação de sua tradução para o inglês de *De la grammatologie* (1967), de Derrida. A tradução, *Of Grammatology*, foi acompanhada de uma longa introdução, também de Spivak, que continua a ser um valioso recurso para qualquer pessoa que se interesse pela obra de Derrida. Só depois de algum tempo é que Spivak começou a intervir na teoria pós-colonial – pela qual ela se tornou ainda mais conhecida – produzindo uma obra que carrega traços da permanente influência de Derrida.

Dando o devido crédito a Spivak, ela evita qualquer resolução fácil de sua "posição" em termos de decidir-se ou em favor de Derrida ou contra ele. A autora continua a dar espaço ao *corpus* filosófico de Derrida em sua obra, certamente dando-lhe preferência em relação a Deleuze e Foucault, enquanto ao mesmo tempo aponta para a "ausência específica" da "constituição imperialista do sujeito colonial" (1988, 294) da obra de Derrida. Spivak aprecia a recusa incansável de Derrida de dar sua própria posição como certa: nunca tendo defendido uma relação descomplicada com qualquer fundamento de pureza, originalidade ou inocência, a obra de Derrida é conhecida por destacar questões de contaminação, lógica dupla e suplementaridade. Acima de tudo, Spivak é sensível à temática de acordo com a qual Derrida se afasta de presumir que ele poderia ocupar sempre uma instância autotransparente, como se estivesse imune à sua própria implicação nos próprios sistemas de pensamento que critica. Seguirei a prática escrupulosa de Spivak a esse respeito, recusando-me a traçar qualquer linha rígida de demarcação que separe aquilo que constitui a "filosofia continental" daquilo que constitui a "teoria feminista pós-colonialista" – distinção que a própria divulgação do *corpus* teórico de Spivak deverá ajudar a desfazer. Faço-o com plena consciência dos perigos aos quais me exponho: não poderei ser acusada de recuperar o discurso dos subalternos, domando-o em nome do "feminismo francês" (até o ponto em que este é considerado a irmã ilegítima da "filosofia continental)"? É um risco para o qual estou preparada, já que os paralelos que delinearei são limitados, estratégicos e, tanto quanto possível, retirados de uma vigilância não só relativa à problemática explorada por Derrida e Kristeva, mas também por autores para os quais alerta Spivak.

Nascida em 1942, poucos anos antes de a Índia conquistar sua independência do domínio colonial britânico, Spivak estudou em Calcutá e, posteriormente, na Cornell University, Estados Unidos, e em Cambridge, Inglaterra. Em um de seus ensaios mais famosos, "French Feminism in an International Frame", Spivak descreve sua decisão de estudar a língua e a literatura de língua inglesa como algo "altamente predeterminado" (1987, 134). A inclusão do poeta irlandês Yeats, objeto de estudo da autora no início de sua vida acadêmica, sob a rubrica de literatura "inglesa", fala por si só acerca da hegemonia cultural, política e econômica. Pode-se descrever o interesse de Spivak por Derrida como algo também altamente predeterminado, dessa vez pelas pessoas com quem ela entrara em contato na pós-graduação nos Estados Unidos, no que Spivak chamou de "o mais opulento sistema universitário do mundo" (Harasym, 1990, 142). Nos anos 1970 e 1980, Derrida estava por tornar-se virtualmente obrigatório para todo aluno de pós-graduação, especialmente nos Estados Unidos. Pode-se identificar o quanto Derrida estava em voga a partir de textos como, entre muitos outros, "Finding Feminist Readings: Dante-Yeats", da própria Spivak (1987, 15-29). É a influência da "crítica ao falogocentrismo", de Derrida, juntamente com o ensaio de Irigaray sobre Freud em *Speculum*, a que Spivak credita seu envolvimento inicial com o feminismo, embora mais tarde ela venha a distanciar-se de Irigaray (1985) acerca da identificação e da filosofia europeia.

Em outro ensaio altamente influente, "Can the Subaltern Speak?" – um ensaio que Spivak descreve como o "segundo passo" (Landry e Maclean, 1996, 288) para o "French feminism in an International Frame" – Spivak analisa a obra de Antonio Gramsci (1971) e de Ranajit Guha (ver Guha e Spivak, 1988) para elaborar uma meditação sobre os subalternos. No que passou a ser uma controvérsia, Spivak começa o parágrafo final do ensaio com as palavras "Os subalternos não podem falar" (1988, 308). Donna Landry e Gerald Maclean explicam os subalternos como "aquele grupo de pessoas excluídas dos circuitos e possíveis benefícios do capital socializado." Afirmar "que os subalternos 'não podem falar'" indica que:

> os subalternos não podem ser ouvidos pelos privilegiados do Primeiro Mundo ou do Terceiro Mundo. Se os subalternos pudessem fazer com que ela fosse ouvida – como aconteceu quando determinados subalternos surgiram, nos termos de Antonio Gramsci, como intelectuais orgânicos e porta-vozes de suas comunidades – o *status* dela como uma subalterna teria mudado completamente; ela deixaria de ser subalterna. E essa é a meta da relação ética que Spivak está buscando e para a qual está convocando – que os su-

balternos, os grupos mais oprimidos e invisíveis, passem a deixar de existir como tais (1996, 5-6).

Enquanto Landry e Maclean oferecem um ponto útil de entrada, é talvez ainda mais informativo rastrear as próprias respostas de Spivak ao tropo do subalterno e à sua re-escritura. Desde a popularização do ensaio "Can Subaltern Speak?" publicado pela primeira vez em 1988 (embora um ensaio anterior tenha surgido em 1985 sob o título "Can Subaltern Speak? Speculations on widow sacrifice"), Spivak respondeu aos críticos do ensaio, alertando para o perigo das apropriações arrogantes do termo para o uso em um contexto do Primeiro Mundo (ver Harasym, 1990, 142-3). Em uma entrevista de 1999, Spivak comenta:

> A palavra "subalterno" está perdendo seu poder definitivo porque se tornou uma espécie de palavra comum para qualquer grupo que quiser algo que não tenha. As pessoas não mais dizem "Terceiro Mundo" com facilidade: elas sabem que toda vez que dizem "Terceiro Mundo" têm de dizer "o assim chamado Terceiro Mundo". Houve um debate crítico muito forte sobre o uso da palavra "pós-colonialista" também. De alguma forma, a palavra "subalterno" veio para representar tudo isso. (Landry e Maclean, 1996, 290)

Spivak enfatiza a necessária impureza do subalterno, argumentando que, ao explicar uma versão alternativa da história que é fornecida tanto por historiadores britânicos quanto por recionalistas indianos, Guha e outros concentraram sua atenção na sequência de insurgências dos camponeses que por vezes ameaçaram tansfornar-se em algo mais:

> Cada momento de isurgência ao qual [os subalternistas] se agarraram foi um momento em que a subalternidade foi trazida a um ponto crítico: as construções cultutais que se permite existir dentro da subalternidade, são removidas assim de outras formas de mobilidade, são transformadas em militâncias. Em outras palavras, cada momento percebido como um caso de subalternidade está minado. Nós jamais vemos o subalterno puro. Esiste algo, então, uma característica de que não se deve falar na própria noção de subalternidade. (Landry and Maclean 1996, 289)

Vale a pena analisar mais de perto essa impureza do subalterno:

Apesar da crítica justificada da romantização que Kristeva faz das mulheres chinesas, a qual Spivak inclui em "Can the Subaltern Speak?", há outro momento em Kristeva que se comunica com as preocupações de Spivak acerca da impossibilidade de entender o subalterno em sua pureza. Em *Powers of Horror* (1982), Kristeva explora os temas da abjeção, do sacrifício e da impureza de uma maneira que evoca profundamente as considerações de Derrida sobre o "exterior constitutivo", a necessidade de ser contaminado ou de estar implicado no próprio alvo da crítica que se faz, e sobre o *pharmakon* (ver Derrida, 1981a) como veneno e como cura. Ao reunir *insights* tão divergentes em termos teóricos, como a noção psicanalítica de Melanie Klein (1986) de identificação projetiva e as explorações antropológicas de Mary Douglas (1999) sobre os tabus culturais e as maneiras de ordenar e discriminar o puro do impuro, ou o repugnante do palatável, as preocupações de Kristeva em *Powers of Horror* podem ser muito facilmente mapeadas nas investigações de Spivak em "Can the Subaltern Speak?". Vale a pena notar que Spivak também encontra inspiração no trabalho de Klein (ver, por exemplo, Landry e Maclean, 1996, 398-400). Em "Can the Subaltern Speak?" Spivak aponta que, ao excluir o *sati*, "os britânicos na Índia colaboraram com os brâmanes mais esclarecidos, e os consultaram", para apagar "a história do longo período de colaboração" na escrita final da lei, colocando o "nobre hindu" contra o "mau hindu" (1988, 301). A lógica de acordo com a qual os hindus são segregados conforme concordem ou não com as conclusões a que chegaram os imperialistas britânicos reflete uma tentativa de desatrelar o puro do impuro, como se um não pudesse ser comparado ao outro ou como se um não tivesse relação com o outro. Da mesma maneira, a lógica da abjeção emerge no julgamento finalmente realizado pelos britânicos acerca do *sati*. Citando o texto *History of the Dharmasastra*, de Pandurang Vamn Kane, Spivak aponta que o *sati* foi considerado "revoltante" pelos britânicos. Foi, poder-se-ia dizer, condenado como uma prática doentia e bárbara de um povo primitivo, uma prática capaz de provocar a repulsa física, um ato repulsivo que apenas servia para justificar a intervenção dos imperialistas britânicos, que poderiam usar o desprezo a tal prática como maneira de adotar a instância da inocência moral, a fim de condenar quem fosse claramente incapaz, em termos éticos, de governar a si mesmo. O barbarismo do colonialismo está portanto devidamente desculpado – ou, poder-se-ia dizer, projetado sobre aqueles que se tornam alvo da "moralidade" ocidental branca. Negando as atrocidades de seus próprios atos, os britânicos não encontraram problemas em tornar os "maus hindus" os repositórios de tudo o que é mau, fazendo com que eles representassem o que não podia ser reconhecido – de acordo com o padrão duplo do salvador/primitivo estabelecido pelo colonialismo – neles próprios. Esse, então, é o momento no qual eu não veria tanto uma correspondência com o que Deleuze poderia considerar uma passagem intermediária, um tornar-se outro, pelo qual dois diferentes conceitos de Kristeva e Spivak habitam diferentes "planos de imanência". Os conceitos de pureza e impureza operam diferentemente na teoria feminista pós-colonial e na teoria feminista psicanalítica. Eles são respectivamente compostos por diferentes elementos, e seus platôs ou territórios divergem.

Pode-se traçar a preocupação de Spival com o tema que passará a ser conhecido sob o título de subalterno em um dos aspectos presentes em "French Feminism in an International Frame" (1987; publicado originalmente em 1981). Se, nesse ensaio, Spival oferece uma crítica mordaz do que poderia ser chamado de orientalismo de Kristeva, em seu livro *About Chinese Women* (1977), ao mesmo tempo, ela levanta uma série de questões sobre sua própria posição frente aos "milhões de mulheres indianas analfabetas rurais e urbanas que vivem 'nos poros' do capitalismo, inacessíveis à dinâmica capitalista que nos permite ter nossos canais de comunicação, a definição de inimigos comuns" (1987, 135). Spivak não deixa de pôr em questão o pressuposto ou o privilégio que dá forma ao seu uso da palavra "nós". Quem é esse "nós"? Em nome de quem Spivak fala? Pode-se dizer que fala como "mulher acadêmica" (134), como parte de um grupo de "mulheres que, por comparação com o mundo das mulheres como um todo, são já infinitamente privilegiadas" (150). Conforme Derrida pergunta na última linha de seu ensaio "The Ends of Man", do qual Spivak retira o *"Mais qui, nous*?" "Mas qual 'nós'?" (1982, 136; 1972, 164). Quem, então, é esse "nós" em cujo nome Spivak fala como mulher acadêmica? Spivak problematiza o privilégio que ela pode assumir como acadêmica feminina, educada na Índia colonial e no "Ocidente" – na Inglaterra e nos Estados Unidos. Ela o problematiza por meio do exame da instância que Kristeva (búlgara de nascimento, mas atuante como intelectual francesa) assume em relação às mulheres chinesas, e por meio do distanciamento de tal privilégio. Ela o problematiza pelo questionamento de sua própria trajetória intelectual e apontando a necessidade de problematizar a categoria da "mulher acadêmica", um rótulo que opera como se a única característica saliente a ser marcada fosse a de que as mulheres não são homens. O que dizer do privilégio das mulheres ocidentais, brancas e de classe média que tal rótulo deixa de marcar? Spivak põe em questão não só sua própria relação como o "feminismo francês", sobredeterminada como ela é por sua educação anglo-europeia, mas também seu privilégio de classe em relação a quem não aprendeu a língua e as linguagens das elites cultural, política e economicamente dominantes – as pessoas, os trabalhadores, os camponeses, os subalternos ou – para usar o exemplo dado por Spivak – uma mulher indiana analfabeta. Spivak recusa-se a assumir sua própria superioridade em relação a tais grupos, buscando evitar, de um lado, uma atitude paternalista em relação a tais pessoas e, de outro, uma celebração exageradamente nostálgica deles, como se eles representassem "a beleza especial do velho" (1987, 135). Ela pergunta, em vez disso, o que significaria "aprender com eles e falar com eles" (135).

Em "French Feminism in an International Frame", Spivak constrói a discussão em torno da problemática da clitoridectomia e da apropriação ideológica contínua que os imperialistas britânicos exercem sobre a Índia, mesmo depois de terem tecnicamente concedido a independência ao país em 1947. Se uma "velha lavadeira [...] lavando suas roupas no rio" reivindica uma parte deste e é contestada por outra lavadeira, está, estritamente falando, errada em sua afirmação de que, em 1949, o rio pertence a East India Company, mas ideologicamente está certa: o rio ainda pertence aos britânicos, para todos os efeitos e finalidades. A lavadeira, então, está tanto errada quanto certa: em termos empíricos está errada, mas ideologicamente está certa – o rio e aqueles que lavam roupa nele são propriedade do legado do colonialismo britânico e sobredeterminados por ele de maneira incalculável e labiríntica. Seus horizontes, seu discurso, sua vidas, suas práticas, suas possibilidades não são de uma hora para outra considerados diferentes pelo fato de a Grã-Bretanha considerar adequado finalmente devolver à Índia o território de que havia se apropriado em 1858. Determinados indivíduos, com efeito, desenvolverão um discurso sobre como construir uma identidade pós-colonialista, nacionalista e indiana, e alguns intelectuais insistirão que tal versão pós-colonialista do nacionalismo não deveria se restringir a uma política de oposição – uma política que meramente adota uma instância reativa ao imperialismo britânico, moldando-se a uma tentativa de encarnar tudo que o legado do domínio e dos costumes britânicos não é. Porém, pode-se ficar tranquilo em relação ao fato de que as perspectivas das duas velhas lavadeiras provavelmente não terão muito impacto sobre as minúcias de como se deve formular um nacionalismo indiano pós-colonialista viável.

Tendo como alvo Deleuze e Foucault (1977), em "Can the Subaltern Speak?" (1988), por não terem levado a sério a divisão internacional do trabalho tal como está implicada na exploração de uma subclasse terceiro-mundista (com todos os problemas que tal descritor acarreta), Spivak também se volta a eles para pintar um quadro de um revolucionário ideal em termos da classe trabalhadora europeia, cuja experiência, naturalmente, constitui a "realidade" ou a "verdade", como se ocupasse uma posição incontestável de autenticidade, que é trabalho do intelectual meramente relatar. Contra esse contexto, Spivak está interessada em evitar o pressuposto de que a classe trabalhadora tenha acesso direto a verdades universais, o que nos lembra do estranho problema da ideologia, ao mesmo tempo que insiste que a visão intelectual das coisas está implicada no privilégio econômico. Assim, a classe trabalhadora não detém perspectivas das quais os intelectuais possam, sem problema algum, tirar vantagem, como se tais perspectivas contivessem, em maior escala, a verdade. Ao mesmo tempo que se mantém crítica ao pressuposto de que os trabalhadores representam a "realidade" – como se sua experiência direta constituísse algum cerne preexistente e puro da verdade, colocado como algo alheio à teoria e, ainda assim, disponível para ser acessado e comunicado por quem, por assim dizer, sabe das coisas, Spivak quer lidar com o difícil problema da autoridade, da hegemonia e da representação. Quem tem o direito de falar por quem e que pode dizer se fala com propriedade? Tão logo se traduza a experiência dos oprimidos em alguma proposição teórica e ostensivamente esclarecedora, não há um sentido em que você tenha já esvaziado a alegada autenticidade da voz das pessoas e transformado-a em algo diferente – algo mais enigmático, esotérico e abstrato? Defendendo uma versão de Marx e Derrida em detrimento de Foucault e Deleuze, Spivak utiliza a noção de Gramsci sobre os subalternos, também defendida por Ranajit Guha, a fim de enfrentar essas questões.

  Seja uma questão da crítica de Derrida à metafísica da presença, seja uma questão de crítica do feminismo ao patriarcado, Spivak enfrenta dificuldades para apontar a necessidade de pensar a "cumplicidade" do sujeito (1988, 293) em relação às próprias estruturas das quais busca alguma distância. Enfocando a questão da transparência, Spivak aponta para a "consciência [de Derrida] do itinerário do discurso da presença em sua *própria* [de Derrida] crítica, uma pontual vigilância contra uma defesa exageradamente grande da transparência" (1988, 293). De modo similar, um feminismo que ignora a questão da mulher subalterna está implicado em "um gesto político não reconhecido que tem uma longa história e que colabora com um radicalismo masculino que considera o lugar do investigador transparente" (1988, 295). Agir como se a mulher subalterna não fosse do interesse do feminismo é afirmar um espaço para o feminismo que é inocente em relação à opressão pós-colonial, uma espaço que não está contaminado por uma história de exploração imperialista e racista.

Como pensador que permanece vigilante em relação à impossibilidade de sempre ficar de fora de tais narrativas privilegiadas – sejam elas histórias oficiais da metafísica ou do feminismo *mainstream* –, Derrida, e seu itinerário, permanece fértil e instrutivo para Spivak. Isso ocorre principalmente porque "como um filósofo europeu, ele articula a tendência do sujeito *europeu* de constituir o Outro como marginal ao etnocentrismo" (1988, 293). Da mesma forma, Spivak resolutamente se recusa a assumir uma posição de inocência. Isso não significa que ela não faça uso de certos intelectuais cujo próprio conluio com a alegada transparência das posições que assumem a própria Spivak considere exemplares de uma cobertura sistemática da "ignorância santificada" (1988, 291). Tal visão indica, em vez disso, que Spivak deseja aplicar a si própria sua suspeita acerca da pureza de intenções, lembrando-nos de que "é importante reconhecer nossa cumplicidade no silenciamento [dos subalternos pela academia metropolitana multicultural liberal], a fim de precisamente sermos mais eficazes a longo prazo. Nosso trabalho não pode ocorrer se sempre tivermos um bode expiatório" (1999, 309).

Quem ocupa posições que só podem ser assumidas graças à inserção em sistemas de privilégio – independentemente do modo como tal inserção foi conquistada – pode estar sujeito a ser considerado sintomático de tal privilégio. Em "Can the Subaltern Speak?", Foucault e Deleuze são postos em segundo plano, porque receberam o privilégio e o direito de aprender e abusaram de sua posição de sujeitos e intelectuais proeminentes "imperialistas" ao supor que seu reconhecimento como acadêmicos reconhecidos e seu consequente direito a serem ouvidos não estavam implicados no silenciamento dos outros. Spivak articula o subtexto desse silenciamento ao apontar que "a mulher subalterna será sempre silenciada" (1988, 295), mesmo que seu silenciamento facilite não só os direitos dos outros a serem ouvidos, mas dê forma aos próprios significados que seus discursos assumem. "Deleuze e Foucault", diz Spivak, "ignoram tanto a violência epistêmica do imperialismo quanto a divisão internacional do trabalho" (1988, 289). Spivak aponta para as dívidas para com aqueles outros – a produtividade mal remunerada dos trabalhadores (frequentemente das trabalhadoras) das indústrias multinacionais de mão de obra intensiva, cujos locais são de fácil acesso aos bairros pobres do terceiro mundo, sustenta diretamente a existência luxuosa dos intelectuais do primeiro mundo. Porém, sua existência não é tematizada nos textos de filosofia europeia. Sua não tematização torna possível tudo o que é dito em tais textos – os outros sempre já foram assimilados, deglutidos, explicados de antemão, antes mesmo de que tenham sido ouvidos, escutados ou compreendidos. Nesse sentido, Spivak dá voz à lavadeira que sabe, em sentido que vai além dos fatos empíricos, e que vai contra a razão, que o rio onde lava suas roupas ainda pertence à East India Company, que os horizontes dela estão circunscritos pela implacável história do colonialismo.

Se em "French Feminism in an International Frame" é o diálogo entre duas mulheres que lavam roupas em um rio que fornece o contexto narrativo e político para as reflexões de Spivak, em "Can the Subaltern Speak?", Spivak desenvolve sua investigação por meio da problemática do *sati* como ponto de referência, um relato ao qual a autora retorna em *A Critique of Postcolonial Reason* (1999), quando ela volta a "Can the Subaltern Speak?". Em 1926, Bhubaneswari Bhaduri matou-se enquanto menstruava. Spivak lê seu suicídio – ao qual Bhaduri foi impelida porque não conseguia executar a tarefa de "assassinato político" que lhe havia sido confiada por um grupo envolvido na "luta armada pela independência" (1988, 307) – tendo como pano de fundo o *sati*, a prática em que uma "viúva hindu sobe à pira funerária do marido morto e imola-se" (1988, 297). Fiel a seu compromisso de pensar as questões de cumplicidade e seu reconhecimento da impossibilidade de manter uma instância genuinamente transparente, Spivak distancia-se, em sua compreensão do *sati*, tanto da condenação de tal prática pelo imperialismo britânico quanto do que ela chama de argumentos "nativistas indianos" (1988, 297). Se a instância imperialista britânica é "um caso de 'homens brancos salvando mulheres de pele escura [indianas] de homens de pele escura'", o argumento nativista é "uma paródia da nostalgia pelas origens perdidas: 'As mulheres de fato queriam morrer'" (1988, 297).

Se os motivos de condenação do *sati* pelos imperialistas britânicos devem ser complexificados pela leitura de tais motivos em termos de tática diversionista – como um desvio de práticas coloniais moralmente falidas –, assim também precisa ser lida a posição de quem localiza "a vontade própria [de uma mulher] na auto-imolação", a "profunda ironia" (1988, 303) que não escapa a Spivak. Nem escapa o fato de que a injunção de uma esposa imolar-se com a morte do marido seja concebida em termos de uma "libertação" da falha do "corpo feminino" de perceber como pressuposto "o peculiar infortúnio de ocupar um corpo feminino" (1988, 303). Nem, finalmente, Spivak deixa de apontar que a suposta pureza das intenções pode estar comprometida por motivos muito mais mundanos e mercuriais. Citando Kane, Spivak diz:

> Em Bengala [o fato de que] a viúva de um homem sem filhos de uma família hindu tenha praticamente os mesmos direitos sobre a propriedade da família que seu marido teria [...] deve ter frequentemente induzido os membros sobreviventes a livrar-se da viúva, apelando, em momento dos mais difíceis, à sua devoção e amor ao marido morto. (1988, 300).

Spivak faz uso dos dois passos da desconstrução, reversão e deslocamento (ver Derrida, 1981b), a fim de descrever o sentido no qual Bhubaneswari Bhaduri "talvez tenha reescrito o texto social do suicídio *sati* de uma maneira intervencionista" (1999, 307). No primeiro caso, ela reverte a "interdição contra o direito de uma viúva que menstrua de imolar a si mesma" esperando "pelo surgimento da menstruação" (307). Em segundo lugar, essa reversão é também um deslocamento do *sati* como "o motivo sancionado para o suicídio feminino" (307). Spivak lê essa virada como um tabu (a interdição do *sati* para a mulher ostensivamente "não limpa" e que menstrua) como um deslocamento subalterno do *sati*. Se o suicídio de alguém que protestava contra o domínio britânico na Índia é, de certa forma, um protesto silencioso, uma rebelião silenciada, em outro sentido é uma reinscrição gráfica de uma prática hindu tradicional, uma prática que coloca o corpo em cena como objeto da escrita, inscrevendo no cadáver de uma mulher os excessos aberrantes da história imperial e colonial. Spivak afirma que mesmo o exemplo por ela escolhido é um exemplo que se abstém de construir o subalterno com qualquer pureza.

"Bhubaneswari Bhaduri não era uma 'verdadeira' subalterna. Era uma mulher de classe média, com acesso, ainda que clandestino, ao movimento burguês pela independência (1999, 308)". Spivak comenta: "Não estava, de fato, escolhendo uma pessoa distintamente subalterna. Essa mulher era de classe média. Assim, a implicação era que, no caso da mulher, a ideia de subalternidade, por causa da permissão limitada que a mulher tem de narrar, torna-se contaminada" (Landry e Maclean, 1996, 289).

Em uma entrevista, tentando explicar o que ela queria dizer quando escreveu que "os subalternos não podem falar" (1998, 20), dando sequência a uma série de respostas críticas, Spivak observa que

> Com "falar", eu estava obviamente me referindo a uma transação entre quem fala e quem ouve. Isso foi o que não aconteceu no caso de uma mulher que fez uso de seu próprio corpo no momento da morte para inscrever um certo tipo de solapamento – palavra muito fraca – um certo tipo de anulação de todas as proposições que subjazem à psicobiografia reguladora que marca o

sati [...] E mesmo esse incrível esforço por falar não se realizou em um ato de fala. Portanto, em um certo tipo de angústia retórica, depois de relatar isso, eu disse "os subalternos não podem falar"! (1996, 289)

Ao revisitar esse "lamento inflamado" em *Critique of Postcolonial Reason*, Spivak admite que era "desaconselhável" (1999, 308) e reconhece que Abena Busia, uma de suas críticas, estava "certa, é claro" (309) em apontar que a própria Spivak é "capaz de ler o caso de Bhubaneswari e que, portanto, esta *falou* de alguma maneira [...] Toda fala, mesmo aparentemente a mais imediata, acarreta uma decifração distanciada de parte de outro, que é, na melhor das hipóteses, uma interceptação. Isso é que é o falar" (309). Dando seguimento a essa concessão, Spivak não exatamente retira o que disse, mas age com cautela: "a decifração feita por meio de debate por outra pessoa em uma instituição acadêmica (queira-se ou não, uma fábrica de conhecimento) muitos anos depois não dever ser muito rapidamente identificada com o 'falar' dos subalternos" (309).

A ênfase de Spivak é assim a de resistir a dois pressupostos ideologicamente errados. Primeiro, ela se distancia da ideia de que o sujeito subalterno ou oprimido é "naturalmente articulado" (1988, 289), com a consequência de que tudo que o intelectual tem de fazer é canalizar a verdade inerente representada pelo subalterno, que, por isso, se torna um informante nativo, não problematizado, antropológico, com acesso direto a alguma verdade não mediada. Nesse cenário, o intelectual cai na armadilha de representar a si mesmo como um recipiente "transparente" (1988, 275), capaz de transmitir alguma verdade transcendente e incontestável (talvez espiritual). Essa é a posição que atribui a Foucault e Deleuze, cuja transparência é "produzida" (1988, 279), uma produção que passa como transparente, em um gesto que está de fato longe de ser desinteressado, uma produção que mascara sua implicação em todos os processos exploradores pelos quais o primeiro mundo mantém sua supremacia sobre o terceiro mundo. Quanto mais o intelectual recusa tal implicação, mais Spivak aponta para a incoerência de qualquer afirmação ser desinteressada. Em segundo lugar, Spivak distancia-se da ideia de que, por medo de representação equivocada, a única solução viável para o intelectual seja evitar o problema inteiramente – o que acarretaria, nesse contexto, negligenciar ou dispensar *en masse* todo o problema do subalterno – abstendo-se de qualquer tentativa de representar os outros, ou de dizer qualquer coisa significativa acerca da opressão (ver 1988, 286). É inadequado encarar o subalterno como alguém que detém todas as respostas para uma consciência revolucionária, como se tudo que o intelectual tivesse de fazer fosse passivamente receber e interpretar, sem transformar, uma experiência pura, autêntica. Isso evita completamente o problema do que se costumava chamar de a velha e boa "falsa consciência", que agora, filtrada por meio da obra de Althusser, passa à ideologia – não é o gênio do capitalismo que se reproduz não meramente no nível da materialidade, mas no nível da ideologia? Evita também escapar da questão do papel útil que o intelectual desempenha. Se presumirmos que o subalterno fala a verdade, a necessidade de intelectuais não se torna inútil, ou, pelo menos, se reduz ao papel de comunicador indiferente de uma verdade previamente descoberta?

É, por isso, inadequado para o intelectual lavar suas mãos em relação à questão da repressão ideológica aguda com todas as suas dificuldades, recusando-se a aceitar tal questão como tema. Tal instância ignora o problema como um todo, considerando-o implicitamente desimportante, tentando salvar peles ou absolver-se da possibilidade de representação inadequada, ou cumplicidade. Igualmente, é inadequado meramente apelar de forma direta para uma experiência ingênua a fim de construí-la como "verdade". Lutando por mapear um caminho entre esses dois extremos, Spivak recusa-se a romantizar ou idealizar os subalternos. "Eu acho que as pessoas [...] erram, e esse fenômeno é bem norte-americano, ao pensar que nós temos algum interesse em preservar a subalternidade" (Landry e Maclean, 1996, 289). Para além da problemática dos subalternos, Spivak interessa-se em apresentar a dupla anulação sofrida pelas mulheres subalternas. "Se, no contexto da produção pós-colonial, o subalterno não tem história e não pode falar, o subalterno como mulher está até mais na obscuridade" (1988, 287). Duplamente ofuscado, primeiro pelo colonialismo, e depois por um nacionalismo reativo indiano, o motivo da mulher subalterna serve para nos lembrar não só da cumplicidade entre dois grandes sistemas políticos de opressão, mas, de modo igualmente urgente, para nos lembrar da persistente vigilância exigida pelos pós-colonialistas bem intencionados e pelas feministas, a fim de não reinscrever de maneira impensada, sob outra roupagem, precisamente o tipo de marginalização sob protesto. Isso não quer dizer que nós possamos reter uma posição de inocência ou pureza, mesmo com a melhor de nossas intenções. Significa que devemos desejar, antes de tudo, admitir e submeter a exame a nossa própria cumplicidade com opressões sistemáticas, algo que não se pode pôr de lado, mas sobre o qual se deve pensar – cada vez mais, já que os ciclos de opressão têm uma estranha maneira de se reproduzirem.

6
A teoria feminista psicanalítica e pós-estruturalista e as respostas deleuzianas

Neste capítulo, começo por considerar a teoria feminista psicanalítica e depois analiso a importância da formulação de Derrida das oposições binárias para o feminismo. Depois, volto-me brevemente para uma crítica deleuziana tanto de uma teoria feminista de inspiração psicanalítica quanto de uma teoria pós-estruturalista. Finalmente, usando Moira Gatens como meu principal ponto de referência, demonstrarei como o papel inspirador que Bento de Espinosa ofereceu a Deleuze e Guattari ajudou-me a levar a teoria feminista para além de um ponto de vista cartesiano que se tornou de alguma forma estéril.

Abigail Bray e Clare Colebrook fazem uso do distúrbio da anorexia para ilustrar as limitações do que chamam de feminismo corporal e das vantagens de uma moldura deleuziana (1998). Devo fazer uso de tal análise, que serve a um propósito útil, embora possa ignorar algumas das diferenças entre os vários teóricos que elas rotulam como feministas corporais. Bray e Colebrook destacam um problema geral com as críticas do "falocentrismo", isto é, com as teorias feministas que tendem a construir uma narrativa totalizadora de relatos abrangentes de subjetividade e de experiência de tendência masculina, postulados como determinantes negativos e limitadores de qualquer expressão de autenticidade feminina. Naquilo que tais relatos generalizam o pensamento patriarcal como se este formasse um bloco monolítico e continuam a considerar todo significado como algo que emana de um "simbólico" hegemônico, eles não conseguem abster-se do que Nietzsche considerou como pensamento reativo. Ao culpar o inimigo – os homens em geral, ou o modo patriarcal de pensar, ou o sistema de significado falocêntrico – o feminismo está em perigo de meramente ocupar uma posição negativa, uma posição que mimetiza a recriminação amarga e ressentida do modo de pensar judaico-cristão, denegrindo esta vida mundana como uma vida de sofrimento, produzindo culpa e ocupando uma posição de má consciência. Neste caso, a acusação é a seguinte: os homens são os culpados por tornarem nossas vidas miseráveis; eles devem ser culpados pelo fato de nós termos internalizado imagens negativas do corpo; o sistema midiático patriarcal-capitalista é culpado por bombardear nossa consciência com imagens idealizadas de feminilidade que são impossíveis de realizar, imagens que as mulheres de verdade não conseguirão espelhar. Não é, portanto, por erro das mulheres que nós estamos sujeitas a problemas de alimentação, tais como a anorexia ou a bulimia, mas por erro da mídia, que faz com que nos sintamos inadequadas. Ocupar tal lugar é concordar com a posição de vítima, ou, nas palavras de Nietzsche, adotar uma moralidade escrava. Em vez de alinhar-se com um pensamento reativo ou opositivo, o feminismo deveria comprometer-se com a criação de novos locais para o significado, inventar novas maneiras de pensar e produzir conceitos inovadores. Deveria afirmar a vida, em vez de ser reacionário (ver Deleuze, 1983). Não é que eu pense que a crítica, às vezes impetuosa, de Bray e Colebrook ao feminismo corporal seja inteiramente justa (de fato, alinho-me com alguns aspectos do chamado feminismo corporal), mas realmente acho que ela destaca uma tendência da qual o feminismo deve estar ciente, e acho instigante o otimismo e a criatividade da teoria feminista de inspiração deleuziana. Bray e Colebrook efetivamente articulam a necessidade de a teoria feminista ter cautela ao recriar precisamente o tipo de grande narrativa contra a qual se põem (embora elas próprias possam dizer que foram vítimas de tal crítica em sua caracterização generalizada do feminismo corporal). Pode ser útil lembrar neste contexto a observação de Butler sobre Luce Irigaray. Se Irigaray tende a "mimetizar a grandiosidade dos erros filosóficos que ela ressalta", talvez "uma réplica hiperbólica seja necessária quando um dado prejuízo permaneceu oculto por tempo demasiado" (Butler, 1993, 36-7). Se o denegrir da mulher feito pelo patriarcado, o qual a filosofia rapidamente desculpou, convoca a mímese tática de Irigaray, a questão é com que eficácia tal resposta hiperbólica se colocou naquelas influenciadas por Irigaray e o quanto continua a criar pontos cegos – cobrindo o caráter manifesto da diferença racial, por exemplo.

Irigaray e Kristeva são duas das mais interessantes teóricas que trabalharam as interconexões da teoria feminista com a psicanálise, de um lado, e com a filosofia europeia pós-hegeliana, de outro. Já que apresentei, em algum detalhe, minha compreensão da contribuição de Irigaray para a teoria feminista em outro texto (Chanter, 1995), enfocarei aqui a contribuição de Kristeva (outra teórica feminista importante é Jessica Benjamin [1990], cuja obra não poderei abordar aqui). Ela realiza uma espécie de *rapprochement* entre categorias psicanalíticas e linguísticas. Ela se refere a um corpo de trabalho psicanalítico de um modo que presume o conhecimento dele, nem sempre trazendo à tona os pressupostos freudianos e lacanianos que dão forma às posições que brevemente delineia, ao mesmo tempo revisando-as do seu modo. Pode ser útil, então, inicialmente, indicar algumas distinções que estão em ação: a distinção significante/significado de Saussure, ou o símbolo e o que é simbolizado; o simbólico/imaginário/real de Lacan; e a própria distinção de Kristeva entre semiótico/simbólico. Esta última distinção não mapeia perfeitamente o esquema tripartite de Lacan, mas é, *grosso modo*, equivalente à distinção pré-edipiano/edipiano de Freud, com a ressalva de que em jogo na distinção entre o semiótico e o simbólico de Kristeva está o processo de significação. Para Freud, por outro lado, a transição do pré-edipiano para o edipiano é uma progressão, mas não está particularmente ligada à competência linguística, exceto pelo breve interlúdio do *fort-da* (ver Freud, 1953), e mesmo neste caso a ênfase de Freud está na repetição e no domínio, não na aprendizagem da língua.

Ao desenvolver a distinção entre o semiótico e o simbólico, Kristeva está respondendo à – e levando adiante a – inscrição de Lacan (via Lévi-Strauss) das duas topografias de Freud com referência à linguística saussuriana e à dialética, interrogando em mais detalhes do que Lacan o mundo pré-edipiano (há muitas boas fontes para a influência de Saussure sobre Lacan, por isso não repetirei esse trabalho aqui; o leitor pode consultar com proveito o primeiro capítulo de Beardsworth [2004], por exemplo). A "primeira" topografia freudiana está organizada em torno das distinções entre inconsciente, pré-consciente e consciência, e a segunda é aquela entre id, ego e superego. Se o retorno de Lacan a Freud está informado pelo uso da linguística de Saussure e da aplicação seletiva das categorias hegelianas (ver Hegel, 1977), a ênfase de Kristeva à fase pré-edipiana é realizada à luz do estudo do desenvolvimento de Freud feito por Melanie Klein. Nesse sentido, Kristeva realiza outro retorno a Freud, um retorno mediado pela aplicação que Lacan faz dos conceitos e da terminologia saussurianos e hegelianos ao *corpus* freudiano, mas um retorno que também elabora o pré-edipiano de modo mais refinado que Lacan. Para nós, a significação dessa atenção renovada ao pré-edipiano é seu potencial para reavaliar a relativa importância do papel da função maternal em comparação com a função paternal, e as consequentes implicações que tal novo modo de pensar tem para o que Kristeva chamará de efeitos totalizantes do discurso lacaniano. Como se dá o redesenho do mapa psicanalítico feito por Kristeva em termos da autoridade do falo, da santidade do complexo de castração e da centralidade do complexo de Édipo? Como, por sua vez, podem esses desdobramentos impactar e informar as possibilidades de pensamento revolucionário, e em que poderiam tais possibilidades resultar em uma era de capitalismo globalizado e de sistemas de informação digitalizados, uma era em que os movimentos de massa das vanguardas marxistas não mais servem como um modelo viável para a agitação e a transformação políticas?

A linha divisória entre o semiótico e o simbólico (ou, em termos freudianos, entre o pré-edipiano e o edipiano) é o estágio do espelho de Lacan, que é lido em conjunto com a descoberta freudiana da castração. Pode-se dizer que a distinção freudiana entre o pré-edipiano e o edipiano corresponde, em algum sentido, à divisão entre a diferenciação de Lacan do imaginário e do simbólico, mas com a seguinte qualificação importante: deixa de lado a questão do Real, que pode ser entendido como algo que funciona de uma maneira que é semelhante àquela parte do semiótico de Kristeva, os "resíduos" (Kristeva, 1984, 49), que não são levados em conta ou levantados pelo simbólico, permanecendo resistentes à significação, mesmo quando facilitam (como parte da semiótica) o processo de significação. O real pode ser pensado como o irrepresentável, como aquilo que resiste a ser pensado ou incorporado pelo simbólico, como o que resiste à significação, o que excede a representação, recusa a contradição e que, portanto, permanece em excesso do significado principal (o falo), o sentido em torno do qual a linguagem passa a organizar-se. Nesse sentido, o real está fora da representação, inacessível aos signos que circulam no sistema de trocas que constitui o mundo simbólico. É o impensável, aquilo que não pode ser assimilado ou integrado em um sistema significativo de discurso – daí sua associação com o trauma. Para Lacan, o trauma está tipicamente associado ao complexo de castração – pois a ansiedade de castração do menino realiza-se como medo de perder o pênis e, para a menina, como inveja do pênis – e é lida em termos das proibições e prescrições culturais associadas ao complexo de Édipo. A ansiedade da castração passa a colocar-se retrospectivamente para todas as outras instâncias potencialmente traumáticas, para qualquer ameaça de perda, inclusive a da fragmentação do corpo. Ao desenvolver o discurso da abjeção, cuja principal ressonância concerne à necessidade da criança de separar-se da função maternal, Kristeva enfoca a ameaça da total aniquilação como instância de perda que ocorre antes da ansiedade da castração, e que não pode ser inteiramente recuperada no âmbito de seu registro. A própria existência da criança está em jogo na abjeção (e não somente a perda potencial de um signo fálico).

No pano de fundo da apropriação de Kristeva, e de sua ressignificação do retorno de Lacan a Freud, está a maneira como Lacan usa não só a distinção de Saussure entre o significante e o significado, mas também a compreensão do desejo de Hegel como algo distinto da demanda e da necessidade. Há uma progressão da necessidade, por meio da demanda, até o desejo, uma progressão que reflete o uso de Lacan desses termos hegelianos. O desejo, por exemplo, como é bem sabido, é sempre desejo pelo desejo do outro, o desejo de reconhecimento. Como também é bem sabido, Lacan fez uso da leitura da relação senhor-escravo de Hegel feita por Kojève, como uma lente por meio da qual refratou e truncou o caminho hegeliano da dialética. A demanda, então, é aquilo que a criança pede à mãe, ao passo que o desejo é aquilo que aparece depois da descoberta da castração, ponto em que a criança reconhece que não pode satisfazer o desejo da mãe. Em termos lacanianos, o desejo da mãe está em outro lugar, ou, em termos freudianos, o pai edipiano é aquele para o qual se dirige o desejo da mãe. Conforme Kristeva dirá em *Tales of Love* (em termos que são menos insistentes em relação à ressonância heterossexista que inspira os textos de Freud e Lacan) qualquer que seja o desejo da mãe, ele não é, em caso algum, eu (1987).

A transição hegeliana da consciência à autoconsciência oferece o contexto para a compreensão de como Lacan considera o desejo em relação ao outro. Da mesma forma que, para Hegel, o que está em jogo é a dialética senhor/escravo, para Lacan o desejo é sempre o desejo do outro. De maneira similar, assim como para Hegel a dialética senhor/escravo é uma questão de vida e morte, já que lutar pela liberdade pode tornar-se uma luta que leva à morte, da mesma maneira a pulsão de morte (e também o Eros, a pulsão pela vida, ou pela autopreservação) está implicada na luta psíquica que cada um de nós enfrenta em nosso esforço para afirmar nossa independência (separadamente da mãe). Cada um de nós está destinado a superar nosso estado dependente, infantil, no qual somos pouco mais do que várias necessidades e demandas, e a chegar à subjetividade, uma transição que é realizada em grande parte por meio de nossa aquiescência à lei, nossa sujeição a tabus e a proibições do mundo social/simbólico. O primeiro desses tabus é o tabu do incesto, que se dá em torno do corpo da mãe. O "Outro" em termos lacanianos é a função ou metáfora paterna, que representa a lei paternal, proibitiva, a lei que governa o simbólico – a lei que impõe à criança a observação do desejo que a mãe tem pelo pai. Esse "Outro" toma o lugar da mãe, ou "não é mais a mãe (de quem a criança em última análise se separa por meio do estágio do espelho e da castração)" (Kristeva, 1984, 48). Em outras palavras, a entrada da criança no simbólico, e todas as restrições sociais que isso acarreta, está estruturada de acordo com uma proibição que diz respeito à mãe. O menino deve encontrar uma substituição para sua ligação com a mãe em uma ligação com outra mulher, que se tornará sua esposa. Ele deve confinar sua libido (previamente polimorfa, isto é, que não distingue ainda entre os estágios de progressão que Freud identifica como característicos de uma sexualidade em maturação – prazer anal, oral ou fálico) ao genital, e reservar sua atenção sexual a mulheres que não sejam sua mãe. A garota deve (na abordagem heterossexualmente normativa, equivocada e ultrapassada de Freud) trocar uma zona erotogênica por outra, o clitóris pela vagina, e trocar sua ligação com a mãe por uma ligação não com outra mulher, mas com um homem, seu futuro marido. O falo, como símbolo de poder, passa a ser emblemático do sistema significativo, como seu significante principal. Ele representa a ordem paterna, no sentido de que o pai é aquele cuja autoridade informa a lei que proíbe acesso à mãe.

Para Hegel, há uma diferença no ponto de vista de como a consciência passa a entender-se (o ponto de vista ingênuo) e o ponto de vista do "nós", do leitor que, tendo traçado o desenvolvimento da consciência por meio da *Fenomenologia do Espírito*, passou por todos os estágios de negação determinada e pode olhar retrospectivamente para esses estágios, como tantas formas históricas de consciência, a partir do ponto de vista da completude. Da mesma forma, há uma diferença entre o sujeito considerado a partir de dois pontos de vista no debate psicanalítico. De fato, até mesmo referir-se a um "sujeito" na fase pré-edipiana ou semiótica é tomar emprestada a linguagem da fase pós-edipiana ou simbólica. O sujeito passa a ser estruturado pelo desejo, mais do que por necessidades ou demandas, apenas depois de ter passado pelo trauma da castração (ansiedade da castração, ou inveja do pênis). Isto é, a percepção da criança de que o desejo da mãe está em outro lugar, ou de que seu desejo se volta ao falo. De um lado, há o ponto de vista do desenvolvimento da criança, que, antes do estágio do espelho e da descoberta da castração (ou, nos termos de Kristeva, antes da fase tética), é pré-linguística, não chegou ainda ao domínio da linguagem ou não entrou ainda no simbólico – estando contudo imersa em um mundo que já é linguístico. Por outro lado, há o ponto de vista do sujeito linguístico, que já está imerso no simbólico, que, como sujeito aculturado, assumiu as limitações sociais e os valores normativos engastados na linguagem como sistema de signos.

Como membros de uma comunidade de usuários da língua, a tarefa dos teóricos – incluindo os teóricos da semiótica – é inevitavelmente iniciar uma análise do ponto de vista do simbólico. A tarefa de analisar o semiótico será, portanto, necessariamente uma tarefa reconstrutiva, retroativa, uma tarefa que pressupõe a fixidez de termos, a estabilidade conferida pela permanência que a linguagem confere às ideias. Colocar isso de outra maneira é reconhecer o caráter "liminar" (Kristeva, 1984, 30) ou "limítrofe" da linguagem considerada do ponto de vista dos signos sintáticos ou linguísticos, em que, de acordo com as convenções do uso da língua, certas representações adquiriram uma permanência, certos valores se estabilizaram e tornaram-se fixos; porém, debaixo da fixidez da linguagem, um domínio dinâmico, instável, cuja topologia é definida de acordo com pulsões, processos primários (condensação e deslocamento, metáfora e metonímia, necessidades e demandas) está em processo. Essa é a importância da crítica de Kristeva à linguística formal como algo que se preocupa com fenômenos de superfície, negando estruturas diacrônicas profundas que preparam o sujeito para a língua. O objeto da linguística formal, de acordo com esse ponto de vista, é esclerótico, fetichizado; seus procedimentos são necrofílicos, tratam a língua como um sistema de signos já estabelecido, como se o significado fosse fixo ou incontestável, como se os pensamentos fossem estáticos, como se o estudo dos signos fosse um acontecimento arquivológico ou arqueológico (ver Kristeva, 1984, 13) – em poucas palavras, como se a linguagem estivesse morta, em vez de viva e capaz de transgressão. Colocando em questão a linguagem da totalização, o transcendental, o absoluto, ou o teológico, Kristeva concebe o tético como "permeável" (63) ou pérvio – como aquilo que pode ser transgredido. Portanto, Kristeva sugere que o "falo [lacaniano] totaliza os efeitos dos significados como tendo sido produzidos pelo significante" (47), perguntando se Lacan "transcendentaliza a motilidade semiótica, colocando-a como um Significante transcendental?" (48). Ao mesmo tempo, pondo em questão os efeitos totalizadores do falo, Kristeva também reconhece a necessidade de "uma completude [finalização], de uma estruturação, uma espécie de totalização da motilidade semiótica" (51). Sem a "expressão verbal", a experiência seria "caótica e inexpressiva" (Lévi-Strauss citado por Kristeva, 1984, 244 n.56). Para Kristeva, contudo, mais do que a repressão do semiótico no estabelecimento de um significante puro, o tético deve ser "assumido ou experimentado" como uma "posição" (51). Para Kristeva, então, não é uma questão de recusa, evasão ou repressão da "castração imaginária", mas de construir o tético (o princípio da significação, entendido em termos do estágio do espelho e da castração) como um "limite transponível" (51). Se a castração não pode ser evitada, também não é uma questão de "uma castração imposta de uma vez por todas, perpetuando o significante bem ordenado e postulando-o como sagrado e inalterável no âmbito do cercamento do Outro" (51). De fato, para Kristeva, é precisamente a mobilidade do processo de significação que deveria capturar nossa atenção, um processo que apenas começa a ser estabilizado em um estágio final, que é precedido por um período de aquisição da linguagem considerado por Kristeva como de muita importância. A instabilidade do processo de aquisição de linguagem não pode nunca ser inteiramente colocada de lado, e retorna como uma "perturbação da linguagem e/ou da ordem do significante" e até "destrói o simbólico" (50). Isto é: a irrupção do semiótico é capaz de efetuar uma revolução, renovação ou rejuvenescimento da ordem simbólica, que é em si mesma somente possível com base no semiótico.

Presidido pela regulação maternal, o semiótico ou pré-edípico é caracterizado pelas estases e descontinuidades, ondas de atividade e passividade, cargas de energia, ausências e presenças, mas não há ainda distinções firmes entre o sujeito e o objeto (ou o mundo), eu e você, o interno e o externo. Assim, muito embora designemos a função para a qual as necessidades e os quereres são considerados como "maternais", é crucial lembrar-se de que tais desígnios procedem de acordo com o mundo simbólico, ou lei paternal, que já decidiu em favor de certos privilégios, não sendo de menor importância a castração simbólica, como marca da entrada na língua. Isto é, muito embora o pré-edipiano ou semiótico seja especificado com relação à função maternal, tal função é operacional *para a criança*, de um modo que precede a descoberta da castração e, como tal, a diferença sexual. A diferença sexual, por assim dizer, é atribuída retroativamente. A especificação da semiótica como reguladora do corpo maternal é uma especificação que procede do simbólico, do ponto de vista do sujeito que passou pela fase tética, ou que entrou no simbólico, um sujeito que assumiu a descoberta da castração, que se submeteu à lei da diferença sexual. Para a criança, contudo (assim como para a consciência ingênua em Hegel), nenhuma distinção como essa é possível antes da entrada no simbólico. A mãe pode ser diferenciada do pai somente a partir do ponto de vista da ordem simbólica, apenas do ponto de vista de um sujeito que assumiu a provação da ansiedade da castração.

O estágio do espelho, enfatiza Kristeva, produz a "intuição espacial" que consiste na separação da criança de sua imagem e está "no âmago da significação – em sinais e em sentenças" (46). Neste sentido, vale a pena notar que Lacan tende a enfatizar o aspecto temporal – o afeto salutar que a imagem do espelho tem sobre a criança do ponto de vista da antecipação de uma autonomia futura, não ainda concedida pela fragmentação do corpo devido à sua prematuridade, e a consequente falta de coordenação motora (ver Beardsworth, 2004). A descoberta da "castração dá os toques finais sobre o processo de separação que situa o sujeito como significável, isto é, separado, sempre confrontado por um outro: *imago* no espelho (significado) e no processo semiótico (significante)" (Kristeva, 1984, 47). Lacan designa esse momento como "estágio do espelho", um momento de reconhecimento em que a criança se descobre como outro, no espelho. Ela tanto é quanto não é a imagem no espelho (ver Lacan, 1977). Em uma idade entre seis e dezoito meses, a criança não é ainda capaz de ficar em pé por conta própria, sem apoio, ou de controlar seus movimentos muito bem. Nesse sentido, Lacan a vê como um arauto da autonomia futura, sustentando a promessa de uma independência que ainda não chegou, mas que a criança antecipa por meio de uma miragem. A imagem no espelho é tanto facilitadora quanto alienante, tanto salutar quanto inibidora. De um lado, ela apresenta à criança uma imagem à qual seu estado fragmentado, dependente não se conforma ainda, ao passo que, de outro, sustenta o destino do que ainda está por vir.

A questão para as feministas é a seguinte: se a ordem sócio-simbólica é governada por um pai concebido em termos patriarcais, como é possível transgredir essa ordem? A prática artística ou, mais especificamente, a linguagem poética desempenha um importante papel na resposta de Kristeva. A arte, para Kristeva, é um confronto com o limite que separa a natureza ou a animalidade da cultura ou da humanidade. Assim, as práticas artísticas que se dão em torno do sacrifício do pai pela horda primitiva, um sacrifício que, de acordo com Freud, funda a cultura, são capazes de mimetizar, ou reinterpretar a mudança da pré-história à sociedade. Nesse sentido, como uma confrontação com a transição da natureza para a cultura, e ao mesmo tempo como uma confrontação com a materialidade do corpo (animal ou humano sacrificado), a arte facilita um repensar desse limite. Isto é, ela tanto permite o acesso aos impulsos que são reprimidos pelo começo do tabu do incesto, que torna indisponíveis certas mulheres, quanto mimetiza a instituição desse tabu. Como tal, a arte pode oferecer um lugar no qual os tabus fundadores de uma cultura podem ser confrontados, e talvez ser transformada, retrabalhada e revolucionada. Isso não é dizer que toda arte é politicamente radical em seu efeito, apenas que ela pode ser transformadora, principalmente quando revisita o momento de fundação da cultura. A arte pode igualmente ser lugar de cumplicidade com os códigos culturais que estão em uso, um meio de sustentar códigos hegemônicos. Quando a arte se alinha com os modos prevalentes de autoridade em uma dada cultura, longe de demonstrar que esses códigos simbólicos particulares (patriarcais, sexistas, heterossexistas) não são os únicos códigos disponíveis, ela põe seu peso por trás deles e esconde o potencial revolucionário que a confrontação do artista com o momento fundador da cultura detém em si. Quando a arte abre a cultura para as energias que estão normalmente fechadas ou reprimidas ao acompanharmos sem questionar os tabus sancionados pela sociedade – tal como o tabu da homossexualidade – sua força se liberta.

A significação que Kristeva atribui à arte se atrela à significação das práticas artísticas (rituais, danças, etc.) que acompanham o sacrifício, que (de acordo com Freud) ela considera ser o momento fundador de qualquer sociedade. A arte enfrenta o limite entre a animalidade e a humanidade, revisitando esse momento no qual os humanos se separam da natureza. Ela, portanto, abraça a caracterização de sua humanidade, a capacidade de ser fiel à lei, ao estabelecimento de uma ordem social na qual ser humano não é apenas cegamente submeter-se a impulsos, ser orientado somente pelo princípio do prazer, mas adiar o prazer, aquiescer ao princípio da realidade, seguir a lei. A arte mimetiza o movimento de início de uma economia simbólica, de modo que a transição da animalidade para a humanidade é reencenada. Vale a pena notar, então, que a visão de Kristeva sobre a arte não faz com que esta se equivalha ao ritual como tal; a função da arte é renegociar a maneira como o limite entre a natureza e a cultura é delineado. Como tal, a arte participa do político de uma maneira que poderia ser pensada em conjunto com a transição, delineada por Walter Benjamin, da arte como ritual para a arte como política (ver Benjamin, 1968). A era da reprodução mecânica transforma a arte, de modo que ela não mais é definida por sua aura, na qual a singularidade da obra de arte está em jogo, e na qual o público tem de depender de especialistas para explicar-lhe a significação da obra. Com o surgimento da fotografia, e especialmente com o filme, não só a arte se torna reproduzível, de modo que as imagens são logo levadas ao cinema, mas o público assume o papel de crítico. Na verdade, o consumo de massa tanto apela para o *status quo* quanto torna possível sua subversão: podemos todos virar críticos em nossas poltronas.

Para Kristeva, a reencenação do movimento de um estado de natureza para o da troca simbólica que ocorre sob algum tipo de contrato social – alguns deles frutos de acordo acerca de valores em torno dos quais uma comunidade se une – permite acesso a um mundo que está separado do simbólico quando esse mundo é tratado como se seu começo fosse teológico, como se a ordem social aparecesse *ex nihilo*, como se a ruptura tética em que as relações simbólicas são formadas fossem transcendentais, como se não houvesse uma estrutura profunda, um processo gerador. O domínio do semiótico primeiro coloca em movimento o que mais tarde se torna suscetível à lei da troca, um sistema de equivalências lógicas que constitui a importância dos signos, ou do estabelecimento da língua. Tal mimetização – não de objetos cujos significados já estão acertados, mas do processo pelo qual qualquer significado se torna possível, um processo fundador que envolve nosso afastamento do caos do não sentido, que demarca nossa separação da natureza, da animalidade e da mera obediência aos impulsos – que abriga em si um potencial para a ruptura – precisamente por reconhecer aquilo que a sociedade põe de lado, a linguagem poética como mimetização do começo da ordem simbólica, colocando-nos em contato com elementos cujo potencial destrutivo fora domesticado e ordenado de acordo com a lei simbólica.

A heterogeneidade do fluxo da linguagem somente é acessível do ponto de vista de um sujeito que tenha assumido o trauma da castração, que tenha se submetido à lei da diferença sexual e se posicionado em relação a tal lei – em outras palavras, um sujeito que tenha vivenciado a língua, que tenha se situado em relação às regras e regulamentos da sociedade. A heterogeneidade só pode ser postulada no âmbito do simbólico, a partir do lado simbólico da linha divisória entre o semiótico e o simbólico. Falar do semiótico é sempre necessariamente fazê-lo a partir da posição do simbólico, mas Kristeva enfrenta dificuldade em enfatizar que o semiótico não está inteiramente sujeito às leis da negação, da contradição: há uma sobra, um resíduo que permanece resistente à linguagem e que não pode ser representado adequadamente com termos simbólicos, nem pode ser homólogo ao sentido. Há uma qualidade paradoxal na distinção semiótico/simbólico. De um lado, o semiótico visa ao sentido e, com efeito, deve ser traduzido em signos significativos para que exista, ainda que, de outro lado, uma vez que sua tradução seja realizada, suas limitações se tornem evidentes. Embora a permanência da linguagem seja o que oferece acesso ao semiótico, a instabilidade do semiótico frustra essa permanência, e é capaz de criar desafios à sua autoridade, desafios que podem transformar e até mesmo destruir o sentido. Essa é a carga revolucionária da linguagem poética.

Kristeva observa o deslize em Lévi-Strauss e Lacan, de tal modo que não há espaço para uma diferenciação adequada entre a ideia de que todos nós devemos entrar em um sistema simbólico, tornarmo-nos seres falantes, capazes de nos fazermos entender em um dado sistema de língua, e a ideia de que devemos todos ingressar no sistema simbólico particular associado com os complexos de Édipo e de castração. Como diz Kristeva, a descoberta da castração "torna a função fálica uma função simbólica – *a* função simbólica" (1984, 47). Diferenciando-se dessa posição, Kristeva lê a ruptura tética, que ela analisa em termos do estágio do espelho e da descoberta da castração, não como se seu *status* fosse teológico: a ruptura tética não surge a partir do nada; é uma fronteira que é permeável, e nós somos capazes de atravessá-la, não apenas para meramente recuperar o semiótico do qual ela nos separa, mas também para retornar ao semiótico a fim de assumi-lo de maneira nova. Uma forma que a teologização do tético toma para si é a "subordinação" do processo de significação "às relações sociais entre sujeitos em relações de parentesco ou similaridade" (1984, 78). Um exemplo de tal subordinação – e seu *status* exemplar é crucial para nós, tanto porque ela especifica a ordem dos problemas que a noção lacaniana do simbólico e sua celebração do significado como fálico tem posto às teóricas feministas quanto porque é o local do privilégio da diferença sexual – é a "troca de mulheres", como meio de "autorregulação" da sociedade (1984, 72). Ao recusar aceitar o *status* teológico da ruptura tética, Kristeva abre um espaço em que esclarece as formas insidiosas pelas quais, para Lévi-Strauss e Lacan, *uma* economia simbólica se torna *a* economia simbólica, uma economia, então, que repousa sobre a circulação das mulheres como dádivas, a subordinação das mulheres a um sistema de parentesco que não é meramente sexista, mas também heterossexista. As leis de parentesco que estão estabelecidas como reconhecimento de um tabu sobre o corpo materno, um tabu do incesto, são, por isso, capazes de transgressão. A autoridade paternal não é absoluta; o pai, que cultua a lei, a proibição contra o incesto, que coloca o corpo da mãe além dos limites, marca o lugar do desejo da mãe e, ao fazê-lo, constrói o desejo da mãe de acordo com restrições normativas. Essa construção do simbólico constrói a subjetividade em referência a um ideal masculino universalizado, e o desejo como heterossexual.

Da mesma forma que Kristeva contesta a significação do simbólico lacaniano, ela afasta a ênfase do falo como significante transcendental. Embora alguma espécie de ruptura tética seja necessária, embora alguma espécie de sistema totalizante deva ser estabelecido, Kristeva enfatiza tanto sua necessidade – seu caráter decisivo e vigoroso – quanto sua confiabilidade. Kristeva não está tão interessada em confirmar a centralidade da distinção feita por Saussure entre o significante e o significado como está em deslocá-la, ou demonstrar como essa distinção passa a usurpar uma operação que de fato a facilita, a saber, a distinção entre o semiótico e o simbólico. Interna ao sistema simbólico e constituinte de tal sistema, a distinção significante/significado pode apenas ser evidenciada com base em outra operação anterior, uma operação que a instância teológica dirigida à ruptura tética cobre. A dimensão semiótica (rítmica, musical, tonal) da linguagem é transformada em um significante, elevado ao simbólico, onde assume a função representativa de designar, simbolizar, significar. As teorias da língua que consideram que essa função de desígnio ou nomeação cobre todo o domínio do processo significativo caem na armadilha de tratar a língua como se ela fosse um sistema reificado, fetichizado, no qual os significados são dados, estáveis e autoevidentes, ao passo que, para Kristeva, tratar a língua como um sistema de signos é meramente dar conta de um momento liminar ou fronteiriço de sua produção, ao mesmo tempo que se nega o processo que dá surgimento à significação e que retorna para perturbar sua ordem.

Embora a obra de Luce Irigaray (1985) seja certamente muito diferente da de Kristeva em muitos aspectos, ambas compartilham pelo menos dois importantes aspectos. Ambas são fortemente influenciadas pela teoria freudiana-lacaniana (ainda que a critiquem) e postulam o feminino como um outro privilegiado que alimenta e, ainda assim, é excluído da ordem da representação. Influenciada por Derrida nesse aspecto, Irigaray critica a economia "falogocêntrica" da metafísica ocidental, isto é, critica a maneira como o falo funciona como uma marca do privilégio masculino, e critica o modo como isso funciona em conjunção com o "logos" que torna o privilégio central para os modos como entendemos e concebemos a nós e ao mundo. A palavra grega "logos" pode ser traduzida de muitos modos (inclusive lei, palavra, razão e lógica). Estamos familiarizados com o modo como ela é usada em palavras como "psicologia" ou "sociologia" para indicar o estudo da psique ou o estudo da sociedade. Dizer que o pensamento ocidental é falogocêntrico, então, é dizer que ela toma como padrão, como se fosse lei, a regulação do falo, tornando-o central para a interpretação de todo sentido. Para citar Ellen K. Feder e Emily Zakin:

> O conceito de falogocentrismo deixa clara a conexão entre a valorização da presença e da Ordem Simbólica falicizada. Assim, o conceito designa a operação pela qual o logocentrismo constrói categorias binárias, hierárquicas cujos termos dominantes são marcados como masculinos e cujos termos masculinos são marcados como dominantes. De uma perspectiva feminista, o falogocentrismo pode ser lido como a produção de experiência inteligível por meio de categorias exclusivas que privilegiam o posicionamento de uma perspectiva masculina. O falogocentrismo deixa claro o contraste entre a ideia de um falo presente e aparente e a ideia de uma mulher castrada, que carece do falo, não tem nada a mostrar e que, portanto, representa a ausência que precisa ser recuperada. (1997, 47)

Se a metafísica ocidental tem operado por meio do estabelecimento de uma série de dualismos (mente/corpo, razão/paixões, intelecto/matéria, transcendente/imanente), não é surpresa que essas maneiras binárias de pensar também tenham sido influenciadas pelo gênero: mente, razão, intelecto e transcendência são estabelecidos como masculinos, ao passo que seus opostos figuram como femininos. O fato de, a fim de a razão ou o intelecto manter seu *status* transcendental, as tarefas necessárias que são confiadas às mulheres serem trabalhos "naturais" – dar conta de afetos e emoções, cuidar das necessidades do corpo – acaba sendo essencial não só para a manutenção dessas oposições, mas para o cultivo e estabilização da hierarquia, e é frequentemente negado.

Para além de sua referência às distinções metafísicas ocidentais fundamentais, a compreensão de Derrida acerca de como "as oposições binárias" funcionam pode também ser aplicada ao modo como, nas palavras de Joan Scott, "as teorias biológicas sobre a diferença sexual" funcionam como "verdades legitimadoras" (1988, 36). O sexo opera como o termo hierárquico de uma "oposição binária" que afirma a relação de poder entre o sexo e o gênero, mais do que a desloca. Como diz Scott, a desconstrução "demonstra [que os termos dicotômicos] não são naturais, mas oposições construídas, construídas para finalidades particulares em contextos particulares" (1988, 37-8). Ou, nas palavras de Feder e Zakin, "o aparecimento de uma oposição entre o homem e a mulher é um efeito de categorias ontológicas que, apesar de sua inadequação por conter a identidade entre suas fronteiras, não obstante tem sucesso em caracterizar a diferença sexual como uma relação binária" (1997, 24). As oposições binárias entre homem/mulher ou sexo/gênero não são verdades eternas, mas construções culturais que derivam sua força normativa de quem está investido em manter uma ordem hierárquica definida pelo poder patriarcal, heteronormativo, preparado para fins reprodutivos. Quando as feministas determinam-se a lutar contra tal poder, elas confirmam e perpetuam a autoridade de tal hierarquia, mais do que rompem com ela de um modo que leve a novas relações que possam criar uma nova ordem.

Há dois passos para uma estratégia desconstrutiva: "a reversão e o deslocamento das oposições binárias", como diz Scott (1988, 37). Referindo-se a uma série de entrevistas que Derrida deu à *Positions* (1918b), Christie McDonald diz:

> Na primeira fase, uma reversão estava por acontecer, na qual os termos opostos seriam invertidos. Assim, mulher, como termo anteriormente subordinado, poderia tornar-se dominante em relação ao homem. Contudo, pelo fato de tal esquema de reversão apenas repetir o esquema tradicional (no qual a hierarquia da dualidade é sempre reconstituída), ele sozinho não pode efetuar qualquer mudança significativa. A mudança poderia apenas acontecer por meio de uma "segunda" e mais radical fase de desconstrução na qual um "novo" conceito seria forjado simultaneamente. (Derrida, 1997, 31-2).

De acordo com sua afirmação em "Signature, Even, Context", de que a "desconstrução não consiste em passar de um conceito a outro, mas em subverter e deslocar uma ordem conceitual, e também a ordem não conceitual com a qual a ordem está articulada" (Derrida, 1982, 329), Derrida esclarece que não acredita que tenhamos um novo conceito de mulher, e que "não tem certeza de que [se sente] a falta dele" (1997, 33). Referindo-se a dois passos da desconstrução que havia delineado em *Positions*, ele acrescenta:

> Não tenho certeza de que a "fase dois" marca uma ruptura com a "fase um", cuja forma seria um corte ao longo de uma linha indivisível. A relação entre essas duas fases tem, sem dúvida, outra estrutura. Falei de duas fases distintas por questão de clareza, mas a relação de uma fase com a outra está marcada menos pelas determinações conceituais [...] do que por uma transformação ou deformação geral da lógica. (1997, 33)

Derrida explica que, se a diferença sexual for compreendida dialeticamente, é apagada, uma vez que a dialética de Hegel sempre já se decidiu em favor da "verdade", que se apresenta como universal, ao mesmo tempo que esconde sua tendenciosidade masculina. O feminino permanece o termo secundário, definido em oposição ao masculino, como a não verdade, como o outro. "Garante-se o domínio falocêntrico sob a capa da neutralização sempre [...] E o falocentrismo adorna-se a todo momento, aqui e ali, com um apêndice: um certo tipo de feminismo" (1997, 34). O tipo de feminismo que funciona como um apêndice para o falocentrismo é, para usar os termos de Nietzsche, um "feminismo 'reativo'" (1997, 27), ou um feminismo que permanece cúmplice do patriarcado. Nas palavras de Elizabeth Grosz:

> Se o feminismo não ocupa um espaço fora do patriarcado e do falocentrismo, se ele está implicado nos interstícios do funcionamento patriarcal, a segurança de sua identidade, a definitividade de suas fronteiras como outras e fora do patriarcado, suas próprias autorrepresentações como posição limitada e separável do patriarcado são todas problematizadas. (1997, 77)

Nesse sentido, o feminismo deve permanecer constantemente vigilante de modo que não se torne outra forma de dogmatismo, não meramente copie o tipo de autoridade que busca pôr em questão, não se transforme em um novo tipo de camisa de força.

Não só são demonstradas as interdependências do patriarcado e do feminismo, dos homens e das mulheres, ou do sexo e do gênero, mas há também um chamado para que se vá além de meramente reverter velhas hierarquias (ver Scott, 1988, 33). Não é, portanto, suficiente para as feministas tornarem-se militantes e poderosas, terem a voz de comando. As feministas devem também tomar a frente no forjar de uma nova política e de uma nova ética, de novas maneiras de se relacionarem, tanto entre as mulheres quanto entre homens e mulheres. Em vez de continuar a aderir a relações de competição, de adversários, o feminismo deveria experimentar produzir ambientes onde se incentivem relações de apoio mútuo, em que a diversidade seja prezada e a negatividade não tenha poder de controle. Criar relações com base no cultivo da novidade não é uma questão de afirmar falsamente que as mulheres são melhores do que os homens na questão do mutualismo ou do cuidado ou de voltar-se ao outro – mesmo que historicamente tais tarefas tenham tocado às mulheres. Trata-se mais de uma questão de encontrar maneiras de relacionar-se, agir e ser do que de não cair em velhos padrões de *ressentimento*, dominação e competitividade. É uma questão de não ser governado por forças reacionárias ou sentimentos negativos, tais como medo, ciúme ou insegurança. É uma questão de ser capaz e estar pronto para ficar acima de tais condições, mais do que de deixar que elas fujam do controle. É uma questão de ser afirmativo e criativo, mais do que de reagir a ameaças, continuando, portanto, um ciclo de hostilidade e de marginalização, no qual os homens são vistos como opressores, ou em que as minorias raciais tornam-se terreno para despejo da frustração feminina e branca.

As críticas feministas do falogocentrismo têm sido consideradas reativas pelas feministas deleuzianas, que argumentam contra a tendência de produzir mais uma grande narrativa, como se uma história correspondesse à experiência de mulheres diversas, e como se o privilégio da diferença sexual estivesse embutido na própria estrutura da subjetividade, considerando as diferenças raciais ou de classe necessariamente derivativas ou secundárias em relação à diferença sexual. Conforme pergunta Colebrook, "o feminismo pode ser a afirmação de um evento e não mais uma narrativa fundadora?" (2000, 13). Assumindo a celebração feita por Nietzsche do afirmativo, do positivo e do ativo, mais do que do reativo, Deleuze enfatiza eventos, singularidades, intensidades e fluxos em um discurso que é antirrepresentacionalista. Para Deleuze e Guattari, a "única questão é como as coisas funcionam, com suas intensidades, fluxos, processos, objetos parciais [...] O que importa é se funciona, como funciona e para quem funciona"? (Deleuze, 1995, 22). Em uma crítica interessante do que chamam de "feminismo corporal" – em que incluem Butler (1993), Rosi Braidotti (1994), Teresa Brennan (1993), Rosalyn Diprose (1994), Robyn Ferrell (1991), Elizabeth Grosz (1994) e Moira Gatens (1996) – Bray e Colebrook argumentam que essas teóricas foram desencaminhadas por uma ênfase excessiva à representação, uma adesão contínua (mesmo que na resistência) a uma ainda, em última análise, dicotomia cartesiana entre mente e matéria, ou representação e materialidade, e uma atitude reativa em direção ao patriarcado. Essa versão do feminismo permanece devedora de um legado hegeliano, mesmo quando tenta superá-lo. Como resultado, ela constrói o maternal-feminino como o outro reprimido, negado ou excluído do pensamento fálico. De acordo com o feminismo corporal, o patriarcado impõe representações idealizadas de beleza. Igualadas nessa cultura com a magreza, tais representações são internalizadas e, como resultado, os transtornos alimentares, como a anorexia, são lidos como algo que resulta de práticas capitalistas perniciosas e patriarcais, que controlam as imagens do corpo das mulheres tanto quanto controlam os padrões de consumo. O que nós queremos – e não queremos – deriva diretamente de estarmos condicionadas por ideais irrealizáveis de feminilidade que saturam o mercado sob a forma de uma beleza de supermodelos transformada em mercadoria. Como Bray e Colebrook apontam, essa compreensão pressupõe que os consumidores de imagens idealizadas de feminilidade não são somente passivos, mas também incapazes de criatividade. Lendo tais teóricos como influenciados por Irigaray, eles (Bray e Colebrook) propõem uma leitura deleuziana da anorexia, que se recusa a ver o corpo anoréxico como patológico, em oposição a alguma imagem corporal ostensivamente normal, tida como autêntica. Assumindo a insistência de Deleuze de que não há um corpo geral, e nem uma teoria só, Bray e Colebrook sugerem que o corpo anoréxico não deve ser visto como uma resposta patológica para as representações falocêntricas dos corpos das mulheres, mas como um evento criativo, em uma rede de outros eventos. As autoras falam de uma "gramática específica" das práticas anoréxicas, tais como "contagem de calorias", "pesar e medir o corpo" e "vários regimes dietéticos", afirmando que "não há anoréxicos, apenas atividades de dietas, de mensuração, de regulação e de cálculo" (1998, 62). "O corpo anoréxico pode ser visto como uma intensidade que ocorre no âmbito de um campo positivo de produção. Esse campo não seria um objeto isolado para análise (o anoréxico), mas um evento conectado a outros eventos (essa prática, com esse efeito, com essa prática, com essa conexão, com esse corpo, com esse signo, etc.)" (63). Demonstrando uma preocupação com a singularidade, Bray e Colebrook distanciam-se tanto das teorias psicanalíticas, que postulam o falo como o principal significante do corpo, quanto das análises pós-estruturalistas, que leem o corpo meramente como um signo. Embora Deleuze e Guattari, como Nietzsche, sustentem a ideia do inconsciente, eles não restringem sua interpretação ao complexo de Édipo. Fazê-lo é domesticar a libido (ver Deleuze, 1995, 16-17). Conforme diz Rosi Braidotti: "Deleuze define o inconsciente como uma força produtiva e propulsora de fluxos ou intensidades" (2000, 161). Para Deleuze, "O inconsciente não é um teatro, mas uma fábrica, uma máquina que produz, e o inconsciente não está o tempo inteiro brincando com a mamãe e o papai, mas com raças, tribos, continentes, história e geografia, sempre alguma moldura social" (Deleuze, 1995, 144). Deleuze e Guattari veem a teoria psicanalítica clássica como algo similar ao capitalismo: ambos incorrem em dívidas infinitas. No caso da psicanálise, não é o crédito, mas o complexo de Édipo que apresenta uma dívida sem fim (ver 17 e 181). Conforme diz Vernena Andermatt Conley: "Édipo é um criado da economia capitalista" (2000, 20). Para Deleuze e Guattari, a psicanálise é "bastante entediante e triste quando se restringe a Édipo, castração, pulsão de morte, etc." (22). Talvez a questão que permaneça seja a de quanto a psicanálise é capaz de renovar-se, de modo que ela não continue a perpetrar um pensamento excludente, pois é da resposta a essa questão que sua utilidade depende. Anne McClintock (1995) e Hortense Spillers (1997) estão entre aquelas pessoas cujo trabalho aborda essa questão de modo produtivo, abrindo a psicanálise ao discurso da raça, no caso de Spillers, e, no caso de McClintock, buscando uma análise rigorosa do *corpus* freudiano no contexto de raça, classe e gênero. Em particular, McClintock está interessada em como os discursos coloniais construíram o desejo de modo hegemônico.

Até este momento, embora minha análise tenha criticado as maneiras como um modelo cartesiano e dualista tem dado forma a alguns modelos da distinção sexo/gênero, eu não mostrei como algumas teóricas feministas foram capazes de ir além dos dualismos estéreis. Na parte final deste capítulo, farei uso da obra de Gatens e de outras teóricas feministas que constataram o valor da crítica de Espinosa a Descartes, muitas delas utilizando a obra de Deleuze e Guattari. Embora Gatens esteja incluído no grupo de feministas que Bray e Colebrook chamam de "feministas corpóreas", de fato sua utilização de Espinosa e Deleuze no pensamento feminista é anterior ao argumento de Bray e Colebrook. Além de sobrelevar-se ao dualismo cartesiano, a trilha que eu mapeio por meio de Espinosa, Deleuze, Guattari e da teoria feminista enfatiza uma nova maneira de pensar a história da filosofia, a necessidade de ir além dos modelos que privilegiam o reconhecimento e a importância de um pensamento afirmativo, e não de um pensamento reativo.

Às vezes, Deleuze é dado a declarações excessivas, especialmente quando descreve sua relação com a história da filosofia com o modo como tem sido tradicionalmente ensinada.

"Não aguentava Descartes, os dualismos e o *cogito*, ou Hegel, a tríade e a operação da negação" (Deleuze e Parnet, 2002, 14). Ele pertence, conforme nos diz, a "uma das últimas gerações" a ter sido "mais ou menos escorraçada até a morte com a história da filosofia" que "desempenha um papel eminentemente repressivo na filosofia" (Deleuze, 1995, 6). O marxismo, a psicanálise freudiana e a linguística saussuriana são também caracterizadas como repressivas: são "novos aparelhos de poder no próprio pensamento" (Deleuze e Parnet, 2002, 14). Deleuze chama a abordagem tradicional à história da filosofia de "a própria versão da filosofia do complexo de Édipo" (1995, 6). Entre outras coisas, está o universalismo dos sistemas de pensamento tais como o marxismo, que imita o do alvo de sua crítica, e o capitalismo, a que Deleuze e Guattari se contrapõem (ver 1988, 20). Isso não quer dizer que ele veja sua própria filosofia como antissistemática, mas que ele e Guattari veem o "conceito de sistema" em si como algo que mudou (Deleuze e Guattari, 1994, 9). Deleuze entende a sistematicidade de um modo aberto, ou, como diz Paul Patton, citando uma observação dirigida a Jean-Clet Martin, "ele vislumbra 'um sistema em heterogeneidade perpétua'" (2000, 17). O privilegiar da heterogeneidade ou diferença sobre a homogeneidade e a similaridade, e a elaboração de como os conceitos entram em contato com novos problemas, dando surgimento a diferentes configurações, ou sua interação sob novas formas, é tratado em um dos livros mais importantes de Deleuze, sob o título de *Diferença e Repetição*. Os conceitos "têm sua própria maneira de não morrer enquanto permanecem sujeitos às restrições da renovação, da recolocação e da mutação que dão à filosofia uma história e também uma geografia turbulentas" (Deleuze e Guattari, 1994, 8). De acordo com Deleuze, a filosofia não é mais contemplação do que é reflexão ou comunicação (6). Em vez disso, "o objeto da filosofia é criar conceitos que são sempre novos [...] Os conceitos não estão nos esperando prontos, como corpos celestiais. Não há um céu de conceitos. Eles devem ser inventados, fabricados, ou melhor, criados" (5). Não há um mundo platônico de ideias eternas, nenhuma verdade para além deste mundo. A filosofia está "em estado perpétuo de digressão ou 'digressividade'" (23).

A rejeição de Deleuze a uma certa abordagem da história da filosofia não deve ser considerada como uma condenação direta dela. É a uma determinada e dominante "imagem de pensamento" (ver Patton, 2000, Capítulo 1) que ele objeta, de acordo com a qual a história da filosofia tem desempenhado o papel de "agente de poder [...] como pensar sem ter lido Platão, Descartes, Kant e Heidegger e o livro de fulano ou sicrano sobre eles? Uma escola formidável de intimidação que produz especialistas em pensamento" (Deleuze e Parnet, 2002, 13). Seu interesse está naqueles filósofos que oferecem "uma crítica da negatividade" e uma "denúncia do poder" (Deleuze, 1995, 6). Os filósofos que Deleuze lista em sua visão antirrepresentativa, antidualista, antimoralista e antidogmática da filosofia "escaparam" à história da filosofia "em um aspecto ou em tudo: Lucrécio, Espinosa, Hume, Nietzsche, Bergson" (Deleuze e Parnet, 2002, 14-15). Esses pensadores são antirracionalistas, afirmativos, inventivos, criativos, produtivos e experimentais. "Eles procedem apenas por meio de uma força positiva, afirmativa" (15). Ao contrário, a história padrão da filosofia:

> Sufoca toda a vida na busca de um primeiro princípio abstrato. Toda vez que se acredita em um grande primeiro princípio não se pode mais produzir nada que não sejam dualismos grandes e estéreis [...] De fato, o primeiro princípio é sempre uma máscara, uma simples imagem. Isso não existe, as coisas não começam a mover-se e a viver antes que se chegue ao nível do segundo, do terceiro e do quarto princípios, e esses não são mais sequer princípios. (54-5)

Veremos em breve que Deleuze interroga o primeiro princípio fundador da filosofia moderna, a saber, o *cogito* cartesiano, colocando em questão se este, de fato, constitui o começo ou a base que Descartes constrói. Talvez, sugere Deleuze – que prefere invocar os princípios "medianos" mais do que os primeiros princípios da filosofia –, somente "pareça haver um começo" (1994, 129). Deve estar claro que, conforme sugere Paul Patton, a abordagem de Deleuze à história da filosofia é similar à de Derrida porque, longe de repudiá-la, ambos a reescrevem em um certo sentido (ver Patton, 2000, 15-17). Deleuze até mesmo assume a ideia da "leitura dupla" (1988, 129), uma noção que se tornou um marco de Derrida; Deleuze, pode-se dizer, o faz reinscrevendo a diferença no cânone.

Deleuze critica o que chama de "modelo de reconhecimento" característico "do *Teeteto*, de Platão, das *Meditações*, de Descartes e da *Crítica da razão pura*, de Kant" (1994, 134). Já que é contra seu professor cartesiano, Alquié – juntamente com o renomado erudito hegeliano Hyppolite (ver Deleuze e Parnet, 2002, 12) –, contra quem Deleuze considera necessário rebelar-se (evitaremos a afirmação de que ele deva matar seu pai!), tomemos Descartes como nosso exemplo. Nossas razões para fazê-lo não são somente biográficas; o *cogito* cartesiano encontrou seu caminho nas construções de sexo e gênero, em relação aos quais, conforme observam Deleuze e Guattari, ele é "um dos melhores e mais conhecidos conceitos filosóficos assinados". Assim, ele pode servir bem às nossas intenções. Da mesma forma que certas construções de sexo e de gênero nos são transmitidas, nós herdamos os seguintes "conceitos assinados" que identificamos com "nomes próprios", que servem como marcadores históricos para designar as *"personae conceituais* intrínsecas" que "assombram" os conceitos (Deleuze e Guattari, 1994, 24) e ajudam a defini-los (ver 2): "a substância de Aristóteles, o *cogito* de Descartes, a mônada de Leibniz, a condição de

Kant, a força de Schelling e a duração [*durée*] de Bergson" (7). Porém, esses conceitos que são assinados ou criados por certos "grandes filósofos" (28) também têm uma história (ver 18), eles não surgem do nada. Os conceitos "nunca são criados a partir do nada" (19). Em vez disso, eles surgem do tornar-se outro de conceitos filosóficos mais antigos, e são transformados por novos componentes que se apresentam a eles. Assim, enquanto em Descartes o *cogito* "cristaliza-se" em um conceito (26), o *cogito* cartesiano é transformado pela versão do *cogito* de Kant, por meio da introdução explícita do tempo no conceito do eu [*self*] como "Eu penso".

O *cogito* cartesiano assumiu, por assim dizer, vida própria, gerando todos os tipos de paradigmas (talvez ilegítimos, mas ainda assim influentes) para o pensamento. Entre eles, inclui-se o modelo para pensar o sexo e o gênero. O sexo é considerado algo dado: presume-se que os corpos masculinos e femininos existem em si e por si, com a distinção "biológica" entre masculino e feminino servindo como uma base estável sobre a qual podem ser mapeados, com relativa equanimidade, os conceitos "sociais" ou comportamentais da masculinidade e da feminilidade. Conforme diz Gatens: "O dualismo corpo/mente associado ao cartesianismo alimentou o dualismo sexo/gênero em que as capacidades corporais de cada sexo são consideradas relativamente fixas (nos limites de uma determinada variação). A cultura pode influenciar a forma final assumida pela subjetividade de gênero, mas apenas no âmbito dos parâmetros estabelecidos pela natureza" (2000, 57; ver também Gatens, 1996, 1-20). Gatens argumenta – e isso é mais uma antecipação da crítica de Bray e Colebrook ao feminismo corporal que uma resposta a ela – que Deleuze, especialmente ao fazer uso de Espinosa, oferece recursos valiosos para o pensamento feminista. As versões dualistas e cartesianas da metafísica em que as concepções de sexo e gênero frequentemente se baseiam – seja de modo não autoconsciente, seja de modo impreciso – dão espaço a uma visão de sexualidade que é mais aberta a identidades transgênero. A base supostamente "natural" do corpo se torna um híbrido do "artificial" e do "natural"; os corpos não são mais vistos como um terreno estável e passível sobre o qual se ergue o gênero. Ao mesmo tempo, nas palavras de Gatens e Lloyd, "a filosofia [de Espinosa] permite que a preocupação moderna com a individualidade do sujeito autônomo se reconecte aos ideais de comunidade, sem, por isso, transformar a individualidade conquistada a muito custo em uma identidade abrangente, preexistente e coletiva" (1999, 2).

De acordo com Deleuze e Guattari, Espinosa recebe o título de "príncipe dos filósofos" porque é, talvez (com a exceção de Bergson, que é "maduro" o suficiente para seguir sua "inspiração"), o "único filósofo a nunca se ter comprometido com a transcendência" (1994, 48). É a filosofia da imanência radical de Espinosa, sua insistência em um monismo materialista infinitamente complexo, que se mostrou tão atraente para filósofas feministas como Gatens e Rosi Braidotti. Para Braidotti, "a noção de imanência radical" oferece "um extremo político relacionado a questões de poder. Ela também abre a teoria crítica a uma dimensão ética e ecológica que coloca o sujeito em relações sociais de poder. As pretensões de conhecimento repousam na estrutura imanente da subjetividade e devem resistir à força gravitacional exercida pela transcendentalidade abstrata" (2002, 62). Conforme diz Gatens, para Espinosa:

> A racionalidade não é uma capacidade transcendente de uma "mente" incorpórea, mas um poder imanente de natureza ativa. Nem a razão nem a lei chegam a nós "de cima", mas desenvolvem-se imanentemente a partir de nossas situações coletivas. De modo irônico, é precisamente porque os filósofos frequentemente não conseguem reconhecer a corporificação da razão e do conhecimento que sua própria imaginação (corporificada) desempenha um papel tão importante em seus relatos "racionais" da política, da moralidade e da justiça. (1996, 148)

Gatens continua, dizendo que Espinosa ajuda a:

> afastar-nos das compreensões dualistas da diferença sexual (sexo/gênero) em direção à compreensão das diferenças conforme constituídas por meio de uma rede relativamente estável, mas dinâmica, de poderes relacionais, capacidades e afetos. A teoria imanente e monística do ser de Espinosa [...] permite que teorizemos sobre as interconexões de corpos sexualizados e outros complexos corporais, tais como a política do corpo ou outras congregações institucionais (como a lei, por exemplo). É somente no âmbito dessas congregações complexas que os corpos sexualizados são produzidos como corpos social e politicamente significativos [...] Já que Espinosa sustenta que não pode haver relação causal entre a mente e o corpo (porque ambos são modificações dos atributos de uma só substância, ou natureza), o sexo, em certo sentido, deve ser gênero, embora "expresso" ou manifestado por meio do atributo da extensão, e não do pensamento. Isso significa dizer que o sexo é uma "organização" extensiva particular dos poderes materiais e das capacidades de um corpo, ao passo que o gênero diria respeito aos poderes afetivos e aos afetos de tal corpo. (149)

Tal compreensão considera tanto o "sexo" quanto o "gênero" dinâmicos, ambos sendo concebidos como "campos complexos de interconexão de poderes e afetos" (149).

A concepção espinoso-deleuziana dos corpos, das congregações e do papel dos afetos e da imaginação dá surgimento a uma maneira mais adequada de pensar o sexo e o gênero, uma maneira que está mais de acordo com avanços tecnológicos recentes por meio dos quais passar de um sexo a outro tornou-se possível, e os conceitos de sexo e gênero são construídos como fluidos e maleáveis, como parte de um nexo que é apenas um aspecto de entidades e relações complexas. Ao mesmo tempo, oferece uma maneira útil de pensar sobre como as imagens do corpo, ou esquemas corporais são sempre já derivados do que Benedict Anderson chamou de "comunidades imaginadas" (1991) (embora não se reduzam a elas), ficções ou mitos poderosos, compartilhados e normativos que ditam imaginários nacionais às vezes racializados. Os imaginários estilizados e de gênero também dão forma aos nossos modos de vida psíquicos, aos quais nos habituamos, incentivando-nos, por exemplo, a que nos comparemos com imagens idealizadas da feminilidade e a que constatemos nossa insuficiência. Pode-se ver como essas ficções normativas iluminam práticas tais como a anorexia nervosa e a bulimia. Ao mesmo tempo, é necessário dar conta da dinâmica específica de tais práticas sem fazer uso da explicação dos transtornos alimentares como se eles fossem simplesmente um resultado de ideais culturais de magreza (ver Mclane, 2003).

A fim de ver como Deleuze, especialmente sua leitura de Espinosa, pode oferecer recursos para a teoria feminista, precisaremos nos familiarizar, ainda que de modo limitado, com alguns poucos detalhes da abordagem de Deleuze. Em especial, Deleuze faz uso de Espinosa, que, ao ir além do dualismo mente-corpo de Descartes, apresenta uma filosofia na qual ele não só apela ao corpo mais do que à mente como modelo para os filósofos (ver Deleuze, 1988, 17), mas também concorda mais quanto aos afetos do que Descartes – cujo apego à racionalidade é bem conhecido. A importância do corpo e dos afetos – tipicamente denegrida por uma tradição identificada com o masculino – tem, é claro, oferecido à teoria feminista recursos para pensar que frequentemente parecem ter escapado à tradição filosófica dominante. Espinosa prova ser a exceção à tradição nesse aspecto; o retorno de Deleuze a Espinosa ajudou a trazer isso à luz e, ao fazê-lo, provou ser um ímpeto valioso para as filósofas feministas, de Braidotti a Gatens. Em *Metamorphoses*, adotando uma linguagem deleuziana, Braidotti sugere que "a questão não é saber quem somos, mas, ao contrário, o que, finalmente, queremos vir a ser [...] Ou, como Laurie Anderson diz, argutamente: hoje em dia os humores são mais importantes do que os modos de ser" (2002, 2).

Dizer que Espinosa toma o corpo em vez da mente como modelo não deve ser tomado como algo que indique que ele meramente reverta a posição cartesiana. Se Descartes define os seres humanos como essencialmente pensantes, mais do que como substâncias corporais, estendidas, "Espinosa rejeita qualquer superioridade da mente sobre o espírito [...] não a fim de estabelecer uma superioridade do corpo sobre a mente, o que não seria mais inteligível do que o contrário" (Deleuze, 1988, 18; ver também Mullarkey, 1997, 447). Conforme Gatens e Lloyd dizem: "Para Espinosa, as mentes e os corpos estão unidos não em interações causais, mas nas relações das ideias a seus objetos" (1999, 1). Está em jogo, para Deleuze, o abandono de Espinosa do pressuposto de que a consciência domina as paixões e, ao fazê-lo, funda uma moralidade que está ostensivamente baseada no privilégio da razão. Em vez disso, de acordo com o paralelismo de Espinosa, "o corpo supera o conhecimento que nós temos dele, e [...] *o pensamento da mesma forma supera o conhecimento que nós temos dele*" (Deleuze, 1988, 18). A filosofia, então, de acordo com Deleuze, não é nem uma questão de consciência que domina as paixões – uma visão que resultaria em um moralismo que Deleuze, seguindo Nietzsche, condena – nem é uma questão de reflexão consciente, como no modelo meditativo adotado por Descartes e adaptado pela fenomenologia, que presume que o método filosófico é uma questão de tornar mais rigoroso aquilo que nós sempre já fazemos como algo natural.

Seja uma questão da passagem de Heidegger "da compreensão pré--ontológica para a ontológica do Ser" (ver Deleuze, 1994, 129) ou a extrapolação que Descartes faz de um método filosófico, Deleuze é crítico em relação à ideia de que o impulso da filosofia reside em tornar explícito aquilo que já é implícito. Assim, "o pensamento filosófico conceitual tem como pressuposição implícita uma imagem filosófica de pensamento natural, emprestada do puro elemento do senso comum" (Deleuze, 1994, 131). Já que ele começa pela premissa de que todos já sabem o que é pensar, tudo o que Descartes tem a fazer é considerar mais rigoroso o que nós já (supostamente) fazemos, disciplinando o pensamento. "É porque todos pensam naturalmente que se pensa que todos devem implicitamente saber o que é pensar" (131). A ideia de que o pensamento é uma "capacidade natural" da qual estamos todos dotados, e que ela está aliada com a verdade ou tem "uma afinidade" com ela não é aceita por Deleuze. Para ele, "os homens raramente pensam, e mais frequentemente sob o impulso de um choque do que pela empolgação de um gosto pelo pensar" (132). "Algo no mundo nos força a pensar. Esse algo é um objeto não do reconhecimento, mas de um *encontro* fundamental" (139). O que nós encontramos "pode ser entendido em uma variedade de tons afetivos: maravilhamento, amor, ódio, sofrimento [...] O objeto do encontro [...] dá surgimento à sensibilidade" (139). Enquanto o procedimento de Descartes acerca da dúvida radical, elevado a um método para a filosofia, consiste em descartar sistematicamente o contingente e o acidental a fim de preservar o necessário e o essencial, para Deleuze é precisamente o "involuntário", o "ilegítimo" e o "fortuito" (139) e mesmo o "monstruoso" (1995, 6) que deve ser celebrado. É a "estranheza" ou a "inimizade" que nos desperta para o pensamento (1994, 139). Ao concluir que a única coisa de que pode estar certo é "Penso, logo existo" (*Cogito ergo sum*), Descartes apela para um modelo de reconhecimento e, ao fazê-lo, privilegia a harmonia. Ele busca o acordo entre todas as faculdades, fundado na unidade de seu conceito de eu.

Conforme diz Deleuze: "A forma do reconhecimento nunca sancionou nada além do reconhecível e do reconhecido; a forma jamais inspirará nada além de conformidades" (1994, 134). Quando a Declaração dos Direitos do Homem foi interpretada de um modo que não estendia a igualdade aos escravos nem que os considerasse tão civilizados quanto quem detinha o poder sobre eles, o que estava em jogo era o fracasso de reconhecê-los como integralmente humanos. A fim de qualificar-se como humano, parece, o sujeito teria de ser visto imitando ou aproximando-se de seus mestres. A diferença da cor da pele, por isso, tornou-se indicativo do fracasso dos escravos afro-americanos de representar uma humanidade supostamente ideal, incorporada pelos brancos, que se consideravam a encarnação da verdadeira humanidade. O modelo de representação e de verdade que está em funcionamento aqui encontra-se sob o ataque de Deleuze, para quem a crítica de Nietzsche, não das "falsas afirmações de verdade, mas da verdade em si e como um ideal" é pertinente (Deleuze, 1983, 95). Querer a verdade é opor o mundo a "outro mundo" (96) – um mundo que está além deste mundo, um mundo de verdade eterna. Fazê-lo é querer que "a vida repudie a si mesma e se torne contrária a si mesma" (96).

> Aquele que repudia a vida é também aquele que quer uma vida diminuída, um diálogo do seu tipo e, além disso, de seu poder e triunfo, o triunfo e o contágio de forças reativas. Neste ponto, as forças reativas descobrem o aliado perturbador que os leva à vitória: o niilismo, a vontade do nada [ver Nietzsche, 1989]. A vontade do nada que só pode conter vida sob a forma reativa. A vontade do nada é aquela que usou as forças reativas como

uma maneira de garantir que a vida *deve* contradizer, negar e aniquilar a si mesma. (96-97).

Para voltar a Descartes, tome-se o exemplo da cera, pelo qual Descartes busca demonstrar que a própria coisa em que poderíamos estar tentados a confiar, isto é, a evidência dos sentidos, deve, de fato, ser descartada como não confiável. Apagada, a cera de uma vela é dura, cilíndrica e sólida em sua cor; porém, se a acendemos, suas propriedades mudam: a mesma vela se torna mole, seu volume se expande, e ela se torna translúcida. Como, então, posso confiar nas evidências de meus sentidos, naquilo que minha visão, tato, olfato, audição e paladar me informam? O conhecimento de que é a mesma vela, apesar de suas mudanças, deve vir de outro lugar. Minha capacidade de reconhecer que a identidade da vela não mudou, apesar das aparências, deriva do acordo entre as várias faculdades, baseado na "unidade de um sujeito pensante" que oferece a "base" da "forma da identidade" (Deleuze, 1994, 133). "O reconhecimento depende, assim, de uma base na unidade de um sujeito pensante do qual todas as outras faculdades devem ser modalidades. Esse é o significado do *cogito* como um começo" (133). Portanto, "O reconhecimento deve ser definido pelo exercício harmonioso de todas as faculdades acerca de, supostamente, um mesmo objeto: o mesmo objeto pode ser visto, tocado, lembrado, imaginado ou concebido [...] Como Descartes diz sobre o pedaço de cera: "é claro que se trata do mesmo pedaço de cera que eu vejo, que eu toco, que eu imagino; em poucas palavras, da mesma cera em que eu pensava desde o início" (Deleuze, 1994, 133; Descartes, 1979, 155 [tradução alternativa]). No processo de estabelecer a prioridade do pensamento sobre os sentidos, Descartes coloca juntas as diferentes funções das faculdades, sobrepondo nelas a unidade que ignora sua divergência.

Para Deleuze, a filosofia errava quando presume que o pensar, o ser e o eu são conceitos que de alguma forma já são conhecidos de antemão ou que, como diz Deleuze, "Todos conhecem" (1994, 130). Dada a importância de Espinosa para o pensamento de Deleuze e dado o fato de que é "mais provável" para os "Escritores, poetas, músicos e diretores de cinema – também para os pintores e mesmo para os leitores ocasionais constatar que são espinosistas [...] do que para os filósofos profissionais" (1988, 129) talvez não seja acidental que "Todos sabem" seja o refrão de uma das melhores canções do poeta e músico Leonard Cohen! Afinal de contas, Deleuze privilegia a literatura anglo-americana em detrimento da francesa, porque os franceses estão por demais presos à história. "Eles não sabem como vir a ser" (Deleuze e Parnet, 2002, 37). Ao contrário, "a literatura norte-americana opera de acordo com linhas geográficas: a fuga rumo ao Oeste [...] O vir a ser é geográfico" (37). Deleuze e Guattari estão atentos às metáforas em uso nos sistemas filosóficos, que eles ponderam cuidadosamente, já que tais metáforas têm uma boa dose de impacto sobre o que eles chamam de "imagem do pensamento". Conforme diz Patton: "Contra a imagem arborescente que tem sido prevalente na história da filosofia, eles propõem uma imagem rizomática do pensamento em que os conceitos não são nunca estáveis, mas estão em estado de fluxo constante como se fossem modificados ou transformados na passagem de um problema para o outro" (2000, 16-17). O estruturalismo é um "sistema de pontos e de posições, que opera por meio de cortes que são supostamente significativos em vez de procederem por impulsos e rupturas. Ele entorta as linhas de fuga em vez de segui-las, traçá-las e estendê-las em um campo social" (Deleuze e Parnet, 2002, 37). Os franceses "são demasiadamente afeitos a raízes, árvores, a pesquisas, aos pontos de arborescência, às propriedades" (Deleuze e Parnet, 2002, 37). Deleuze eleva a imagem do "rizoma" acima daquela da "árvore" (1994, xvii; ver Patton 2000, 17). O pensamento rizomático, em oposição à arborescência, ou esquema majoritário, conforme diz Braidotti, "incentiva cada sujeito a capacitar-se como uma multiplicidade e entre múltiplos eixos" (2002, 74-75). O modelo do rizoma "opera como um processo imanente" e "diferentemente das árvores e de suas raízes, o rizoma conecta um ponto a qualquer outro ponto" e "é composto apenas por linhas"; é "antigenealogia. É uma memória de curto prazo" que "operar por variação, expansão, conquista, captura, ramificações [...] o rizoma pertence a um mapa que deve ser produzido, construído" (Deleuze e Guattari, 1988, 20-21).

Deleuze retira suas imagens da geografia, dos elementos naturais, das paisagens e da animalidade. Ao mesmo tempo, faz uso das artes, acompanhando uma injunção de Espinosa, que "ensina o filósofo a tornar-se um não filósofo" (1988, 130). A *Ética* (1955) de Espinosa é caracterizada por Deleuze como um "rio-livro" (1997, 151). Como "discurso do conceito", ela aparece como "um longo, tranquilo e poderoso rio" (145). Porém, ao mesmo tempo, a *Ética* é um "livro de fogo" (151). "É como uma cadeia quebrada, descontínua, subterrânea, vulcânica, que, em intervalos irregulares vem interromper a cadeia de elementos demonstrativos, a grande e contínua cadeia fluvial" (146). Outra imagem é aplicada ao livro V da *Ética*, "um livro aéreo de luz" (151), de modo que não há uma, mas três "éticas" – aquela do signo, aquela do conceito e aquela da essência, constituindo "o mesmo mundo", conectado por "pontes" (151). Juntamente com as "zonas", "pontes móveis" são "as juntas de um conceito", as "junturas, ou desvios" (Deleuze e Guattari, 1994, 20; 22). Novamente, a *Ética* é uma "composição musical" (1988, 126). Se a *Ética* de Espinosa é um rio – ou fogo, ou luz, ou música, dependendo de qual aspecto enfatizemos, os conceitos são "como ondas múltiplas" e um plano de imanência é uma "onda simples" ou é como um "deserto" (Deleuze e Guattari, 1994, 36). Noções como as de tornar-se animal também estão presentes na obra de Deleuze. Diz Braidotti: "E se por comparação com o *know-how* dos animais, a autorrepresentação consciente fosse arruinada pelas ilusões narcisísticas e consequentemente cegadas por suas próprias aspirações à autotransparência"? (2002, 136). Lorraine distingue o tornar-se animal do imitar animais. "O verdadeiro tornar-se animal coloca o sujeito nos limites das lógicas corporal e conceitual já formadas e, assim, traz consigo a desestabilização da consciência ciente que força o sujeito a uma resposta genuinamente criativa" (1999, 181-182).

Deleuze e Guattari também discutiram o "tornar-se mulher" (1988, 275-6). Pelagia Goulimari sugere que leiamos suas descrições do "tornar--se mulher" juntamente com suas afirmações de que "todo o tornar-se começa com e transita pelo tornar-se mulher" (1988, 277). Eles assim:

> reconhecem o sucesso do feminismo em abrir caminho para o desejo de tornar-se outro, isto é, outro diferente do seu próprio "eu", outro que não um ramo da árvore dos homens, outro que não um referente subordinado à Lei da Regra da Maioria. Segundo, essas descrições servem para lembrar-nos da responsabilidade histórica do feminismo de manter seu caminho aberto para seus próprios – e dos outros – movimentos minoritários, a seus próprios – e dos outros – pontos de subordinação, de modo que "mulher" irradie sua qualidade como um referente universal e se torne uma multiplicidade de máquinas de referência e máquinas de expressão. (1999, 103)

Já que tornar-se animal e tornar-se mulher, discutidos no Capítulo 10 de *Mil Platôs*, são temas que foram buscados ostensivamente, e talvez mais com maior profundidade do que outros temas deleuzianos, mais que multiplicar essas discussões, eu indico ao leitor a obra de quem já tratou delas, como Braidotti (2002), Lorraine (1999), Olskowski (2000), Conley (2000) e Flieger (2000).

Todos os conceitos têm componentes diferentes: "não há um conceito só" (Deleuze e Guattari, 1994, 19). O *cogito* de Descartes, "Penso, logo existo", tem três componentes: "duvidar, pensar e ser" (24). Esses componentes são *variações* simples" (20). O "eu" funciona como um ponto de condensação (ver 20). Que Deleuze é crítico da autoridade da psicanálise é algo que não implica seu completo repúdio a ela. Ao contrário, a influência da psicanálise é evidente sobre seu pensamento. É duvidoso, por exemplo, que Deleuze tivesse usado o termo "condensação" (ver 20-1) do modo que o usa não fosse pelo privilégio que a psicanálise tem concedido ao termo. Isso não é nenhuma aberração, dado que "todo conceito sempre tem uma história" e que "em qualquer conceito há normalmente partes de componentes que vêm de outros conceitos" (18).

"Sou um ser pensante" fecha o conceito do "eu" como "totalidade fragmentária" (26). Os conceitos são unidos por pontes. Nas *Meditações* de Descartes a "ponte" entre "o conceito de eu e o conceito de Deus" (26) é a afirmação de Descartes de que uma das ideias que eu tenho é a de Deus, e que o próprio conceito de Deus necessariamente implica a ideia de infinitude: "entre minhas ideias está a ideia de infinitude" (26). Como "o conceito de eu", "o conceito de Deus tem também três componentes – as três provas da existência de Deus. Por sua vez, a terceira prova ontológica de Deus constitui uma ponte para outro conceito, o da extensão. Assim, Descartes constrói uma espécie de "muro de pedra", erguido com "linhas divergentes" (23). Os conceitos "passam para trás e para a frente" entre seus componentes, que são "inseparáveis" uns dos outros: é isso que dá aos conceitos sua "consistência" (23).

O *cogito* de Kant "considera a dúvida inútil" (31) e desafia o conceito de Descartes acerca do *cogito* por eliminar o tempo do conceito de eu. O conceito kantiano tem quatro, e não três componentes, um dos quais é o tempo; mas, ao introduzir o tempo no conceito de eu, Kant também muda o conceito de tempo. O tempo não é mais uma "forma da anterioridade", como havia sido para Platão, nem "um modo simples de sucessão que se refere à criação contínua", como havia sido para Descartes; torna-se agora uma "forma da interioridade" (32). O tempo agora se torna um componente do *cogito*, de onde Descartes o havia expulsado, ou "reprimido" (31). O *cogito* nasce novamente – é definido por um novo plano, e por um novo problema. O plano cartesiano sobre o qual ocorre o *cogito* deveria desafiar qualquer pressuposição objetiva explícita (ver 26), e o problema ao qual o *cogito* respondia era: "começando com qual conceito pode a verdade como certeza subjetiva absolutamente pura ser determinada"? (26-27). O plano de Kant é o "transcendental" (31), mas ele permanece preso na imagem dogmática do pensamento.

Pode-se continuar traçando o modo como os conceitos são revividos pelos filósofos, que os rejuvenescem, mas, no processo, também desafiam os filósofos que originalmente os assinam – com efeito, Deleuze e Guattari incentivam a introdução de novos exemplos (ver 19). Levinas, por exemplo, retorna a uma concepção cartesiana do tempo ao privilegiar a instantaneidade e a descontinuidade, e sua ênfase da novidade que cada novo instante introduz no tempo, que é agora concebido como ruptura, como interrupção, com cada novo instante, e voltando de novo a si – uma descontinuidade contínua. Se, de um modo, Levinas inspira nova vida à ideia cartesiana de tempo como aquilo que é recriado a cada momento, de outro modo, inspira nova vida à ideia kantiana de sujeito, que, como Deleuze e Guattari dizem, "torna-se outro" (32). Para Levinas, é o Outro, não o Eu, que está no centro do mundo. O mundo do filósofo não é mais egocêntrico. Enquanto, para Kant, o sujeito torna-se um outro para si mesmo por meio da representação, como "necessariamente representando sua própria atividade de pensamento a si mesmo como o Outro (*Autrui*)" (32), para Levinas, o tempo em si vem do outro (ver Levinas, 1987), e como tal é o Outro, não Deus (como é para Descartes), que renova o sujeito a todo instante. O Outro me recria, ou me faz nascer de novo: O Outro, por quem sou infinitamente responsável, é que me faz outro para mim mesmo, não minha própria capacidade para representar-me para mim mesmo (como ocorre com Kant). O *cogito* de Descartes é, portanto, não só deslocado por Levinas por meio de um desvio kantiano que se torna revitalizado; ele é retirado do sistema integralmente. O sujeito não está mais centrado no "Eu penso", nem no Ser, nem na dúvida, mas está radicalmente descentrado pela alteridade do outro. Não se trata mais de uma questão de "Eu penso, logo existo", mas sim de que eu me descubro como já estando em relação com o Outro, e como tal sou responsável desde tempos imemoriais. O conceito de Levinas de alteridade, pode-se dizer, juntamente com seus componentes – responsabilidade, infinitude e a fecundidade do tempo – define o sujeito como orientado de outra forma que não para o ser. Pode-se completar os detalhes dessa história, mostrando como a duração de Bergson e o Ser de Heidegger são tomados e repensados na filosofia de Levinas, e eles próprios se tornam estágios do itinerário da história dos conceitos em seu caminho, que vai de Descartes ao século XX. Ou poder-se-ia rastrear uma história alternativa, talvez por meio de Hegel e Rosenzweig – mas a questão deve estar clara. Os conceitos são determinados novamente pelos problemas para os quais eles são chamados a ser para responder. Como esses problemas mudam, assim também são novos conceitos chamados a ser, de forma que um componente deixa de ser considerado a fim de abrir caminho para outro – e, no processo, o conceito renasce.

Eu disse antes que há um sentido no qual Deleuze inscreve a diferença novamente no cânone: "não há um verdadeiro começo na filosofia; ou o verdadeiro começo filosófico, a Diferença é em si mesma já Repetição" (1994, 129). No caso de Descartes, Deleuze localiza seu apagamento da diferença em sua fundação das faculdades do *cogito* como o assento da unidade, como se conceber, julgar, imaginar, lembrar e perceber fossem todos meramente variações do pensamento ou do sujeito pensante. Deleuze diz: "O 'eu penso' é o princípio mais geral da representação" (138). É "a fonte [...] da unidade de todas as faculdades: eu concebo, julgo, imagino, lembro e percebo – como se esses fossem os ramos do *cogito*. Precisamente nesses ramos a diferença é crucificada" (138).

Tendo agora pelo menos um breve *insight* da visão espinosista de Deleuze, vamos consolidar sua pertinência para os interesses feministas retornando a Gatens, que argumenta que a perspectiva antidualista, antijurídica e anti-humanista de tal visão nos oferece uma lição valiosa. Em vez da visão hobbesiana de lei e ordem, que se baseia em uma ontologia dualista e supõe que a função da ordem política consiste em vigiar os afetos e disposições humanas, Deleuze resiste, juntamente com Espinosa, à separação de dois planos distintos implicada nesse modelo. Para Hobbes, a cultura e a natureza pertencem a duas ordens diferentes, e já que os seres humanos tendem a viver sem lei, as relações entre eles tendendo a degenerar em uma guerra de todos contra todos, eles precisam de um governo. Consequentemente, há necessidade de buscar um contrato social cujas normas devem ser impostas por um soberano que atua de cima para baixo e é sancionado por Deus como transcendente. Espinosa, ao contrário, não concebe a natureza como separada de normas transcendentes que venham de outro lugar. Ele resiste à visão dualista da natureza em contraposição à cultura ou do corpo em contraposição à mente. Embora Deleuze e Guattari distingam um plano da transcendência de um plano da imanência, eles também sustentam que "não há dualismo entre os dois planos de organização transcendente e de consistência imanente [...] Nós não falamos de um dualismo entre dois tipos de 'coisas', mas de uma multiplicidade de dimensões, de linhas e direções no âmago de uma configuração" (Deleuze e Parnet, 2002, 132-133). A distinção ente molar e molecular oferece dois pontos de vista diferentes: o ponto de vista da transcencência e o da imanência. O ponto de vista transcendente é seguido por Hobbes quando ele pensa ser necessário invocar a ordem política de cima, ou pela psicanálise quando impõe o triângulo edipiano como orquestrador dos impulsos, ou opera de acordo com a oposição binária fixa homem/mulher. Conforme diz Gatens: "O plano da transcendência tenta *organizar* o plano da natureza em formas molares fixas" (2000, 61), definida pelo gênero e pela espécie (homem/mulher, humano/animal), de acordo com sua funções. O plano da imanência, por outro lado, é um plano de experimentação; é dinâmico, não fixo. É móvel ou molecular. "Cada coisa está implicada em um processo incessante de *tornar-se* outra." (Gatens, 2000, 61)

O monismo de Espinosa consiste na visão de que há apenas uma substância, que ele chama de Deus, e que essa substância não é nada além da própria natureza, concebida imanentemente. Para Espinosa, Deus é, conforme diz Gatens, "o poder criativo e inteiramente imanente da natureza ativa [...] há apenas uma substância imanente, e o ser humano é um modo dos atributos da natureza – pensamento e extensão. O conhecimento ou o poder do pensamento é nosso afeto mais poderoso, e tudo o que existe visa a perseverar em sua existência" (2000, 60). Na visão de Espinosa, os corpos humanos não são especialmente privilegiados em relação a outros corpos: "o corpo pode ser qualquer coisa; pode ser um animal, um corpo sonoro, uma mente ou uma ideia; pode ser um *corpus* linguístico, um corpo social, uma coletividade" (Deleuze, 1988, 127). A liberdade humana é essencialmente uma questão de selecionar encontros que promovem afetos alegres em vez de afetos tristes. Isso facilita uma nova maneira de pensar o sexo e o gênero, de modo que sexo, gênero, classe e raça sejam "combinações moleculares" (Gatens, 2000, 65). Em vez de construir a razão como algo sem corpo, e os corpos como algo essencialmente passivo, o "ser humano é concebido como parte de uma dinâmica e de um todo interconectado" (60-1), e "o corpo está em constante intercâmbio com seu ambiente. Espinosa entende o corpo como um nexo de interconexões variáveis, uma multiplicidade". "Para Espinosa, o corpo e a mente necessariamente sofrem ou agem em harmonia" (61).

A ideia de que os corpos – sejam físicos ou institucionais – são totalidades complexas, em intersecção com diferentes forças, e que os conceitos de sexo e gênero devem ser pensados ao nível do molecular, e não meramente em termos do molar, é uma ideia fértil para a teoria feminista. Ela permite que terminemos com o privilégio da diferença sexual sobre outras diferenças e que situemos a teoria feminista de modo justo e igual no mundo do discurso político, onde deveria estar – e não isolada em algum mundo etéreo e acadêmico dos estudos de gênero. A raça, a classe, a etnicidade, a religião, a idade, a sexualidade são diferentes facetas ou aspectos de um corpo institucional, por exemplo, que convergem para ou se aglutinam em certos pontos, que se cristalizam em certos corpos, em certos momentos históricos ou que passam a incorporar certas configurações de poder. Em uma determinada situação histórica e política, várias forças convergem para representar os corpos de uma maneira determinada. Corpos ativos e jovens com pele mais escura, por exemplo, corpos que são racializados e masculinizados de determinadas maneiras, de acordo com os regimes de poder que organizam a segurança dos aeroportos, podem ser organizados em um determinado tipo molar: aqueles que tendem a ser considerados corpos mais suspeitos pelos guardas de segurança. Quando os poderes políticos e afetivos (uma mistura singular e peculiar de dominação, paranoia e medo) que produzem a suspeita declinam ou assumem novos delineamentos, diferentes corpos serão considerados suspeitos. O princípio organizador tornar-se-á algo diferente – mais ou menos ditatorial, mais ou menos ligado com a guerra norte-americana sobre o Iraque, e com os ataques terroristas subsequentes sofridos no resto do mundo. A administração Bush contentou-se por muito tempo em marginalizar os interesses para os quais Cindy Sheehan chamou a atenção pública, pintando um quadro de si como uma mãe perturbada, emocional e fora de controle, cuja dor era compreensível, mas irracional. Quando as pesquisas de opinião pública começaram a mudar, registrando que as objeções de Sheehan à guerra, longe de constituírem um delírio marginal, incoerente e sentimental de uma mãe amarga, de fato representavam a opinião majoritária, tornou-se mais difícil diminuir e denegrir sua perspectiva como sendo a de uma mulher descontrolada e pouco patriota. Ela tornou-se algo mais próximo de uma ameaça. Claramente, a manipulação dos estereótipos de gênero neste caso fizeram-se presentes no modo como o governo optou por lidar com as objeções de Sheehan à guerra.

As teóricas feministas têm usado a filosofia experimental e afirmativa de Deleuze e Guattari para produzir leituras novas e inovadoras de filósofas como Beauvoir (ver Secomb, 1999). Vale a pena notar também que várias teóricas feministas traçaram fortes paralelos entre as obras de Irigaray e Deleuze, incluindo Braidotti (1991; 1994; 2000), Lorraine (1999) e Olkowski (2000). O desafio que Deleuze e Guattari apresentam para a maneira tradicional pela qual tem funcionado a história da filosofia ofereceu ao feminismo um novo ânimo. Deleuze comenta que Espinosa, "mais do qualquer outro, deu-me uma sensação de rajada de vento a impulsionar-me pelas costas" (Deleuze e Parnet, 2002, 15). Pode-se dizer o mesmo sobre a relação entre Deleuze e Guattari e a teoria feminista, já que suas contribuições filosóficas inspiraram um bom número das mais originais e interessantes teóricas feministas, entre elas Gatens e Braidotti.

7
Reflexões finais

Vimos que a teoria feminista opôs-se ao modo como o conceito de "sexo" funciona como verdade legitimadora que normativamente restringe o gênero. Operando como solo estável, fundamento ou origem, o sexo biológico é tido como explicação natural, causal e moral para o modo como as mulheres devem agir, aparecer e ser. As teorias que constroem o sexo biológico como uma premissa fundadora envolvem vários pressupostos. Primeiramente, elas dividem a sexualidade em duas, e apenas duas, categorias mutuamente exclusivas ou sexos: masculino e feminino. Em segundo lugar, atribuem metas exclusivamente heteronormativas para cada sexo. Em terceiro lugar, tendem a confundir a capacidade de reprodução com um argumento moral acerca da finalidade da atividade sexual – a não ser que o sexo seja realizado por um homem e uma mulher com finalidade reprodutiva, ele será considerado suspeito. Não é difícil discernir a ética fundamentalista cristã, na qual Adão e Eva são os modelos que dão forma a tal quadro.

Embora pareça ser o caso de as feministas terem abandonado as noções tradicionais de que o sexo precede o gênero, Delphy e outros demonstram que, de fato, esse pressuposto foi frequentemente deixado como está, mas que precisa ser questionado. Ao deixar como está a prioridade fundamental do sexo, mesmo quando se tenta desmantelá-la, o feminismo parece ainda estar sendo governado por aquilo a que se opõe e, nesse sentido, continua a ser reativo. Delphy argumenta que o pressuposto de que o sexo precede o gênero funciona como uma hipótese não examinada não só nos argumentos tradicionais e conservadores, mas também em muitos argumentos feministas. Esse pressuposto precisa ser questionado, mais do que confirmado. Embora os argumentos feministas que privilegiam o gênero sobre o sexo busquem questionar o privilégio tradicional do sexo sobre o gênero, acabam por deixar a precedência do sexo sobre o gênero como está, reafirmando-a. O sexo funciona como o termo dominante, primário ou fundante de uma hierarquia na qual o gênero funciona como termo subordinado, derivado ou suplementar. Como suplementar, o gênero parece ser marginal ou secundário em relação à base fundante do sexo, mas, de fato, ele gera seu significado. Longe de serem determinadas de modo causal pelo "sexo", onde o sexo precede e produz o gênero, as maneiras femininas, normativas e estereotipadas de comportar-se e de ser (passividade, fraqueza, inferioridade, indecisão) acabam sendo traços culturais que encontram seu caminho na construção discursiva da "biologia". As abordagens educacionais da procriação estão repletas de uma retórica que reforça os estereótipos que alinham o homem com a virilidade, a coragem, a bravura, a força e o espírito aventureiro, ao passo que as mulheres são relegadas a um papel receptivo, secundário e inativo. Enquanto o vibrante esperma desbrava seu caminho pelos canais misteriosos e escuros da anatomia feminina rumo ao útero, impedido aqui e ali por perigos que o espreitam, o óvulo aguarda, ocioso, passivo e pronto para ser penetrado. Milhões de espermatozóides perecem ao longo do caminho, mas se apenas um deles tiver sucesso em sua ousada missão, se um deles superar barricadas que muitas vezes provam ser instransponíveis, entrando na fortaleza do óvulo, ocorrerá a fertilização e o milagre da procriação começa! Corte para o rosto feliz e sorridente de uma criança recém-nascida – e esqueça do extremo esforço e da dor da gravidez e do parto.

    Uma vez que a base retórica dos próprios relatos de processos ostensivamente biológicos é exposta, torna-se claro que o sexo é sempre já influenciado pelo gênero – que o fundamento "natural" do sexo é, na verdade, a projeção construída de ideias culturalmente determinadas e hegemônicas sobre o gênero. As teorias da sexualidade são promulgadas por pessoas cujos interesses políticos estabelecem a agenda teórica. O sexo não é algo dado, mas nossas ideias do que ele deva ser são construídas por discursos jurídicos, médicos, religiosos e políticos que se sobrepõem e competem entre si por definições legitimadoras. Se uma criança nasce com órgãos sexuais que fazem seu gênero ambíguo, a intervenção cirúrgica é utilizada para ajustá-la às categorias normativas. Conforme diz Scott, a questão é "como, em que contextos específicos, entre quais comunidades específicas de pessoas, e por quais processos textuais e sociais o significado foi adquirido? [...] Como os significados mudam? Como alguns significados passam a ser normativos e outros ficam obscuros ou desaparecem? O que esses processos revelam sobre como o poder é constituído e opera?" (1998, 35). A desestabilização das distinções normativas que têm protegido os interesses dos poderosos ao custo de quem tradicionalmente carece de poder oferece-nos um exemplo da importância da redefinição de verdades aparentemente atemporais. O *slogan* "o pessoal é o político" desempenhou um papel importante na definição do movimento do feminismo. A autora bell hooks lembra-nos que recusar a conceber a política como um mundo que é autônomo e está, de maneira rígida, separado do pessoal não é apenas uma questão de as mulheres, individualmente, expressarem os modos pelos quais foram vitimadas, mas sim uma questão de desenvolver críticas sistêmicas e políticas de como a consciência pode ser colonizada. A partir de tal crítica, as mudanças políticas podem ocorrer. O estupro é o caso em questão.

Com a ajuda das análises feministas, uma vítima de estupro pode começar a entender seu trauma não somente em termos de sofrimento individual e pessoal, mas também desenvolver uma análise política de sua situação, enfocando as condições estruturais que incentivam o estupro como crime violento contra a mulher. Ao desenvolver uma compreensão do estupro no contexto de uma experiência compartilhada com outras vítimas de estupro, e ao construir o estupro como algo que é perdoado pelas práticas de uma sociedade patriarcal, a tendência de uma vítima de estupro de culpar a si mesma pelo que aconteceu, como se o fato pudesse ter sido evitado caso ela não tivesse usado roupas "provocativas" ou agido como se estivesse "disponível" (isto é, como um agente que se autodetermina), pode ser minorada. O ato de contar sua história pode, por si e em si, ser um modo de reposicionar-se em relação a um trauma. O estupro leva à vergonha e à humilhação. Encontrar a força e os recursos para comunicar sua experiência aos outros pode ter o papel de superar o trauma do estupro, e, ao mesmo tempo, pode ajudar a estabelecer uma comunidade a partir da qual outras mulheres, tanto vítimas de estupro quanto vítimas potenciais de estupro, possam buscar algum *insight*. A importância de romper o silêncio em relação ao estupro não reside apenas em seu potencial de aliviar o sofrimento privado das vítimas, mas também na correção do registro histórico e no potencial para transformar as maneiras como as pessoas pensam sobre o estupro. Romper o silêncio pode incentivar as comunidades de indivíduos que sofreram experiências similares, e, a partir dessas comunidades, podem surgir demandas por mudanças que não só capacitem as mulheres que foram vítimas do estupro, mas também ajudem a impedir futuros eventos de violência sexual, suscitando a consciência acerca da natureza e da evitabilidade do estupro.

Ao desafiar com sucesso a compreensão implícita das esposas como propriedade dos maridos, as feministas exigem mudanças legais que proíbam de constituir uma defesa legítima contra o estupro o fato de ser casado com uma mulher. Contra a ideia perniciosa que o estupro se deve a uma urgência incontrolável, "biológica", em face da qual os homens se encontram desamparados, as feministas têm insistido em que não há sentido algum sob o qual o estupro pode ser considerado inevitável. Usando o exemplo da estação espacial Mir, na qual uma mulher estava a bordo em um espaço restrito em meio a homens, durante vários meses, Margaret Setz demonstra que o estupro ocorre sob impunidade apenas quando é legitimado. "Quando não é do interesse de um governo ou de seu exército, o estupro para" (2001, 94). Partindo da obra de Susan Brownmiller (1975), as feministas redefiniram o estupro, de modo que ele não é mais entendido como uma forma agressiva de sexualidade, mas como um ato de violência que se expressa sexualmente. As feministas também esclareceram que "a história sexual passada" das mulheres é irrelevante para o estupro. As prostitutas também são estupradas. As roupas que uma mulher usa, esteja ela ou não inebriada, seja ela virgem ou não – nenhum desses fatores é relevante para determinar por que o estupro ocorreu. Não deveriam ser usados para indicar que "ela estava pedindo para ser estuprada". O que é relevante é se a mulher disse ou não disse "não", se ela resistiu ou não, se ela foi ou não forçada, nas palavras de Susan Brownmiller, "contra sua vontade". "Não" quer dizer não, conforme as feministas têm reiterado sempre. O corolário igualmente importante disso é que "sim" quer dizer sim, que o sexo consentido entre dois adultos não deve ser considerado degradante para nenhuma das partes.

Setz argumenta que as feministas asiáticas têm assumido a frente em exigir que seus governos encarem sua implicação nos estupros, organizando conferências, passeatas e publicações nas quais as histórias de quem foi vítima de estupro em tempo de guerra possam vir à tona. No mesmo espírito, elas têm demonstrado uma relação exemplar entre o feminismo acadêmico e o ativismo acadêmico, mostrando a necessidade de um feminismo na sala de aula que se traduza em mudanças políticas positivas para transformar seu *status* de vítima no *status* de quem está superando o trauma. Isso torna visíveis histórias e acontecimentos que as versões oficiais da história, contadas da perspectiva dos vencedores, em geral não tratam com profundidade. Documentar a história do estupro em tempos de guerra oferece-nos evidências sobre cujas bases podem ser feitas demandas de responsabilidade da parte de quem cometeu ou perdoou o estupro.

Entre os resultados práticos das análises feministas, podemos contabilizar a mudança da definição do estupro conforme entendido no contexto da Convenção de Genebra, segundo análise de Setz. Anteriormente entendido como um crime contra a honra, o estupro é agora definido como um crime contra a humanidade. Como resultado desse desafio, a instauração de processo de estupro foi possível pela primeira vez. Em 1996, oito militares e policiais sérvios foram indiciados pelo Tribunal Criminal Internacional das Nações Unidas em Haia pelo crime de estupro em guerra. Ao mesmo tempo, conforme aponta Setz, as feministas incentivaram uma análise do estupro em tempo de guerra que enfoca "a cultura, as leis, o sistema militar e os governos" (2001, 93) que o legitimam, em vez de enfocar somente os indivíduos que cometeram os crimes. Além disso, como resultado do trabalho feminista sobre o estupro, novas formas de terapia foram desenvolvidas para quem estivesse se recuperando do trauma. Kelly Oliver desenvolveu a importância de testemunhar outros contextos (ver Oliver, 2001).

Tal é a complexidade da experiência vivida que as tentativas abstratas, filosóficas e em grande parte reflexivas de entender seu perfil podem, com frequência, obscurecer, ignorar ou distorcer facetas importantes. Embora os conceitos ajudem a trazer clareza a nossas reflexões, eles podem, às vezes, ofuscar a própria textura de vida que pretendem esclarecer. Os ensaios e narrativas são, às vezes, mais exitosos na captura do ir e vir da vida – Henri Bergson chamava de *la durée* (a duração). Como tal, podem iluminar a filosofia. Como modo de concluir esta discussão, faço uso de um texto que explora de modo literário algumas das questões que as filósofas feministas exploraram conceitualmente. Deleuze e Guattari distinguem arte de filosofia, sugerindo que, se a filosofia cria novos conceitos, "a arte não pensa menos do que a filosofia, mas pensa por meio de afetos e perceptos" (1994, 66), ao passo que "o conceito pertence à filosofia e somente à filosofia" (34). A arte, de acordo com Deleuze, "pode compreender os fatos" (1995, 60). A arte, a filosofia e a ciência devem ser vistas como "linhas melódicas separadas em constante jogo entre si" (125). Para tomar emprestadas as palavras de Tamsin Lorraine em seu ensaio sobre Derrida e Deleuze, "Fazer jus a um acontecimento é responder à força geradora de sentido como uma força dinâmica e sempre imprevisível do tornar-se" (2003,39). Em uma narrativa profunda e comovente sobre umas férias nas Bahamas, June Jordan demonstra a complexidade das relações entre raça, classe e gênero, revelando que esses conceitos operam de modos que estão longe de ser automáticos. Não é o que você é nem sua identidade que conta, mas sim o que você sabe, o que você aprendeu e aquilo para o qual você está preparado a fazer a respeito do que sabe que forja as conexões políticas e éticas entre as pessoas. Tais conexões podem vir de experiências similares ou de experiências dissimilares. Jordan questiona a legitimidade da história considerada *mainstream*, seja a história das Bahamas, contada pelas páginas plastificadas de um pacote de boas-vindas do quarto do hotel Sheraton British Colonial, a qual começa em 1492 com Cristóvão Colombo e ignora os negros das Bahamas, seja a história representada pelos programas universitários. Como as vítimas da violência sexual em tempo de guerra, os personagens que estão nos ensaios de Jordan geralmente não chegam a ingressar na história. Eles "não mataram nem conquistaram ninguém". São aqueles "que limpam, alimentam, ensinam e que diligentemente decoram os chapéus e bolsas de palha com todo seu amor historocamente não correspondido: as mulheres" (Jordan, 2003, 217).

Entre eles está também o sorridente homem negro de meia idade que olha para os turistas a partir de uma fotografia de um *outdoor*, em que "está tão satisfeito em servir-lhe" uma bebida que, vestido a rigor, "entrará na água para levar-lhe seus Banana Daiquiris [...] sem deixar de sorrir" (211). Tais pessoas são representadas como "subordinados servis aos prazeres dos ricos" (212). São "as mulheres, em geral banguelas, que discutem com os turistas o preço de seus produtos de palha feitos a mão no mercado local" (212). São as camareiras anônimas que limpam os quartos do hotel, como "Olive" (213), a quem Jordan é convidada a avaliar numa escala que vai de excelente a ruim.

Enquanto imaginarmos que o simples fato da raça, do gênero e da classe estabeleçam uma conexão entre você e alguém que compartilha a mesma raça, gênero ou classe, estaremos equivocados. Jordan poderia compartilhar o mesmo gênero com a mulher sentada na rua que quer vender para ela sua cesta feita à mão, poderia ter o mesmo gênero de Olive, mas sua classe e privilégio norte-americano separam sua experiência de vida da experiência de vida de Olive. Jordan pode ter a mesma cor da pele que o homem que, completamente vestido, entra na água para servir aos turistas como ela. Porém, um abismo os separa. Raça, gênero e classe não forjam automaticamente conexões entre as pessoas. Conforme aponta Jordan, "a principal conexão não pode ser a inimiga" (219). É isso o que Nietzsche quer dizer quando aponta as limitações do pensamento reativo, defendendo, ao contrário, relações ativas, afirmativas, produtivas. Pois se as feministas continuarem a ser consumidas pelo inimigo patriarcal, seremos definidas pela política opositiva. Se as mulheres continuarem a usar a carta "os homens são os culpados", permanecerão vítimas do *ressentimento* em vez de forjarem, criativamente, novas relações que não caiam no modelo que Nietzsche chamou de moralidade escrava (ver, 1968, 31-32). Nas palavras de Jordan:

> Estou buscando palavras para descrever a diferença entre uma identidade comum que foi imposta e uma identidade individual que qualquer uma de nós escolherá, uma vez que tenha oportunidade.
> Essa diferença é a que nos mantém tolos em face de informações novas e específicas sobre outra pessoa com quem se espera que tenhamos uma conexão porque algum terceiro, hostil a ambos, fez com que nós, gostando ou não, tivéssemos um inimigo comum. *O que acontece para além da ideia desse inimigo e além das consequências de tal inimigo?* (2003, 219)

A resposta de Jordan para essa questão vem sob a forma de uma narrativa, que apresenta a conexão que é formada entre dois estudantes depois de ambos terem fugido do racismo de seus respectivos países. Cathy, uma jovem irlandesa, encontra uma maneira de cultivar uma amizade com Sokutu, uma mulher sul-africana que é agredida por seu marido alcoólatra. Sendo sua amiga e conquistando sua confiança, Cathy consegue ajudá-la. O que Cathy faz é estender suas mãos para Sokutu e dizer-lhe que entende de alcoolismo, que seu pai era um alcóolatra violento. Ela a ajuda a encontrar um lugar seguro para ficar e diz: "quero ser sua amiga". A observação de Jordan é que "não foi o que elas eram, mas o que ambas sabiam e o que ambas estavam se preparando para fazer a respeito do que sabiam que iria libertá-las, finalmente" (222).

Sob outro nome, o que Jordan está contestando é uma versão ingênua da política da identidade. O ponto importante é que nós aprendemos a superar os fatores biográficos e históricos que nos mantêm separados uns dos outros ou que nos colocam uns contra os outros, de modo que possamos enfocar o modo como aprendemos com nossas experiências de uma maneira que nos capacita a dar apoio aos outros em vez de permitir que nossas diferenças nos separem, criando antagonismos e ressentimento. Devemos aprender a construir novas comunidades contemplando nossas diferenças, o que implica deixar nossas zonas de conforto e correr riscos. Isso significará abrir-nos para a crítica e mal-entendidos, cometer erros e ficar em situações constrangedoras, aprender novas maneiras de fazer as coisas, sentindo-nos tolas às vezes, fazendo coisas de modo errado. Significará aprender sobre nós mesmas, rever nossas ideias e estar prontas para aprender com os outros, cujas experiências foram tão diferentes das nossas, e que, às vezes, podem ter recebido um impacto negativo dos mesmos privilégios que nós irrefletidamente presumimos. Significará correr riscos.

As análises feministas, que, argumentaria eu, são importantes em e por si mesmas, no sentido de que a clareza conceitual sobre movimentos políticos e sociais é normalmente útil – mesmo que sua rigidez possa, às vezes, bloquear o caminho do progresso político –, também resultaram em algumas transformações importantes no mundo da práxis. Acrescentaria que as iniciativas políticas, por sua vez, têm alimentado e alterado a forma da teoria feminista e sido usadas por ela. A relação entre prática e teoria é talvez menos dialética do que mutuamente constitutiva. Uma alimenta a outra, de modo que sua relação é uma na qual a experiência concreta e a prática política dá forma à teoria, ao passo que a teoria, por sua vez, ajuda a orientar ou a ditar a ação política. Porém, nenhuma teoria ou prática é autônoma ou completa em si e por si mesma, nem deixa de ser tocada pelo encontro com a outra – e não fica sempre claro o que uma deve à outra até que se encontrem. Sua relação é mais nebulosa, e a troca que ocorre entre elas menos determinada. Uma será influenciada pela outra de uma maneira que não será sempre fácil de contabilizar: a relação não é uma relação em que a teoria cancele ou suplante a prática, ou vice-versa, mas uma em que a prática fluirá para a teoria ou romperá com a teoria, e em que a teoria moldará a prática ou a contestará.

Com a conquista de certos fins feministas, o próprio feminismo transformou-se em um novo tipo de luta, uma luta que pode assumir como seu fundamento histórico um conjunto de conquistas sobre as quais pode erguer-se e construir-se (ver Kristeva, 1986). Uma vez atingida a paridade política e econômica entre homens e mulheres, por exemplo – pelo menos em nível teórico (em termos substantivos, ainda temos um longo caminho a percorrer) –, o feminismo tanto está livre para reconstituir-se quanto tem a obrigação de fazê-lo. Ele deve refletir sobre seus sucessos (o acordo de que legalmente as mulheres devem ser remuneradas com o mesmo salário pelo mesmo trabalho, direitos iguais de voto, oportunidade igual na educação e nos esportes, por exemplo) e, com base em sua evolução histórica, com base no que se tornou, deve reformular suas metas. Essa tarefa de reformulação deve ser um processo contínuo. Uma maneira pela qual o feminismo teve de repensar seus princípios fundamentais foi tornando-se mais inclusivo. Parte desse esforço reside na capacidade do pensamento feminista de incorporar pontos de vista internacionais, de produzir teoria que seja moldada por sua natureza de movimento transnacional. Outra obrigação que o feminismo tem é a de responder aos desafios com os quais a identidade transgênero o confronta. Uma terceira área que o feminismo deve enfrentar é a necessidade de formular novos modelos para o tipo de pensamento exigido por um movimento que busca evitar a exclusividade. Tenho sugerido que o modelo da interseccionalidade, atualmente popular nos círculos feministas, precisa ser suplementado com uma abordagem resolutamente histórica, que recusa tratar as "categorias" de raça, classe, gênero e sexualidade como se elas fossem transparentes ou autoevidentes. Precisamos de uma análise que seja tanto sincrônica quanto diacrônica, e precisamos de uma abordagem que seja capaz de admitir suas limitações e falhas. Pelo fato de os modelos interseccionais estarem sujeitos à reificação, precisamos resistir à tendência de permitir que categorias que são introduzidas em nome da clareza e inclusão se transformem em ideias que operam de uma maneira que Jordan chama de automática. Precisamos relembrar a complexidade dos territórios que conceitos como raça, classe, gênero e sexualidade tentam "capturar", lembrar que, de fato, eles constituem um território confuso, em que os limites que separam esses "conceitos" estão longe de ser claros, em que esses "conceitos" vertem de um para o outro e que mutuamente constituem-se, às vezes de maneiras reativas e negativas. A experiência vivida da raça e o fenômeno do racismo têm sido frequentemente um campo invisível sobre o qual a teoria do gênero tem se desenvolvido. Assim, eles constituem o solo fértil do qual as ideias (brancas) surgiram e passaram a constituir as teorias feministas predominantes. Embora claramente não haja uma maneira de purificar ou descontaminar a teoria feminista, como se fosse possível simplesmente subtrair seus suportes racistas, e deixar o resto, é necessário que a teoria feminista confronte e combata sua própria história racista por meio de um esforço orquestrado que desafie o racismo implícito ou explícito que se tornou característico dela. Isso significará contestar algumas ideias que ganharam popularidade. Seguindo Bhattacharjee, sugiro, por exemplo, que a distinção público/privado, que foi importante para o pensamento e para as estratégias feministas, tenha também ficado limitado quando se trata de minorias raciais. A fim de que as categorias centrais organizadoras do feminismo não continuem a ser cegas à raça, precisamos continuar vigilantes no que se refere aos novos delineamentos das formas emergentes de feminismo. Quaisquer que sejam as formas que surjam, as feministas precisam assumir a responsabilidade por suas próprias histórias e conceitos, sem encontrar novos alvos de discriminação em que possam projetar seus próprios medos, limitações inadequações e pontos cegos.

Bibliografia anotada

A bibliografia a seguir interpreta a "filosofia" com alguma liberdade. As teorias feministas e os estudos de gênero são inerentemente interdisciplinares, de modo que é difícil isolar a disciplina da filosofia de outras disciplinas quando se trata deste assunto. Alguns textos incluídos a seguir talvez não se encaixem em uma definição estreita de filosofia, mas constituem-se, ainda assim, em importantes intervenções teóricas.

Alexander, Jacqui and Chandra Talpade Mohanty. *Feminist Genealogies, Colonial Legacies, Democratic Futures*, ed. New York: Routledge, p. 170-182. Uma excelente antologia, que inclui uma série de artigos fundamentais, entre eles: Bhattacharjee (explora a experiência das mulheres do sul da Ásia em relação aos temas da violência e do trabalho doméstico, e contesta as interpretações simplistas da oposição público/privado). Guerrero (uma análise historicamente informativa e rigorosa, em termos teóricos, da apropriação colonialista das terras e dos modos de vida dos nativos norte-americanos). Hammonds (uma análise astuta que explica como a sexualidade das mulheres negras tem sido considerada simultaneamente invisível e hipervisível, já que as mulheres negras têm sido demonizadas e patologizadas). Mohanty (explora os efeitos do capital globalizado sobre as mulheres do Terceiro Mundo).

Battersby, Christine. 1999. *Gender and Genius: Towards a Feminist Aesthetics*. Women's Press Ltda. Uma das poucas filósofas na Inglaterra (Universidade de Warwick), Battersby realiza um exame da estética kantiana, fazendo perguntas como: Por que não houve grandes artistas mulheres?, e desenvolvendo um conceito feminino de gênio para contrapor-se àquele apresentado por Kant.

Beauvoir, Simone de. 1953. *The Second Sex*. Trans. H. M. Parshley. New York: Alfred A. Knopf. Um clássico feminista: mais de 800 páginas (mesmo que em uma tradução ruim e resumida), cobrindo tudo, do marxismo e da psicanálise à biologia e à literatura. Inspirada pela abordagem da ética existencialista, Beauvoir explora as condições que fizeram da mulher "o outro" do homem.

Braidotti, Rest. 1994. *Nomadic Subjects: Embodiment and Sexual Difference in Contemporary Feminist Theory*. New York: Columbia University Press. Sujeito nômade, Braidotti é italiana, viveu na França e na Austrália e dá aulas na Holanda. Influenciada por Deleuze e Guattari, e por Irigaray, entre outros, a obra de Braidotti é determinadamente pós-moderna, pluralista, interdisciplinar e engajada politicamente.

Butler, Judith. 1990. *Gender Trouble: Feminism and the Subversion of Identity*. New York: Routledge. Uma obra revolucionária que funde *insights* de filósofos como Beauvoir, Derrida,

Foucault, Lacan e Wittig para produzir uma análise original de como nossas ideias de gênero se tornam sólidas, congelam-se ou naturalizam-se de um modo que nos seduz a pensar que ideias culturalmente contingentes acerca do gênero estão fundadas e são causadas por uma base previamente existente do sexo. A intervenção de Butler como feminista e teórica transversal é essencial para entender os debates atuais em ambos os campos e compensa a leitura atenta, assim como suas últimas obras: *Bodies that Matter,* the *Psychic Life of Power* e *Undoing Gender.*

Chow, Rey. 1993. *Writing Diaspora: Tactics of Intervention in Contemporary Cultural Studies.* Bloomington: Indiana University Press. Uma das astutas, atentas e importantes contribuições à teoria pós-colonialista, que a amplia para além de seu referente mais comum no sul da Ásia.

Collins, Patricia Hill. 1991. *Black Feminist Thought: Knowledge, Consciousness, and the Politics of Empowerment.* Perspectives on Gender, vol. 2. New York: Routledge. Influenciada pela perspectiva feminista, Collins expõe a tendenciosidade sistemática voltada à brancura na teoria feminista *mainstream* e reivindica as tradições intelectuais feministas negras. Ao reinscrever as escritoras negras na teoria e na história feministas, Collins põe em questão os pressupostos tradicionais, brancos e feministas sobre o conhecimento e a verdade.

Cornell, Drucilla. 1995. *The Imaginary Domain: Abortion, Pornography and Sexual Harassment.* New York: Routledge. Com formação em direito, a abordagem de Cornell é informada por Derrida, Levinas, Lacan e Rawls, entre outros. Em uma discussão convincente e importante de filosofia, gênero e direito, Cornell repensa os argumentos em defesa do aborto, por exemplo, convocando-nos a um novo imaginário em que possamos fundar nosso pensamento acerca da maternidade. Talvez não seja acidente o fato de que é na esfera dos estudos de direito que algumas das mais prementes questões teóricas tenham se feito sentir antes de a filosofia delas tratar integralmente.

Deutscher, Penelope. 1997. *Yielding Gender: Feminism, Deconstruction and the History of Philosophy.* New York: Routledge. Uma discussão inteligente e claramente escrita sobre o gênero, lidando com, entre outros teóricos e filósofos, Beauvoir, Butler, Derrida, Irigaray, Kofman Le Doeuff, Rousseau, Santo Agostinho e Sedgwick. A linha norteadora do livro é a instabilidade constituiva do gênero. Deutscher apresenta um confronto entre as feministas australianas da razão (inclusive Genevieve Lloyd) e as feministas desconstrucionistas norte--americanas (influenciada pela teoria francesa).

Fausto-Sterling, Anne. 2000. *Sexing the Body: Gender Politics and the Construction of Sexuality.* New York: Basic Books. Este é um relato original, importante e de fácil leitura sobre como os acadêmicos, especialmente os biólogos, constroem ideias acerca da sexualidade, ideias que derivam de disputas morais sobre culturas e economia. Embora não seja, em termos rígidos, uma obra filosófica – foi escrita para o público em geral por uma bióloga feminista –, tem importantes consequências filosóficas para a ideia de gênero.

Freud, Sigmund. 1953. "Female Sexuality." *The Standard Edition of the Complete Psychological Works.* Vol. 21. Trans. James Strachey. London: Hogarth Press and the Institute of Psycho--analysis. Um dos últimos ensaios de Freud, lida especificamente com a sexualidade feminina, em contraposição à maior parte de sua obra, que, em geral, enfoca a sexualidade masculina, ao mesmo tempo que ocasionalmente acrescenta um parágrafo ou dois que breve e inadequadamente explica como essas teorias masculinas podem ser adaptadas para as mulheres.

Gatens, Moira. 1996. *Imaginary Bodies: Ethics, Power and Corporeality.* London: Routledge. Uma importante coletânea de ensaios. Em especial, o ensaio de abertura "A critique of the sex/gender distinction" demonstra como a dicotomia cartesiana entre mente e corpo, ainda que inadvertidamente, continua a informar a distinção feminista entre gênero e sexo, de modo que o gênero tende a ser interpretado como uma construção voluntarista, ao passo que o sexo está relacionado ao corpo. Outros ensaios antecipam o enfoque tardio da obra de Gatens à importância de Deleuze e Espinoza para o feminismo.

Haraway, Donna J. 1991. *Simians, Cyborgs, and Women: The Reinvention of Nature.* New York: Routledge. Bióloga de formação, Haraway conta com uma espécie de culto de seguidores. Mais influenciada pelo pós-modernismo do que a maioria das teóricas feministas a terem levantado questões de feminismo e ciência, sua obra, que cobre tudo, de primatas e cachorros à tecnologia e à filosofia, é bastante atraente.

hooks, bell. 2000. *Feminism is for Everybody.* London: Pluto Press. É difícil saber qual dos muitos livros que hooks publicou incluir nesta lista – todos valem a pena –, mas este tem um título tão importante que é difícil de resistir. O que distingue sua escrita é sua capacidade de produzir uma prosa que é, de modo consistente, politicamente engajada, profunda teoricamente e, ainda assim, acessível. Sua interdisciplinaridade é um *plus* – ela escreve de modo inspirado sobre cinema, artes, cultura, política e teoria.

Irigaray, Luce. 1985. *Speculum of the Other Woman.* Trans. Gillian C. Gill. Ithaca: Cornell University Press. Um profundo envolvimento com a tradição da filosofia e da psicanálise que apresenta uma espécie de mímese paródica, demonstrando como os corpos e o pensamento das mulheres constituíram o campo excluído do cânone ocidental e da cultura. Inclui ensaios de Freud e Platão.

Lorraine, Tamsin. 1999. *Irigaray and Deleuze: Experiments in Visceral Philosophy.* Ithaca: Cornell University Press. Uma discussão astuta que explora as afinidades entre os pensamentos de Irigaray e Deleuze, que eu incluo aqui em parte porque apenas comecei a explorar o impacto de Deleuze sobre o pensamento feminista, mal tocando em Irigaray.

McWhorter, Ladelle. 1999. *Bodies and Pleasures: Foucault and the Politics of Sexual Normalization.* Bloomington: Indiana University Press. Inspirado por Foucault, esta é uma análise divertida, inteligente, bem escrita e de fácil leitura da sexualidade lésbica. É também um maravilhoso recurso para quem quiser inteirar-se do modo de pensar de Foucault.

Mill, J.S. 1983. *The Subjection of Women.* London: Virago. Conhecido por seu liberalismo e utilitarismo, Mill é o primeiro filósofo a sistematicamente abordar a questão da opressão da mulher neste ensaio de 1869. Não se deve ignorar a influência de Harriet Jacobs Taylor sobre este aspecto de sua filosofia.

Mitchell, Juliet, and Jacqueline Rose, ed. 1982. *Jacques Lacan and the Ecole Freudienne.* Trans. Jacqueline Rose. London: Macmillan. Esta coletânea não só reúne a maior parte das importantes obras de Lacan que tratam das mulheres e da diferença sexual, mas também suas duas introduções são indispensáveis. Mitchell contextualiza a psicanálise em contraposição ao feminismo marxista, ao passo que Rose apresenta uma excelente visão geral de Lacan e da questão da mulher.

Narayan, Uma. 1997. *Dislocating Cultures: Identities, Traditions and Third World Feminism.* New York: Routledge. Uma intervenção sofisticada teoricamente, porém acessível, acerca da teoria pós-colonial. O ensaio de abertura "Contesting Cultures" é exemplar. Narayan funde de modo primoroso a narrativa autobiográfica com uma análise teórica incisiva do modo como os corpos das mulheres frequentemente se tornam um território sobre o qual atuam os mitos competitivos e seletivos dos nacionalismos orientais e ocidentais.

Oliver, Kelly. 2001. *Witnessing: Beyond Recognition.* Minneapolis: University of Minnesota Press. Influenciada acima de tudo pela primeira fase da obra de Kristeva, o trabalho mais maduro de Oliver desenvolve a teoria feminista de um modo que leva mais a sério a questão da raça. Este livro defende a necessidade de se ir além de um modelo hegeliano de reconhecimento com base na dialética do senhor/escravo que ainda inspira boa parte da teoria feminista, sugerindo que precisamos adotar, em vez dela, um modelo que leve a sério o testemunho dos outros. A obra de Oliver é minuciosa em seu envolvimento com a filosofia social e política e com a teoria psicanalítica, estendendo-se também ao cinema. Ver também seu importante livro, escrito em parceria com Trigo, *Noir Anxiety*, que, assim como *Witnessing*, leva a sério a noção de Kristeva da abjeção e a pensa em relação ao cinema *noir*.

Spelman, Elizabeth. 1988. *Inessential Woman: Problems of Exclusion in Feminist Thought.* Boston: Beacon Press. Um dos primeiros livros escrita por uma feminista branca a defender de modo convincente a necessidade de tornar a raça central para a filosofia feminista, este texto inclui uma análise de textos canônicos de Platão e Aristóteles, assim como análises de Beauvoir e Chodorow.

Spivak, Gayatri Chakravorty. 1988. "Can the Subaltern Speak?" In *Marxism and the Interpretation of Culture,* ed. Gary Nelson and Lawrence Grossberg. Urbana: University of Illinois Press. Texto amplamente lido e amplamente citado que estabeleceu os termos para a teoria pós-colonialista feminista, o que torna importante a necessidade de os intelectuais franceses, como Deleuze e Foucault, aceitarem as questões prementes colocadas pelo capitalismo globalizado. A questão que interessa Spivak é como dar voz aos interesses dos subalternos – o desconhecido, outro aspecto feminino da teoria pós-colonialista.

Willett, Cynthia. 1995. *Maternal Ethics and other Slave Moralities.* New York: Routledge. Retirando seu título da análise feita por Nietzsche da má consciência e do ressentimento, esta análise busca uma terceira alternativa para a ideia de domínio e reconhecimento, que a dialética senhor/escravo de Hegel torna central, e para as teorias psicanalíticas, voltando-se a teóricos afro-americanos, como Frederick Douglass, hooks, Audre Lorde, Cornel West e Patricia Williams, lidando não só com o problema da diferença sexual, mas também com a questão da diferença racial.

Wittig, Monique. 1992. *The Straight Mind and Other Essays.* Boston: Beacon Press. Uma importante coletânea de ensaios, que eu incluo aqui em parte por causa de seu impacto sobre Butler (uma das mais importantes teóricas feministas/*queer* de hoje). Uma intervenção controversa, mas espirituosa, que faz a intrigante afirmação de que o único caminho viável para escapar da categoria mulher é ser lésbica.

Wollstonecraft, Mary. 1975. *A Vindication of the Rights of Women.* London: Penguin. Por ser o primeiro texto filosófico feminista prontamente identificável (escrito em 1791), tem de ser incluído. O estilo em prosa pode parecer a alguns leitores estranho e enrolado, mas seu interesse não se limita a ser histórico. Também representa uma defesa bastante precoce e séria do feminismo.

Woolf, Virginia. 1956. *Orlando: A Biography.* New York: Harcourt Brace & Company. Incluí este texto por sua qualidade fantasiosa. Não se trata exatamente de filosofia tradicional, mas sua mistura de biografia, sátira e romance é profundamente filosófica e à frente de seu tempo em muitos aspectos, não menos em sua meditação sobre o transgênero. Poderia ter também incluído a *tour de force* de Woolf, *A Room of One's Own* (bem, acabo de citá-lo agora!).

Young, Iris Marion. 1990. *Justice and the Politics of Difference.* Princeton: Princeton University Press. Uma das contribuições importantes deste livro, escrito por uma filósofa política e teórica social, é que ele inclui uma apropriação precoce da noção de abjeção de Julia Kristeva (desenvolvida em seu livro *Powers of Horror),* demonstrando como ela ilumina não só a experiência sexualizada, mas também a racializada e a de classe, exibindo a fluidez do abjeto. Ver também o recém-revisado *Throwing Like a Girl and Other Essays*, também de Young, que parte, entre outros teóricos, da obra de Merleau-Ponty.

Ziarek, Ewa Plonowska. 2001. *An Ethics of Dissensus: Feminism, Postmodernity and the Politics of Radical Democracy.* Stanford: Stanford University Press. Ziarek desenvolve uma alternativa a dois extremos, ambos incapazes de aceitar que a raça e o gênero nos limitam de um modo especial. De um lado está a política da diferença, que se recusa a diferenciar eticamente os sujeitos de outro, está a demanda por uma concepção normativa de justiça, que se recusa a levar a sério a necessidade de uma política agônica. Butler, hooks, Irigaray, Kristeva, Levinas, Lyotard, Mouffe e Spillers, entre outros, subsidiam este livro bem articulado.

Referências

Ahmed, Sarah. 2005. 'The Skin of the Community: Affect and Boundary Formation.' In *Revolt, Affect, Collectivity: The unstable boundaries of Kristeva's polis.* ed. T. Chanter and E. Ziarek. Albany, New York: State University of New York

Anderson, Benedict. 1991. *Imagined Communities: Reflections on the Origin and Spread of Nationalism.* New York: Verso.

Anzaldúa, Gloria, ed. 1990. *Making Face, Making Soul: Haciendo Caras: Creative and Critical Perspectives by Women of Color.* San Francisco: Aunt Lute Foundation.

Bartky, Sandra Lee. 1990. 'Foucault, Femininity, and the Modernization of Patriarchal Power.' In *Femininity and Domination: Studies in the Phenomenology of Oppression.* New York: Routledge, pp. 63-82.

Beardsworth, Sara. 2004. *Julia Kristeva: Psychoanalysis and Modernity.* Gender Theory Series. ed. T. Chanter. Albany, New York: State University of New York.

Beauvoir, Simone de. 1953. *The Second Sex.* Trans. H. M. Parshley. New York. Alfred A. Knopf.

Benhabib, Seyla. 1992. *Situating the Self. Gender; Community and Postmodernism in Contemporary Ethics.* New York: Routledge.

Benjamin, Jessica. 1990. *The Bonds of Love: Psychoanalysis, Feminism, and the Problems of Domination.* London: Virago.

Benjamin, Walter. 1968. 'The Work of Art in the Age of Mechanical Reproduction.' In *Illuminations: Essays and reflections,* ed. Hannah Arendt. New York: Schocken Books.

Bernstein, Richard. 1983. *Beyond Objectivism and Relativism.* Philadelphia: University of Pennsylvania Press.

Bhattacharjee, Anannya. 1997. 'The Public/Private Mirage: Mapping Homes and Undomesticating Violence Work in the South Asian Immigrant Community.' In *Feminist Genealogies, Colonial Legacies, Democratic Futures,* ed. M. Jacqui Alexander and Chandra Talpade Mohanty. New York: Routledge, pp. 308-29.

Braidotti, Rosi. 2002. *Metamorphoses: Towards a Materialist Theory of Becoming.* London: Polity.

Braidotti, Rosi. 2000. 'Teratologies.' In *Deleuze and Feminist Theory,* ed. Ian Buchanan and Clare Colebrook. Edinburgh: Edinburgh University Press.

_____ 1994. *Nomadic Subjects: Embodiment and Sexual Difference in Contemporary Feminist Theory.* New York: Columbia University Press.

_____ 1991. *Patterns of Dissonance,* Trans. Elizabeth Guild. Cambridge: Polity.

Bray, Abigail, and Clare Colebrook. 1998. 'The Haunted Flesh: Corporeal Feminism and the Politics of (Dis)Embodiment.' *Signs,* 24 (1): 35-67.

Brennan, Teresa. 1993, *History after Lacan.* London: Routledge.

Brownmiller, Susan. 1975. *Against Our Will: Men, Women, and Rape.* New York: The Ballantine Publishing Group.

Butler, Judith. 1993. *Bodies that matter: On the Discursive Limits of 'Sex.'* New York: Routledge.

_____ 1990. *Gender Trouble: Feminism and the Subversion of Identity.* New York: Routledge.

Calhoun, Cheshire. 1994. 'Separating Lesbian Theory from Feminist Theory', *Ethics* 104 (April): 558-81.

Carby, Hazel. 2000. 'White Woman Listen! Black Feminism and the Boundaries of Sisterhood.' In *Theories of Race and Racism,* ed. Les Back and John Solomos. New York: Routledge, pp. 389-403.

Chanter, Tina. 1995. *Ethics of Eros: Irigaray's Rewriting of the Philosophers,* New York: Routledge.

Chodorow, Nancy. 1978. *The Reproduction of Mothering.* Berkeley: University of California Press.

Chopin, Kate. 1976. *The Awakening,* ed. Margaret Culley. Norton Critical Edition. New York: Norton.

Chow, Rey. 1999. 'The Politics of Admittance: Female Sexual Agency, Miscegenation, and the Formation of Community in Frantz Fanon,' In *Frantz Fanon: Critical Perspectives,* ed. Anthony C. Alessandrini. New York: Routledge, pp, 34-56.

_____ 1998. *Ethics after Idealism: Theory, Culture, Ethnicity, Reading.* Bloomington and Indianapolis: Indiana University Press.

Code, Lorraine. 1993, 'Taking Subjectivity into Account.' In *Feminist Epistemologies,* ed. Linda Alcoff and Elizabeth Potter. New York: Routledge, pp. 15-48.

Colebrook, Clare. 2000. 'Introduction.' In *Deleuze and Feminist Theory,* ed. Ian Buchanan and Clare Colebrook. Edinburgh: Edinburgh University Press.

Collins, Patricia Hill. 1991, *Black Feminist Thought: Knowledge, Consciousness, and the Politics of Empowerment.* Perspectives on Gender, vol, 2. New York: Routledge.

Conley, Verena Andermatt. 2000. 'Becoming-Woman Now.' In *Deleuze and Feminist Theory,* ed. Ian Buchanan and Clare Colebrook. Edinburgh: Edinburgh University Press.

Crenshaw, Kimberle. 1992, 'The Last Taboo,' in *Race-ing Justice, Engendering Power: Essays on Anita Hill, Clarence Thomas and the Construction of Social Reality,* ed. Toni Morrison. New York: Pantheon Books.

Davis, Angela Y. 1999. *Blues Legacies and Black Feminism: Gertrude 'Ma' Rainey, Bessie Smith and Billie Holliday.* New York: Vintage Books.

Deleuze, Gilles. 1997. *Essays: Critical and Clinical.* Trans. Daniel Smith and Michael A. Greco. Minneapolis: University of Minnesota Press.

_____ 1995. *Negotiations,* 1972-1990. Trans. Martin Joughin. New York: Columbia University Press.

_____ 1994. *Difference and Repetition.* Trans. Paul Patton. New York: Columbia University Press.

Deleuze, Gilles. 1992. *Expressionism in Philosophy: Spinoza.* Trans. Martin Joughin. New York: Zone Books.

_____1988. *Spinoza: Practical Philosophy.* Trans. Robert Hurley. San Francisco: City Lights Books.

_____ 1983. *Nietzsche and Philosophy.* Trans. Hugh Tomlinson. London: The Athlone Press.

Deleuze, Gilles, and Felix Guatarri. 1994. *What is Philosophy?* Trans. Hugh Tomlinson and Graham Burchill. New York: Columbia University Press.

_____ 1988. *A Thousand Plateaus: Capitalism and Schizophrenia.* Trans. Brian Massumi. Minneapolis: University of Minnesota Press.

Deleuze, Gilles, and Michel Foucault. 1977. 'Intellectuals and Power. A Conversation between Michel Foucault and Gilles Deleuze.' In Foucault, *Language, Counter-Memory, Practice: Selected Essays and Interviews.* Trans. Donald F. Bouchard and Sherry Simon. Ithaca: Cornell University Press.

Deleuze, Gilles, and Clare Parnet. 2002. *Dialogues II.* Trans. Hugh Tomlinson and Barbara Habberjam. New York: Columbia University Press.

Delphy, Christine. 1993. 'Rethinking Sex and Gender.' *Women's Studies International Forum.* Vol. 16, no. 1: 1-9.

Derrida, Jacques. 1997. 'Choreographies: Interview with Christie McDonald.' In *Feminist Interpretations of Jacques Derrida,* ed. Nancy J. Holland. Re-reading the Canon series, ed. Nancy Tuana. University Park: Pennsylvania University Press.

_____ 1982. *Margins of Philosophy.* Trans. Alan Bass. Chicago: Chicago University Press; *Marges de la philosophie.* Paris: Minuit, 1972.

_____ 1981a. *Dissemination.* Trans. Barbara Johnson. Chicago: University of Chicago Press.

_____ 1981a. *Positions.* Trans. Alan Bass. Chicago: University of Chicago Press.

_____ 1976. *Of Grammatology.* Trans. Gayatri Chakravorty Spivak. Baltimore and London: The Johns Hopkins University Press; *De la grammatologie.* Paris: Minuit, 1967.

Descartes, René. 1979. *The Philosophical Works of Descartes.* Vol. 1. Trans. Elizabeth S. Haldane and G.R.T. Ross. Cambridge: Cambridge University Press.

Diprose, Rosalyn. 1994. *The Bodies of Women: Ethics, Embodiment and Sexual Difference.* New York: Routledge.

Douglas, Mary. 1999. *Purity and Danger: An analysis of the concepts of pollution and taboo.* New York: Routledge.

Engels, Friedrich. 1985. *The Origin of the Family, Private Property and the State.* Harmondsworth, Middlesex: Penguin Books.

Fanon, Frantz. 1968. *The Wretched of the Earth.* Trans. Constance Farrington. New York: Grove Press.

_____ 1967. *Black Skin, White Masks.* Trans. Charles Lam Markmann. New York: Grove Press.

Feder, Ellen K. and Emily Zakin. 1997. 'Flirting with the Truth: Derrida's discourse with "woman" and wenches.' In *Derrida and Feminism: Recasting the Question of Woman,* ed. Ellen K. Feder, Mary C. Rawlinson, and Emily Zakin. New York: Routledge.

Ferrell, Robyn. 1991. 'The Passion of the Signifier and the Body in Theory.' *Hypatia* 6 (3): 172-84.

Feyerabend, Paul. 1975. *Against Method: Outline of an Anarchistic Theory of Knowledge.* London: New Left Books.

Fire (Canada/India, 1996). Deepa Mehta, 104 min., Trial by Fire Films, Inc.

Firestone, Shulamith. 1972. *The Dialectic of Sex: The Case for Feminist Revolution.* New York: Bantam Books.

Flax, Jane. 1986. 'Gender as a Social Problem: In and For Feminist Theory.' *American Studies/ Amerika Studien, Journal of the German Association for American Studies.*

Flieger, Jerry Aline. 2000. 'Becoming-Woman: Deleuze, Schreber and Molecular Identification.' In *Deleuze and Feminist Theory,* ed. Ian Buchanan and Clare Colebrook. Edinburgh: Edinburgh University Press.

Foucault, Michel. 1977. *Discipline and Punish: The Birth of the Prison.* Trans. Alan Sheridan. New York: Vintage Books.

———— 1972. *The Archaeology of Knowledge and the Discourse on Language.* Trans. A. M. Sheridan Smith. New York: Pantheon Books.

Freud, Sigmund. 1953. 'Beyond the Pleasure Principle.' *The Standard Edition of the Complete Psychological Works.* Trans. James Strachey. Vol. 18. London: Hogarth Press and the Institute of Psycho-analysis.

Gairola, Rahul. 2002. 'Burning with Shame: Desire and South Asian Patriarchy, from Gayatri Spivak's "Can the subaltern speak?" to Deepa Mehta's *Fire.*' *Comparative Literature* 54 (4) Fall: 307-24.

Gandhi, Leela. 1998. *Postcolonial Theory: A Critical Introduction.* New York: Columbia University Press.

Gatens, Moira. 2000. 'Feminism as "Password:" Re-thinking the Possible with Spinoza and Deleuze.' *Hypatia.* 15 (2): 59-75.

———— 1996. *Imaginary Bodies: Ethics, Power and Corporeality.* New York: Routledge.

Gatens, Moira, and Genevieve Lloyd. 1999. *Collective Imaginings: Spinoza, Past and Present.* New York: Routledge.

Gilligan, Carol. 1982. *In a Different Voice: Psychological Theory and Women's Development.* Cambridge, Massachusetts: Harvard University Press.

Goldberg, David Theo, ed. 1990. *Anatomy of Racism.* Minneapolis: University of Minnesota Press.

Goswami, Namita, and Tina Chanter. 2006. Joint presentation on Deepa Mehta's *Fire,* DePaul University, Chicago, 28 March.

Goulimari, Pelagia. 1999. 'A Minoritarian Feminism? Things to Do with Deleuze and Guattari.' *Hypatia.* 14 (2).

Gramsci, Antonio. 1971. *Selections from Prison Notebooks,* ed. and trans. Quinton Hoare and Geoffrey Nowell Smith. New York: International Publishers.

Grant, Judith. 1987. 'I Feel Therefore I Am: A Critique of Female Experience as a Basis for Feminist Epistemology.' *Women and Politics* 7 (3): 99-114.

Grosz, Elizabeth. 1997. 'Ontology and Equivocation: Derrida's Politics of Sexual Difference.' In *Feminist Interpretations of Jacques Derrida,* ed. Nancy J. Holland. Re-reading the Canon series, ed. Nancy Tuana. University Park: Pennsylvania University Press.

Grosz, Elizabeth. 1994. *Volatile Bodies: Toward a Corporeal Feminism.* Bloomington: Indiana University Press.

Guerrero, Marie Anna Jaimes. 1997. 'Civil rights versus sovereignty: Native American women in life and land struggles.' In *Feminist Genealogies, Colonial Legacies, Democratic Futures,* ed. Jacqui Alexander and Chandra Mohanty. New York: Routledge.

Guha, Ranajit, and Gayatri Chakravorty Spivak, eds. 1988. *Selected Subaltern Studies*. New York: Oxford University Press.

Guillaumin, Colette. 1999. ' "I know it's not nice, but..." The changing face of "Race." ' In *Race, Identity, and Citizenship: A Reader*, ed. Rodolfo D. Torres, Louis F. Mirón and Jonathan Xavier Inda. Oxford: Basil Blackwell, pp. 39-46.

Halperin, David. 1990. *One Hundred Years of Homosexuality and other Essays on Greek Love*. New York: Routledge.

Hammonds, Evelyn M. 1997. 'Toward a Genealogy of Black Female Sexuality: The Problematic of Silence.' In *Feminist Genealogies, Colonial Legacies, Democratic Futures*, ed. Jacqui Alexander and Chandra Mohanty, New York: Routledge, pp. 170-82.

Harasym, Sarah, ed. 1990. *The Post-Colonial Critic: Interviews, Strategies, Dialogues*. With Gayatri Chakravorty Spivak. New York: Routledge.

Haraway, Donna. 2003. 'Situated Knowledges: The Science Question in Feminism and the Privilege of Partial Perspective.' In *Feminist Theory Reader: Local and Global Perspectives*, ed. Carole McCann and Seung-Kyung Kim. New York: Routledge. Reprinted from *Feminist Studies*, vol. 14, no.3 (Spring 1988): 575-99.

_____ 1991. *Simians, Cyborgs, and Women: The Reinvention of Nature*. New York: Routledge.

Harding, Sandra. 1993. 'Rethinking Standpoint Epistemology: "What is Strong Objectivity"?' In *Feminist Epistemology*, ed. Linda Alcoff and Elizabeth Potter. New York: Routledge, pp. 49-82.

_____ 1991. *Whose Science? Whose Knowledge?* Ithaca, New York: Cornell University Press.

_____ 1986. *The Science Question in Feminism*. Ithaca: Cornell University Press.

Hartmann, Heidi. 1981. 'The Unhappy Marriage of Marxism and Feminism.' In *Women and Revolution: A discussion of the unhappy marriage of Marxism and feminism*, ed. Lydia Sargent. Boston: South End Press.

Hawkesworth, Mary E. 1989. 'Knowers, Knowing, Known: Feminist Theory and Claims of Truth.' In *Feminist Theory in Practice and Process*, eds. Micheline R. Malson, et al. Chicago: University of Chicago Press, pp. 327-51.

Hegel, G. W. F. 1977. *The Phenomenology of Spirit*. Trans. A. V. Miller. Oxford: Clarendon Press.

hooks, bell. 1984. *Feminist Theory: From Margin to Center*. Boston: South End Press.

Hull, Gloria T., Patricia Bell Scott, and Barbara Smith. 1982. *All the Women are White, All the Blacks Are Men, But Some of Us Are Brave: Black Women's Studies*. New York: The Feminist Press.

Irigaray, Luce. 1993. *An Ethics of Sexual Difference*. Trans. Carolyn Burke and Gillian C. Gill. Ithaca, New York: Cornell University Press.

_____ 1985. *Speculum of the other woman*. Trans. Gillian C. Gill. Ithaca, New York: Cornell University Press.

_____ 1985. *This Sex Which Is Not One*. Trans. Catherine Porter and Carolyn Burke. Ithaca, New York: Cornell University Press.

Jordan, June. 2003. *Some of Us Did Not Die. New and Selected Essays of June Jordan*. New York: Basic/Civitas Books.

Kerber, Linda K., Catherine G. Greeno, Eleanor E. Maccoby, Zella Luria, Carol B. Stack, and Carol Gilligan. 1986. 'On *In a Different Voice:* An Interdisciplinary Forum.' *Signs: Journal of Women in Culture and Society* II (2): 304-33.

Khalidi, Ramla and Judith Tucker. 1996. *Arab Women: Between Defiance and Restraint,* ed. Saabagh, Suha. New York: Olive Branch Press.

Kittay, Eva, and Diana Meyers. 1987. *Women and Moral Theory.* Rowman and Littlefield.

Klein. Melanie. 1986. *The Selected Melanie Klein,* ed. Juliet Mitchell. New York: The Free Press.

Kristeva, Julia. 1987. *Tales of Love.* Trans. Leon S. Roudiez. New York: Columbia University Press.

_____ 1986. 'Women's Time.' In *The Kristeva Reader,* ed. Toril Moi. Oxford: Basil Blackwell.

_____ 1984. *Revolution in Poetic Language.* Trans. Margaret Waller. New York: Columbia University Press.

_____ 1982. *Powers of Horror: An essay on abjection.* Trans. Leon S. Roudiez. New York: Columbia University Press.

_____ 1977. *About Chinese Women.* Trans. Anita Barrows. New York: Urizen Books.

Lacan, Jacques. 1977. *Ecrits: A selection.* Trans. Alan Sheridan. London: Tavistock Publications.

Landry, Donna, and Gerald Maclean, eds. 1996. *The Spivak Reader: Selected Works of Gayatri Chakravorty Spivak.* New York: Routledge.

Laqueur, Thomas. 1990. *Making Sex: Body and Gender from the Greeks to Freud.* Cambridge, Massachusetts: Harvard University Press.

Lennon, Kathleen, and Margaret Whitford, eds. 1994. *Knowing the Difference: Feminist Perspectives in Epistemology,* London: Routledge.

Levinas, Emmanuel. 1987. *Time and the Other* [and additional essays]. Trans. Richard A. Cohen. Pittsburgh, Pennsylvania: Duquesne University Press.

Lim Y. C., Linda. 1983. 'Capitalism, Imperialism, and Patriarchy: The dilemma of third-world women workers in multinational companies.' In *Women, Men and the International Division of Labor,* ed. June C. Nash and Maria P. Fernandez-Kelly. Albany, New York: State University of New York Press.

Locke, John. 1924. *Two Treatises of Government.* London: J.M. Dent& Sons.

Lorraine, Tamsin. 1999. *Irigaray and Deleuze: Experiments in Visceral Philosophy.* Ithaca: Cornell University Press.

_____ 2003. 'Living a time out of joint.' In *Between Deleuze and Derrida,* ed. Paul Patton and John Protevi. London: Continuum.

Ma vie en rose [My life in pink] (Belgium, 1997). Alain Berliner, 89 min. Sony Pictures.

Margaret's Museum (Canada, 1995). Mort Ransen, 118 min. Cinépix Film Properties Inc.

McClintock, Anne. 1995. *Imperial Leather:. Race, Gender and Sexuality in the Colonial Contest.* New York: Routledge.

Mclane, Janice. 2003. 'Starving for Power: Websites as Public Anorexia.' Conference Presentation at the State University of New York. Celebrating Thirty Years of Stony Brook Philosophy Doctorates, October 8-11, 2003.

Mead, Margaret. 1935. *Sex and Temperament in Three Primitive Societies.* New York: William Morrow.

Mehta, Deepa. http://www.Zeitgeistfilms.com/films/fire/presskit.pdf. Last accessed 5.5.06.

Mickey Mouse goes to Haiti: Walt Disney and the Science of Exploitation. 1996. National Labor Committee. Crowning Rooster Arts.

Mill, J. S. 1983. *The Subjection of Women.* London: Virago.

Minow, Martha. 1991. 'Feminist Reason: Getting It and Losing It' [1988]. In *Feminist Legal Theory: Readings in Law and Gender,* ed. Katharine T. Bartlett and Rosanne Kennedy. Boulder: Westview Press, pp. 357-69.

Mohanty, Chandra Talpade. 1997. 'Women Workers and Capitalist Scripts: Ideologies of domination, common interests, and the politics of solidarity.' In *Feminist Genealogies, Colonial Legacies, Democratic futures,* ed. Jacqui Alexander and Chandra Mohanty. New York: Routledge.

_____ 1991. 'Under Western Eyes: Feminist Scholarship and Colonial Discourses.' In *Third World Women and the Politics of Feminism,* ed. Chandra Mohanty, Ann Russo, and Lourdes Torres. Bloomington: Indiana University Press.

Morrison, Toni. 1993. *The Bluest Eye.* New York: Alfred A. Knopf.

Mouffe, Chantal. 1993. *The Return of the Political.* London: Verso.

Mullarkey, John. 1997. 'Deleuze and Materialism: One or Several Matters?' *South Atlantic Quarterly. A Deleuzian Century?* Special issue, ed. Ian Buchanan, 96 (3): 440-63.

Murray Li, Tania. 2003. '*Masyarakat Adat,* Difference and the Limits of Recognition in Indonesia's Forest Zone.' In *Race, Nature and the Politics of Difference,* ed. Donald S. Moore, Jake Kosek, and Anand Pandian. Durham and London: Duke University Press.

Nagel, Thomas. 1989. *The View from Nowhere* .Oxford: Oxford University Press.

Narayan, Uma. 1997. *Dislocating Cultures: Identities, Traditions and Third World Feminism.* New York: Routledge.

_____ 1989. 'The Project of Feminist Epistemology: Perspectives from a Nonwestern Feminist.' In *Gender/Body/Knowledge: Feminist Reconstructions of Being and Knowing,* ed. Alison Jaggar and Susan R. Bordo. New Brunswick and London: Rutgers University Press.

Nietzsche, Friedrich. 1989. *On the Genealogy of Morals.* Trans. Walter Kaufmann and R. J. Hollingdale. *Ecce Homo.* Trans Walter Kaufmann. New York: Vintage Books.

_____ 1968. *The Twilight of the Idols.* Trans. R. J. Hollingdale. Harmondsworth, Middlesex: Penguin Books.

Noddings, Nel. 1984. *Caring: A Feminine Approach to Ethics and Moral Education.* Los Angeles: University of California Press.

Oakley, Ann. 1972. *Sex, Gender and Society.* New York: Harper & Row.

Oliver, Kelly. 2001. *Witnessing: Beyond Recognition.* Minneapolis: University of Minnesota Press.

Oliver, Kelly and Benigno Trigo. 2003. *Noir Anxiety.* Minneapolis: University of Minnesota Press.

Olkowski, Dorothea. 2000. 'Body, Knowledge and Becoming-Woman: Morphologic in Deleuze and Irigaray.' In *Deleuze and Feminist Theory,* ed. Ian Buchanan and Clare Colebrook. Edinburgh: Edinburgh University Press.

Orlando. (U.K. 1992). Sally Potter. 92 mins. Sony Pictures Classics.

Pateman, Carole. 1988. *The Sexual Contract.* Stanford, California: Stanford University Press.

Patton, Paul. 2000. *Deleuze and the Political.* Thinking the Political Series, eds. Keith Ansell-Pearson and Simon Critchley. London and New York.

Plato. 1978. *Republic.* Plato in twelve volumes. Vols 5-6. Trans. Paul Shorey. The Loeb Classical Library. Cambridge, Massachusetts: Harvard University Press.

_____ 1975. *Lysis, Symposium, Gorgias.* Plato in twelve volumes. Vol. 3. Trans. W. R. M. Lamb. The Loeb Classical Library. Cambridge, Massachusetts: Harvard University Press.

Putnam, Hilary. 1981. *Reason, Truth, and History.* Cambridge: Cambridge University Press.

Rhode, Deborah L. 1991. 'Feminist Critical Theories.' In *Feminist Legal Theory: Readings in Law and Gender,* ed. Katharine T. Bartlett and Rosanne Kennedy. Boulder: Westview Press, pp. 333-50.

Roelofs, Monique. 2004. 'The Aesthetics of Ignorance.' Paper presented at the Ethics and Epistemologies of Ignorance Conference, Penn State University, 24-25 March.

Rorty, Richard. 1994. *Objectivity, Relativism, and Truth.* Philosophical Papers, vol. 1. Cambridge: Cambridge University Press.

_____ 1986. *Philosophy and the Mirror of Nature.* Oxford: Basil Blackwell.

Rubin, Gayle. 1975. 'The Traffic in Women: notes on the "political economy" of sex.' In *Toward an Anthropology of Women,* ed. Rayna R. Reiter. New York: Monthly Review Press.

Ruddick, Sara. 1980. 'Maternal Thinking.' *Feminist Studies* 6 (2) Summer: 342-67.

Russo, Vito. 1989. *The Celluloid Closet: Homosexuality in the Movies.* New York: Harper & Row.

Scott, Joan W. 1988. 'Deconstructing Equality vs. Difference. or, The Uses of Poststructuralist Theory for Feminism.' *Feminist Studies* 14 (1) Spring: 32-50.

Secomb, Linnell. 1999. 'Beauvoir's Minoritarian Philosophy.' *Hypatia.* 14 (4): 96-113.

Setz, Margaret. 2001. 'Wartime sexual violence against women: a feminist response. In Legacies of the Comfort Women of World War II', ed. Margaret Setz and Bonnie B. C. Oh. Armonk, NY: M. E. Sharpe Inc.

Spelman, Elizabeth. 1988. *Inessential Woman: Problems of Exclusion in Feminist Thought.* Boston: Beacon Press.

Spillers, Hortense. 1997. 'All the things you could be by now if Sigmund Freud's wife was your mother.' In *Female Subjects in Black and White. Race, Psychoanalysis, Feminism,* ed. Elizabeth Abel, Helen Moglen, and Barbara Christian. Berkeley: University of California Press.

Spinoza, Benedict de. 1955. *On the Improvement of the Understanding, The Ethics, Correspondence.* Trans. R. H. M. Elwes. New York: Dover Publications.

Spivak, Gayatri Chakravorty. 1999. *A Critique of Postcolonial Reason: Toward a History of the Vanishing Present.* Cambridge, Massachusetts: Harvard University Press.

_____ 1988. 'Can the Subaltern Speak?' In *Marxism and the Interpretation of Culture,* ed. Cary Nelson and Lawrence Grossberg. Urbana: University of Illinois Press.

_____ 1987. *In Other Worlds: Essays in Cultural Politics.* London and New York: Methuen.

Sunstein, Cass R., ed. 1990. *Feminism and Political Theory.* Chicago: University of Chicago Press.

Weate, Jeremy. 2001. 'Fanon, Merleau-Ponty and the Difference of Phenomenology.' In *Race: Blackwell Readings in Continental Philosophy,* ed. Robert Bernasconi, Oxford: Blackwell. pp. 169-183.

Winch, Peter. 1958. *The Idea of a Social Science and its Relation to Philosophy*. London: Routledge and Kegan Paul.

Wittig, Monique. 1992. *The Straight Mind and Other Essays*. Boston: Beacon Press.

Wollstonecraft, Mary. 1975. *A Vindication of the Rights of Women*. London: Penguin.

Woolf, Virginia. 1956. *Orlando: A Biography*. New York: Harcourt Brace & Company.

Young, Iris Marion. 2005. *On Female Body Experience: 'Throwing Like a Girl' and Other Essays*. Oxford: Oxford University Press.

_____1997. *Intersecting Voices: Dilemmas of Gender, Political Philosophy, and Policy*. Princeton University Press.

_____1990. *Justice and the Politics of Difference*. Princeton, New Jersey: Princeton University Press.

Young, Lola. 2000. 'Imperial Culture: The Primitive, the Savage and White Civilization.' In *Theories of Race and Racism*, ed. Les Back and John Solomos. London: Routledge, pp. 267-86.

Zita. Jacqueline. 1998. 'Male Lesbians and the Postmodernist Body.' *Body Talk: Philosophical Reflections on Sex and Gender*. New York: Columbia University Press. pp. 85-108.

Índice

A

Africano-americano 17-19, 24-26, 72-76, 97-98, 146-147
Ahmed, Sarah 76-77
Althusser, Louis 39, 120
Anderson, Benedict 143-144
Anderson, Laurie 144-145
anticolonialismo 103-104
Anzaldua, Gloria 61-62
Aristóteles 20-21, 52-54, 141-142

B

Bartky, Sandra Lee 68-69, 71-75
Beardsworth, Sara 123, 128-129
Beauvoir, Simone de 16-18, 23-24, 68-69, 154-155
Benhabib, Seyla 87-88
Benjamin, Jessica 84-85, 123
Benjamin, Walter 130-131
Bergson, Henri 140-143, 150-151, 160
Berliner, Alain 10-11
Bernstein, Richard 89-90
Bhaduri, Bhubaneswari 117-119
Bhattacharjee, Anannya 27-29, 100, 163-164
biologia 7-13
  passim, 14-15, 21-22, 52-53, 88-89, 134-135, 141-142, 156-157, 159
Braidotti, Rosi 136-139, 142-145, 147-150, 154-155
Bray, Abigail e Clare Colebrook 121-122, 137-139, 142-143
Brennan, Theresa 137-138
Bronwnmiller, Susan 159
Bush, George W, Presidente dos Estados Unidos 154-155

Busia, Abena 119-120
Butler, Judith 23-24, 51-57, 60-61, 76-77, 122, 136-137

C

Calhoun, Cheshire 51-59
capitalismo 12-13, 29-31, 42, 46-47, 50-51, 59-60, 62-63, 93-94, 101-103, 113-114, 120, 122, 137-140
Carby, Hazel 25-26
Cartesiano 8-9, 10-11, 81-85, 121, 137-139, 141-142, 150-151
Chanter, Tina 123
Chodorow, Nancy 84-85
Chomsky, Noam 39
Chopin, Kate 61-62
Chow, Rey 34-35, 100
ciência 13, 88-89, 95-96
classe 16-20, 25-32, 36-41, 46-47, 52-55, 62-63, 87-89, 91-98, 136-137, 153-154, 160-164
Code, Lorraine 89-90, 94-97
Collins, Patricia Hill 97-98
Colombo, Cristóvão 161
colonialismo 19-20, 29-31, 35-36, 59-60, 62-63, 100-104, 114-120, 158, *ver também* pós-colonialismo, *ver também* anticolonialismo
Conley, Vernena Andermatt 138-139, 149-150
corpo 8-13
  passim, 20-25, 35-36, 52-53, 70-72, 83-85, 101-103, 105-107, 118-119, 122, 132-134, 137-140, 143-145, 152-154, *ver também*

descorporificação, *ver também* corporificação
Corporificação 104-105, 108-109, 142-143
Crenshaw, Kimberle 61-62
cultura 7-13
   passim, 18-19, 23-24, 32, 52-53, 83-84, 87-89, 92-93, 101-103, 108-111, 113-114, 130-131, 134-135, 143-144, 152-153, 157

D

Davis, Angela 61-62
Deleuze e Guattari 121, 136-140, 142-143, 148-155
Deleuze e Parnet 139-142, 147-148, 154-155
Deleuze, Gilles 69-71, 109-120, 122, 137-151, 153-155
Delphy, Christine 11-13, 51-52, 156
Derrida, Jacques 50-51, 109-110, 112-116, 118-119, 133-136, 140-141
Descartes, René 9-10, 88-89, 138-142, 144-151, *ver também* cartesiano, *ver também* pós-cartesiano
descorporificação 94-96, 153-154
Diprose, Roslyn 137-138
Distinção sexo/gênero 8-13
   passim, 14-15, 22-24, 134-135, 138-139, 141-144, 153-157
Douglas, Mary 112-113

E

epistemologia 9-10, 90-91, 96-98
Espinosa, Bento de 138-145, 148-154
estupro 34-35, 59-60, 95-96, 158, 160

F

Fanon, Frantz 33-36, 58-59
Feder, Ellen K. e Emily Zakin 133-135
feminismo pós-colonialista 100, 107-110, 113-116
Ferrell, Robyn 137-138
fetichismo 33-34, *ver também* fetichismo da mercadoria
fetichismo da mercadoria 39, 45-49
Feyerabend, Paul 89-90
Fire 103-109

Firestone, Shulamith 46-47, 50-51
Flax, Jane 92-93
Flieger, Jerry Aline 149-150
Foucault, Michel 24-25, 36-38, 60-61, 64-75, 77, 89-90, 109-110, 114-117, 119-120
Freud, Sigmund 20-22, 35-36, 50-51, 76-77, 110-111, 124-126, 129-130, 133-134

G

Gairola, Rahul 107-108
Gandhi, Leela 107-108
Gatens, Moira 121, 137-139, 141-145, 150-155
Gatens, Moira and Genevieve Lloyd 142-145
Gilligan, Carol 84-88
Goldberg, David 90-91
Goswami, Namita 103-104
Goulimari, Pelagia 148-149
Gramsci, Antonio 39, 110-111, 115-116
Grant, Judith 94-95
Grosz, Elizabeth 135-138
Guerrero, Marie Anna Jaimes 12-13, 29-30
Guha, Ranajit 110-112, 115-116
Guillamin, Colette 51-52

H

Hall, Stuart 107-108
Halperin, David 65-66
Hammonds, Evelynn 35-36, 71-73, 75-76
Harasym, Sarah 110-112
Haraway, Donna 92-97
Harding, Sandra 90-91
Hartmann, Heidi 38, 40-41, 50-51, 53-58
Hawkesworth, Mary E. 94-95
Hegel, G.W.F. 50-51, 64, 123, 125-126, 128-129, 135-138, 141-142, *ver também* pós-hegeliano
Heidegger, Martin 50-51, 140-141, 145-146, 150-151
Hobbes, Thomas 152-153
hooks, bell 16-17, 61-62
Hull, Gloria 17-18
Hume, David 140-141
Hyppolite, Jean 141-142

I

Identidade *gay* 66, 129-130
Ideologia 9-10, 11-15, 24-26, 31, 39, 41, 52-53, 89-90, 93-94, 103-104, 107-108, 113-116, 120
Irigaray, Luce 84-85, 110-111, 122, 132-133, 154-155

J

Jordan, June 160

K

Kant, Immanuel 140-142, 150-151
Kerber, Linda 86-88
Khalidi, Ramla e Judith Tucker 101-103
Kittay, Eva e Diana Meyers 87-88
Klein, Melanie 76-77, 112-113, 123
Kohlberg, Lawrence 85-88
Kojeve, Alexendre 125
Kristeva, Julia 51-52, 60-61, 77, 84-85, 109-114, 122-133, 163
Kuhn, Thomas 89-90

L

Lacan, Jacques 35-36, 55-56, 84-85, 123-125, 127-129, 131-134
Landry, Donna e Maclean, Gerald 110-113, 118-120
Laqueur, Thomas 78-81, 95-96
Leibniz, Gottfried 141-142
Lennon, Kathleen e Margaret Whitford 94-96
lesbianismo
Levinas, Emmanuel 50-51, 150-151
Lévi-Strauss, Claude 123, 127-128, 131-133
Lim, Linda 57-59
Locke, John 29-30
Lorraine, Tamsin 148-150, 154-155, 160
Lucrécio 140-141
Luria, Zella 87-88

M

Ma vie en rose 10-11
Mandela, Nelson 75-76
Margaret's Museum 39-40

Marx, Karl 24-25, 36-37, 39, 53-54, 115-116, 124 *ver também* Marxismo, *ver também* Marx e Engels
Marx, Karl e Friedrich Engels 38
Marxism 24-26, 38, 41-43, 48-55, 139-140
McDonald, Christie 134-135
Mclane, Janice 143-144
Mclintock, Anne 138-139
Mead, Margaret 18-19, 51-52
Mehta, Deepa 103-104, 107-109
Merleau-Ponty, Maurice 33, 35-36
Mickey Mouse goes to Haiti 48-49
Mill, John Stuart 22-23, 53-54
Minow, Martha 96-97
Mohanty, Chandra Talpade 26, 43, 47-48, 57-59
Morrison, Toni 61-62, 73-74
Mouffe, Chantal 99

N

Nagel, Thomas 88-89, 96-97
Narayan, Uma 32, 58-59, 96-98, 101-108
Native American 29-30
natureza 11-15, 20-24, 52-53, 92-93, 129-134, 142-143, 152-153, 156
Nietzsche, Friedrich 121-122, 135-141, 144-147, 161
Noddings, Nel 84-85

O

Oakley, Ann 19-20
objetividade 82-84, 88-96
Oliver, Kelly 160
Oliver, Kelly e Benigno Trigo 77
Olkowski, Dorothea 149-150, 154-155
Orlando 20-21

P

Parks, Rosa 53-54
Pateman, Carole 61-62
Patton, Paul 140-141, 147-148
Plato 21-22, 52-54, 65-66, 140-141, 150-151
pós-cartesiano 65-66, 81-83
pós-colonialismo 32-33, 36-37, 120

pós-hegeliano 122
Potter, Sally 20-21
Psicanálise 33-35, 113-114, 121, 123, 126, 133-139, 149-150, 152-153
público *versus* privado 25-29
Putnam, Hilary 96-97

Q

Queer Eye for the Straight Guy 55-56, 67-68

R

race 16-20, 25-29, 31-37, 41, 59-60, 62-63, 72-73, 84-85, 87-89, 91-97, 122, 136-139, 153-154, 160-163, *ver também* racismo
racismo 16-17, 24-28, 32-34, 42, 90-91, 100, 162-163
razão 84-85, 92-93, 96-97, 133-134
relação lésbica, 107-108
Rhode, Deborah 95-96
Roelofs, Monique 55-56
Rorty, Richard 81-83, 88-90, 93-97
Rousseau, Jean-Jacques 21-22
Rubin, Gayle 54-55, 57-58
Ruddick, Sara 84-85

S

Said, Edward 100
Sartre, Jean-Paul 33, 35-36
sati 101-103, 107-108, 112-113, 117-119
Saussure, Ferdinand de 132-133, 139-140
Schelling, Friedrich Wilhelm Joseph Von 141-142
Scott, Joan 134-137, 157

Secomb, Linnell Setz, Margaret 159-160
Sheehan, Cindy 154-155
sociedade 7, 11-12, 21-23, 129-131, 133-134
Spelman, Elizabeth 18-19, 52-53, 60-61
Spillers, Hortense 138-139
Spivak, Gayatri Chakravorty 72-73, 101-103, 107-108, 120
Stack, Carol 87-88
sufragistas 20-21, 23-24
Sunstein, Cass 87-88

T

Tanaka, Stefan 100
teoria lésbica 49-52, 75-76
The Celluloid Closet 55-56
Till, Emmet 59-60
Trans-gênero 7, 9-10
valor de troca 44-45

W

Walker, Lawrence 87-88
Weate, Jeremy 33
Winch, Peter 89-90
Wittig, Monique 51-56
Wollstonecraft, Mary 22-23
Woolf, Virginia 20-21

Y

Yeats, William Butler 110-111
Young, Iris Marion 61-62, 69-70, 77
Young, Lola 35-36

Z

Zita, Jacqueline 60-61, 65-66